轨道交通工程建设安全风险控制实施指南

罗富荣 等 编著

中国建筑工业出版社

图书在版编目（CIP）数据

轨道交通工程建设安全风险控制实施指南/罗富荣　等　编著．

北京：中国建筑工业出版社

ISBN 978-7-112-12596-8

Ⅰ.①轨…　Ⅱ.①罗…　Ⅲ.①城市铁路-铁路工程-安全

管理：风险管理-指南　Ⅳ.①U239.5-62

中国版本图书馆 CIP 数据核字（2010）第 220247 号

为促进轨道交通工程建设安全风险控制工作的系统化、规范化和信息化，最大限度地规避风险，避免人员伤亡和环境损害，降低工程造价和工期损失，本指南着重强化轨道交通工程建设安全风险技术管理的过程控制，系统提出了可研阶段、设计阶段（方案设计、初步设计、施工图设计）、施工阶段（施工准备期和施工过程）、工后阶段和岩土工程勘察与工程环境调查的安全风险技术管理工作，是开展安全风险技术管理的指导性文件。

*　　*　　*

责任编辑：曾　威　赵晓菲

责任设计：李志立

责任校对：张艳侠　王雪竹

轨道交通工程建设安全风险控制实施指南

罗富荣　等　编著

*

中国建筑工业出版社出版、发行（北京西郊百万庄）

各地新华书店、建筑书店经销

北京红光制版公司制版

北京云浩印刷有限责任公司印刷

*

开本：787×1092 毫米　1/16　印张：23½　字数：580 千字

2011 年 5 月第一版　　2011 年 5 月第一次印刷

定价：**50.00** 元

ISBN 978-7-112-12596-8

(19886)

序

在这个春回大地的季节里，有幸收到北京市轨道交通建设管理有限公司总工程师罗富荣同志的著作《轨道交通工程建设安全风险控制实施指南》，细细研读后，颇为欣喜。

随着国家经济的不断发展以及城市化进程的迅速提高，全国的地铁工程建设不断加速，工程建设安全与风险问题日益突出，目前各方应对风险通用的做法往往是头痛医头，以"点"为主，缺乏系统性、理论性的应对措施和办法。

风险分析及管理理论自 20 世纪 70 年代首次引入隧道与地下工程领域后，世界各国逐步开展了本领域内的安全风险技术管理方面的研究。我国则起步较晚，80 年代末才开始风险分析的理论和方法的研究，进入 21 世纪，城市地下工程风险管理步入飞速发展的阶段。

罗富荣同志从事隧道及地下工程科研、设计、施工与建设管理已有 20 多年，一直扎根于工程一线，具有丰富的实践经验和扎实的理论基础。通过 20 多年丰富的实践与长期的研究探索，罗富荣同志逐步提出了轨道交通工程建设安全风险技术管理体系的核心思想与基本框架，并形成了一套系统的、便于参建各方应用的、贯穿工程建设全过程的安全风险技术管理体系。该体系于 2008 年在北京地铁九号线试应用后，目前已全面推广应用到北京地铁在建的主要线路中，实现了地铁工程建设信息快速传递、高度共享、全面实时掌控现场状况与安全风险、及时处置决策，构成了工程建设各方齐抓共管、各负其责的有效平台和重要手段。本指南在国内属于开创性的工作，为国内地铁工程，乃至地下工程的安全风险管控工作奠定了坚实的基础，起到了很好的示范作用。这套体系的显著的特点是理论与实践的结合非常紧密，立足于工程实践的研究成果，先在北京地铁通过试应用与总结，经过反复几轮的修订后方才编撰成稿，可见作者严谨的作风与认真的态度。

全书的内容涵盖了勘察、环境调查、设计、施工、监理、监测、建设管理等工程各方面的安全风险控制组织模式、具体内容、工作程序和责任；提出了风险分级的标准以及风险分级、专项技术论证、动态监控、施工安全预警分级、信息报送、分层决策响应的全过程工程风险管理内容；特别值得一提的是提出了"施工单位全面监测＋第三方监测单位重点监测，施工、监理、第三方监测单位现场巡视、风险预警以第三方监测单位为主"的预警管理模式；在工程监测的基础上提出了现场巡视的思想。本书不仅提出了现场控制风险的办法和手段，更难能可贵的是首次将城市轨道交通工程建设风险管控这一庞杂的系统工程分解梳理出了脉络，提出了一套实用性强、经实践证明可行的体系，明确了工程参建各方的职责，开创了安全风险管理与控制的新局面。这一体系已逐步为全国部分地铁建设城市所借鉴，不久的未来还将进一步应用到地下工程的更多领域，这是可以预见的。

中国工程院院士　*施仲衡*

2011 年 3 月 24 日　于家中

前 言

随着我国经济社会的发展，为解决城市交通拥挤状况和改善城市环境等问题，全国众多城市掀起了轨道交通建设的热潮。

由于城市轨道交通工程多处于热闹繁华的城市中心地带，所处地上、地下环境十分复杂，工程地质、水文地质条件多变，施工工法和作业面多，工程施工风险高，安全形势严峻。

因此，城市轨道交通工程建设的大规模快速发展及其严峻的安全形势急需加强在工程建设安全方面的指导，建立健全规范化、系统化和可操作的城市轨道交通工程建设安全风险控制技术、管理机制和体制，充分动员和发挥各工程参建单位的作用，整体提高工程建设安全风险控制的技术和管理水平，最大程度地减少工程建设中安全事故的发生，降低对市民生活和工作带来的不利影响。

为此，在认真总结国内城市轨道交通建设经验，分析国内外隧道及地下工程建设领域安全风险控制理念和做法的基础上，研究撰写了本指南。本指南在严格遵循国家法律法规的基础上，全面贯彻安全风险预防、预控的理念，将安全风险管理工作贯穿工程建设的全过程，包括岩土工程勘察与工程环境调查、可研阶段、设计阶段（方案设计、初步设计、施工图设计）、施工阶段（施工准备期和施工过程）和工后阶段，明确了由建设单位牵头主持的安全风险控制组织模式、各参建单位职责和工程建设各阶段的安全风险管控主要工作，突出强调了第三方监测工作要求，首次系统提出了现场巡视的工作要求与预警标准，突出强调了对风险的分级控制和全过程控制。

罗富荣同志主持了本指南的研究工作，提出了安全风险技术管理体系的核心思想、核心内容与基本框架，并主持了本指南的撰写工作。此外，北京城建勘测设计研究院金淮、刘永勤、任干、吴锋波，北京市轨道交通建设管理有限公司张成满、徐凌、雷崇红、王小强，北京城建设计研究总院杨秀仁、鲁卫东、贾永刚、何海健，北京安捷工程咨询有限公司徐耀德、王伟锋、钟巧荣、张彦斌，中国矿业大学（北京）江玉生、杨志勇，中铁隧道集团有限公司范国文、王刚、杨会军，解放军理工大学戎晓力等同志参与了本指南部分章节的研究和编写工作。

本指南的研究同时得到了北京市科学技术委员会的大力支持和资助，在此一并致谢！

总　目　录

一

轨道交通工程建设安全风险技术管理体系总论

目　　录

1 总　　则

1.0.1 为促进轨道交通工程建设安全风险技术管理工作的系统化、规范化和信息化，最大限度地规避风险，避免人员伤亡和环境损害，降低工程造价和工期损失，制定本体系。

1.0.2 本体系着重强化轨道交通工程建设安全风险技术管理的过程控制，是各相关参建单位开展安全风险技术管理的指导性文件。

1.0.3 轨道交通工程建设安全风险技术管理工作贯穿工程建设的全过程，即包括可研阶段、设计阶段（方案设计、初步设计、施工图设计）、施工阶段（施工准备期和施工过程）、工后阶段和岩土工程勘察与工程环境调查工作，各阶段应有针对性地开展安全风险技术管理工作，并采取有效的预防和控制措施。

1.0.4 本体系所规定的各种审查、论证等不替代岩土工程勘察和环境调查单位、总体设计单位、工点设计单位、监理单位、施工单位、监测单位等各相关参建单位的相关技术责任。

1.0.5 本体系主要适用于建设单位管理范围内轨道交通工程建设土建项目的安全风险技术管理工作，不包括工程实施过程中日常生产安全的管理。

1.0.6 轨道交通工程建设安全风险技术管理除应执行本体系外，尚应严格遵守现行国家、行业和有关法律、法规、政策规定和工程建设标准的有关规定。

2 基　本　规　定

2.1　一般要求

2.1.1 轨道交通工程建设各相关参建方应严格遵守国家、行业和有关法律、法规、工程建设标准，并按照本体系的规定和合同要求，开展轨道交通工程建设相应阶段的安全风险技术管理工作。轨道交通工程建设各阶段安全风险技术管理工作内容总体框架参见附录 A。

2.1.2 各相关参建方应建立自身的安全风险技术管理体系，确保各建设阶段的安全风险技术管理工作的有效开展。

2.1.3 在风险管理过程中，设计阶段或施工阶段对一级及一级以下环境风险，应首先考虑对河流、管线进行改移导流、疏干等措施，在工程施工前提前规避风险。

2.2　风险工程

2.2.1 为便于进行安全风险技术管理，风险工程分为自身风险工程和环境风险工程。

　　1 自身风险工程指因工程本身特点和地质条件复杂性等导致工程实施难度大、安全风险高的轨道交通工程。

　　2 环境风险工程指轨道交通工程周边环境条件复杂，因施工可能导致其正常使用功能或结构安全受到影响的轨道交通工程。周边环境主要指既有轨道交通工程（含地铁、轻轨、铁路）、建（构）筑物、管线、道路、水体等。

2.2.2 轨道交通工程建设中各阶段应对风险工程进行风险识别、分级和评估，并在工程实施过程中进行全面的安全风险技术管理。

2.3 风险工程分级

2.3.1 轨道交通工程建设应在安全风险识别的基础上，对自身风险工程和环境风险工程进行定性分级，并在此基础上采取分级管理。

2.3.2 自身风险工程根据工程特点分为一、二、三级，分级原则参照如下：

1 一级自身风险工程：基坑深度在25m以上（含25m）的深基坑工程，矿山法车站，超大断面矿山法工程；

2 二级自身风险工程：基坑深度在15～25m（含15m）的深基坑工程，近距离并行或交叠的盾构法区间，不良地质地段的盾构区间联络通道，不良地质地段的盾构始发与到达区段，大断面矿山法工程；

3 三级自身风险工程：基坑深度在5～15m（含5m）的基坑工程，一般断面矿山法工程，一般盾构法区间。

2.3.3 环境风险工程根据工程特点和周边环境特点分为特、一、二、三级，分级原则参照如下。

1 特级环境风险工程：下穿既有轨道线路的地下工程等；

2 一级环境风险工程：下穿重要既有建（构）筑物、重要市政管线及河流的地下工程，上穿既有轨道线路的地下工程；

3 二级环境风险工程：下穿一般既有建（构）筑物、重要市政道路的地下工程，临近重要既有建（构）筑物、重要市政管线及河流的地下工程；

4 三级环境风险工程：下穿一般市政管线、一般市政道路及其他市政基础设施的地下工程，临近一般既有建（构）筑物、重要市政道路的地下工程。

2.3.4 在设计阶段，设计单位应根据风险工程的定性分级原则，结合工程特点、周边环境特点和工程经验，在分析安全风险发生的可能性、严重程度和可控性、可接受水平的基础上，进行风险工程分级的细化，并满足相应设计阶段的深度要求。具体要求详见"轨道交通工程建设风险工程设计控制指南"（见本书第109页）。

2.3.5 在施工阶段，施工单位应在设计阶段风险工程分级的基础上，根据现场踏勘、环境核查、空洞普查和设计文件分析等，深入识别各种风险因素，进行风险工程分级调整。

2.3.6 风险工程的分级及其调整应履行分层审查、论证程序。

2.4 预警分类、分级

2.4.1 为加强施工过程中安全风险的监控、反馈和管理，施工过程中风险工程安全状态的预警分为监测预警、巡视预警和综合预警三类。

2.4.2 监测预警：根据设计单位提出的监控量测控制指标值，将施工过程中监测点的预警状态按严重程度由小到大分为三级：黄色监测预警、橙色监测预警和红色监测预警。

1 黄色监测预警："双控"指标（变化量、变化速率）均超过监控量测控制值的

70％时，或双控指标之一超过监控量测控制值的85％时；

2 橙色监测预警："双控"指标均超过监控量测控制值的85％时，或双控指标之一超过监控量测控制值时；

3 红色监测预警："双控"指标均超过监控量测控制值，或实测变化速率急剧增长时。

2.4.3 巡视预警：施工过程中通过巡视，发现安全隐患或不安全状态而进行的预警。按严重程度由小到大分为三级：黄色巡视预警、橙色巡视预警和红色巡视预警。巡视预警分级的内容、方法、程序和相关要求详见"轨道交通工程建设施工安全风险监控评估指南"（见本书第201页）。

2.4.4 综合预警：施工过程中根据现场参与各方的监测、巡视信息，并通过核查、综合分析和专家论证等，及时综合判定出风险工程不安全状态而进行的预警。综合预警分级按严重程度由小到大分为三级：黄色综合预警、橙色综合预警和红色综合预警。

2.4.5 当发生施工突发风险事件时，依据当地政府有关规定处理，例如按照《北京市突发公共事件总体应急预案》和《北京市建设工程施工突发事故应急预案》的规定，将施工突发风险事件由低到高划分为一般（Ⅳ级）、较大（Ⅲ级）、重大（Ⅱ级）、特别重大（Ⅰ级）四个级别，依次用蓝色、黄色、橙色和红色表示。

2.5 信息平台

各地宜根据工程建设的实际需要，构建轨道交通工程建设安全风险控制的信息平台。

3 轨道交通工程建设安全风险管理组织机构及各方职责

3.1 组织管理机构

3.1.1 轨道交通工程建设安全风险技术管理采用分层管理，主要包括建设单位公司层、建设单位项目管理层和实施层。组织管理机构如附录B所示。

3.1.2 建设单位公司层主要由建设单位的公司总经理、主管副总经理、技术委员会和规划设计部、安全质量监察室、总工程师办公室、合同预算部等职能部门组成。为加强建设单位管辖各线工程建设安全风险的监控和管理，建设单位设立监控管理中心。

3.1.3 建设单位项目管理层主要由建设单位项目管理公司经理、副经理、总工和安全质量部、工程部（含甲方代表）、设计管理部等相关部门组成。为加强各线工程建设安全风险的监控和管理，安全质量部设监控管理分中心。

3.1.4 实施层为与建设单位或其项目管理公司签订合同，依法履行工程建设土建任务的各相关参建单位，主要包括岩土工程勘察单位、环境调查单位、总体设计单位、工点设计单位、检测评估单位、监理单位、施工单位和第三方监测单位等。

3.2 公司层职责

3.2.1 建设单位公司总经理、主管副总经理负责全面组织和监督各线工程建设期的安全风险技术管理工作。

3.2.2 建设单位公司技术委员会负责组织对各线工程建设期安全风险管理相关重大技术

问题进行论证和审查工作。

3.2.3　建设单位公司规划设计部、安全质量监察室、总工程师办公室、合同预算部等职能部门，负责按照各自职权范围，履行公司在相应建设阶段的安全风险技术管理工作。

3.2.4　监控管理中心负责组织各线施工阶段的安全风险监控、信息管理和相关咨询工作，并进行监督管理。

3.2.5　建设单位公司层领导和监控管理中心的具体安全风险管理职责详见"轨道交通工程建设相关各方安全风险管理职责与工作要求"（见本书第 319 页）。

3.3　项目管理层职责

3.3.1　建设单位项目管理公司领导（经理、副经理、总工）全面负责所辖线路施工图设计阶段、施工阶段和工后阶段的安全风险技术管理工作。

3.3.2　建设单位项目管理公司安全质量部、工程部、设计管理部等相关部门负责履行各自职权范围内的安全风险技术管理工作。

3.3.3　监控管理分中心负责项目管理公司所辖线路施工阶段的安全风险监控、信息管理和相关咨询工作的监督管理。

3.3.4　建设单位项目管理层领导和相关部门的具体安全风险管理职责详见"轨道交通工程建设相关各方安全风险管理职责与工作要求"（见本书第 319 页）。

3.4　实施层职责

3.4.1　岩土工程勘察与环境调查单位负责提供完整、准确的岩土工程勘察和环境调查资料。

3.4.2　总体设计单位负责全线总体设计，审查和监督各工点设计单位的风险工程设计及参与施工配合、监测数据分析、预警处置情况等。

3.4.3　工点设计单位负责设计阶段的风险工程分级、风险分析评价、风险工程设计、工后恢复设计，参与施工配合、监测数据分析、预警处置等。

3.4.4　检测评估单位负责工程建设中有特殊要求的环境风险工程的安全性检测评估工作，为风险工程设计、施工或工后恢复处理等提供必要的基础资料和依据。

3.4.5　第三方监测单位负责施工阶段和工后阶段的第三方监测、巡视、预警及相关监控咨询服务工作。

3.4.6　监理单位负责施工阶段和工后阶段的安全巡视、预警和对施工单位安全风险监控、施工控制和预警及风险处置的监督管理工作。

3.4.7　施工单位全面负责施工阶段和工后阶段的安全风险监控、施工控制和预警及风险处置工作。

3.4.8　实施层中各单位具体的职责分工及工作要求详见"轨道交通工程建设相关各方安全风险管理职责与工作要求"、"轨道交通工程建设施工安全风险监控预警、消警及信息报送管理办法"、"轨道交通工程建设施工安全风险监控综合预警的响应管理办法"、"轨道交通工程建设施工安全风险监控报送内容管理办法"（见本书第 319 页、第 339 页、第 349 页、第 355 页）。

4 岩土工程勘察与工程环境调查的安全风险技术管理

4.1 一般规定

4.1.1 岩土工程勘察工作的阶段划分及相关要求

1 轨道交通工程建设的岩土工程勘察工作一般分为可行性研究阶段勘察、初步勘察、详细勘察和施工勘察。本体系考虑初步勘察、详细勘察和施工勘察。

2 初步勘察是为总体方案设计、初步设计和降水初步设计提供岩土、地质方面的基础资料。

3 详细勘察是为施工图设计和降水深化设计提供岩土、地质方面的基础资料。勘察报告应包括不良地质风险评价等专项内容，提供其对施工工法适应性分析及设计处理方案的建议。详勘期间场地条件不具备时，在条件具备后应进行补充勘察，施工单位应予配合。

4 施工勘察是为施工阶段因设计或施工方案变更、新的地质问题或出现工程险情时进行的勘察及必要的补充工作，以便为优化和调整施工方案提供依据。

5 岩土工程勘察各阶段的勘察内容、方法、程序、成果要求等按"轨道交通工程建设岩土工程勘察指南"（见本书第 49 页）执行。

4.1.2 工程环境调查的阶段划分及相关要求

1 轨道交通工程建设的工程环境调查工作一般分为初步调查和详细调查。

2 初步调查是为满足初步设计阶段要求而进行的周边环境的调查。一般包括建构筑物初步调查、管线初步调查和重点管线详查等。其中重点管线详查是为满足初步设计、管线综合规划需提供重点管线资料的调查。

3 详细调查是为满足施工图设计阶段要求而进行的重要环境、重点部位环境条件的详细调查。调查范围和对象一般由设计单位提出。一般包括建构筑物详查和管线全面详查等。

4 工程环境调查报告宜以《建（构）筑物调查报告》和《管线调查报告》等分册的形式提交。报告除包含文字和图表内容外，应辅以必要的影像资料。

5 工程环境调查各阶段的调查内容、方法、程序和成果要求等详见"轨道交通工程建设工程周边环境调查指南"（见本书第 87 页）执行。

4.2 管理目标

通过明确岩土工程勘察与工程环境调查的工作内容并加强其过程审查论证，确保其成果满足相应阶段工程设计、施工的需要，避免因岩土工程勘察和工程环境调查不准确、不完整或深度不够等可能导致的后期设计或施工风险。

4.3 管理内容

1 岩土工程勘察各阶段勘察工作（初步勘察、详细勘察、施工勘察）的方案论证和报告成果的审查验收；

2 工程环境调查各阶段调查工作（初步调查、重点管线详查和详细调查）的方案论证和报告成果的审查验收。

4.4 管理职责

4.4.1 岩土工程勘察单位负责完成岩土工程初步勘察和详细勘察工作。施工勘察工作原则上由详细勘察单位承担。

4.4.2 工程环境调查单位负责完成工程环境初步调查、重点管线详查和详细调查工作。

4.4.3 勘察审图单位负责对岩土工程详细勘察报告的强制性审查。

4.4.4 建设单位公司规划设计部负责岩土工程初步勘察和详细勘察，工程环境初步调查和重点管线详查的组织实施、技术要求和实施方案等关键性过程的技术论证工作，并负责组织相关成果的审查验收。

4.4.5 建设单位项目管理公司负责组织、监督工程环境详细调查及施工勘察的实施和方案论证，并负责组织相关成果的审查验收。

4.5 岩土工程勘察的管理程序

4.5.1 初步勘察的管理程序

1 建设单位公司规划设计部组织设计单位（包括总体设计单位和工点设计单位）提出初步勘察的技术要求，以技术工作联系单形式送交勘察单位。

2 勘察单位应依据初勘技术要求和合同文件等，制定初勘方案，经勘察单位技术负责人签认后，提交公司规划设计部审查。

3 建设单位规划设计部负责组织设计单位对初勘方案进行审查，并形成审查意见。勘察单位按照审查意见修改完善初勘方案。

4 勘察单位负责按照修改完善后的初勘方案实施勘察工作，完成初勘报告，经勘察单位技术负责人签认后，提交公司规划设计部。

5 建设单位公司规划设计部负责对初勘报告组织审查验收，形成审查验收意见。审查验收时邀请设计单位参加。

6 勘察单位按照审查验收意见进行补充勘察或修改完善初勘报告，将最终完善后的初勘报告提交公司规划设计部备案。

7 建设单位公司规划设计部监督检查勘察单位对审查验收意见的落实情况，并负责组织将初勘报告下发设计单位。

8 岩土工程初勘的管理程序见图1。

4.5.2 详细勘察的管理程序

1 建设单位公司规划设计部组织设计单位提出详细勘察的技术要求，以技术工作联系单形式送交勘察单位。

2 勘察单位应依据详勘技术要求和合同文件等，制定详勘方案，经勘察单位技术负责人签认后，提交公司规划设计部审查。

3 建设单位规划设计部负责组织设计单位对详勘方案进行审查，并形成审查意见。勘察单位按照审查意见修改完善详勘方案。

4 勘察单位负责按照修改完善后的详勘方案实施勘察工作，完成详勘报告，经勘察

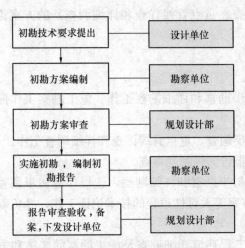

图 1 岩土工程初勘的管理流程

单位技术负责人签认后，提交公司规划设计部。

5 建设单位规划设计部负责对详勘报告组织审查验收，形成审查验收意见。审查验收时应邀请设计单位参加。

6 勘察单位按照审查验收意见进行补充勘察或修改完善详勘报告，将完善后的详勘报告提交公司规划设计部。公司规划设计部监督检查其落实情况。

7 建设单位规划设计部负责组织将完善后的详勘报告移交勘察审图单位对其进行强制性条文审查，并监督检查勘察单位对审查意见的落实情况。

8 勘察单位负责将最终完善后的详勘报告提交建设单位规划设计部备案。建设单位规划设计部负责组织将详勘报告下发设计单位，开工前移交建设单位项目管理公司，由项目管理公司下发监理单位和施工单位。

9 岩土工程详勘的管理程序见图 2。

4.5.3 施工勘察的管理程序参照第 4.5.2 节"详细勘察的管理程序"执行，但改由建设单位项目管理公司负责组织勘察方案及成果的审查、验收和移交，且一般情况下勘察成果不经过勘察审图单位的强制性审查。

4.6 工程环境调查的管理程序

4.6.1 初步调查的管理程序

1 建设单位规划设计部负责组织设计单位（包括总体设计单位和工点设计单位）提出工程环境初步调查的技术要求，以技术工作联系单形式送交环境调查单位。

2 环境调查单位应按照技术要求和合同文件等，制定初步调查方案，经环境调查单位技术负责人签认后实施环境调查，完成初步调查报告，提交建设单位规划设计部备案，建设单位规划设计部监督检查其实施情况。

3 建设单位规划设计部负责将初步调查报告下发设计单位。

4 工程环境初步调查的管理程序框图见图 3。

4.6.2 重点管线详查的管理程序

1 建设单位规划设计部负责组织设计单位提出重点管线详查的技术要求，以技术工作联系单形式送交环境调查单位。

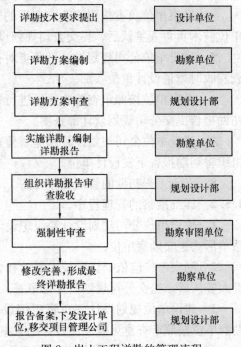

图 2 岩土工程详勘的管理流程

2 环境调查单位应按照技术要求和合同文件等，制定管线详查方案，经环境调查单位技术负责人签认后实施调查，完成管线详查报告，提交建设单位规划设计部，建设单位规划设计部监督检查其实施情况。

3 建设单位规划设计部负责对管线详查报告组织审查验收，形成审查验收意见。审查验收时应邀请设计单位参加。

4 环境调查单位应按照审查验收意见进行补充调查或修改完善管线详查报告。建设单位规划设计部监督检查其落实情况。

5 环境调查单位负责将最终完善后的管线详查报告提交建设单位规划设计部备案。建设单位规划设计部负责组织将管线详查报告下发设计单位，开工前组织将管线详查报告

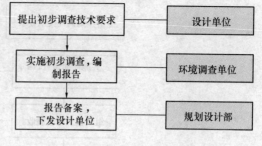

图3 工程环境初步调查的管理流程

移交建设单位项目管理公司，并由项目管理公司下发监理单位和施工单位。

6 重点管线详查的管理程序见图4。

4.6.3 详细调查的管理程序

1 建设单位项目管理公司负责组织设计单位提出工程环境详细调查的技术要求，以技术工作联系单形式送交环境调查单位。

2 环境调查单位应按照技术要求和合同文件等，制定详细调查方案，经环境调查单位技术负责人签认后实施调查工作，完成详查调查报告，提交项目管理公司，项目管理公司监督检查其实施情况。

3 建设单位项目管理公司负责对详细调查报告组织审查验收，形成审查验收意见。审查验收时应邀请设计单位参加。

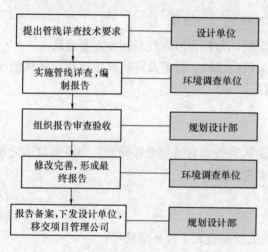

图4 重点管线详查的管理流程

4 环境调查单位应按照审查验收意见进行补充调查或修改完善详细调查报告。建设单位项目管理公司监督检查其落实情况。

5 环境调查单位负责将最终完善后的详细调查报告提交建设单位项目管理公司备案。项目管理公司负责组织将详细调查报告下发设计单位，开工前下发监理单位和施工单位。

6 工程环境详细调查的管理程序见图5。

5 可研阶段的安全风险技术管理

5.1 一般规定

可研阶段应对影响拟建线路敷设形式、线路走向、平剖面方案等的控制性工程和重大工程环境进行风险评估，并满足可研文件的深度要求。

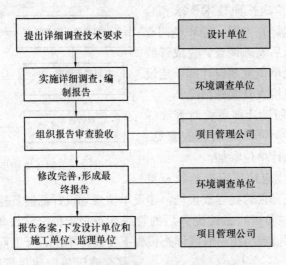

图 5　工程环境详细调查的管理流程

控制性工程的风险评估应包含安全风险识别、分析和风险控制初步方案建议。

重大工程环境的风险评估应包含环境安全风险识别、分析及环境风险控制或转移的规避方案或初步方案及环境保护措施方案的建议。

5.2　管理目标

通过预评估，确保可研方案中的重大安全风险得到有效规避和降低，为城市轨道交通项目前期工作的决策和下一步设计控制提供参考依据。

5.3　管理内容

1　安全风险的识别、分析，形成控制性工程和重大工程环境清单；

2　控制性工程和重大工程环境的风险清单的审查、论证；

3　可研报告文件中安全风险控制措施建议方案的审查。

5.4　管理职责

5.4.1　可研报告编制单位负责安全风险的识别、分析，编制控制性工程和重大工程环境的风险清单。

5.4.2　业主单位负责组织专家对控制性工程和重大工程环境风险清单进行审查。

5.4.3　业主单位负责组织专家对控制性工程和重大环境风险控制及初步设计方案的审查，确保满足可研报告的深度要求及后期建设规划的整体要求。

5.5　安全风险识别、分析及管理程序

5.5.1　可研报告编制单位应识别、分析及评价可研方案中的重大安全风险源，并综合考虑经济、工期和技术水平，评价方案实施后安全风险发生的可能性及损失，给出安全风险处置的措施建议。

5.5.2　可研阶段主要从以下方面进行安全风险识别、分析：

（1）区域性不良地质和复杂地质条件

重点识别线路穿越的区域性不良地质和复杂地质安全风险，如岩溶、断裂带、地面沉降、地裂缝、采空区、污染土、高承压水和富水地区等。

（2）突发性自然灾害

重点识别线路存在突发性自然灾害的安全风险，如暴雨、洪水、滑坡、泥石流、地震等。

（3）重大或复杂环境条件

重点识别线路邻近或穿越重大或复杂环境条件的区段的安全风险，如邻近或穿（跨）越江河湖海、既有轨道线路（含铁路）、重要或重大建筑物、重要市政道路、重要市政管线、文物古建、水利设施等。

（4）线路敷设方式

分析线路敷设方式与沿线地质、环境条件的适应性和自然灾害、复杂地质条件对线路的影响，评价线路敷设方式的可行性与合理性。

（5）线路走向、平（剖）面方案

分析自然灾害、复杂地质、环境条件对线路走向、平（剖）面布置的影响程度，评价线路平（剖）面方案可能导致的安全风险。

（6）重大施工工法和地铁车站结构型式选择

分析重大工法和车站结构型式选择等与沿线地质、环境条件的适应性，结合功能需要，评价施工工法和车站型式的可行性与合理性。

（7）盾构设备适应性

分析盾构设备型式对特殊或不良地层的适应性及存在的安全风险，并对环境的影响程度进行评估。

5.5.3　可研报告编制单位对可能存在重大安全风险的控制性工程，必要时开展专题评估研究，形成专题报告。

5.5.4　业主单位将控制性工程和重大工程环境的风险评估专题报告及审查意见作为可研报告的组成部分，报可研报告审批单位。

6　方案设计阶段的安全风险技术管理

6.1　一般规定

6.1.1　方案设计阶段应识别出特、一级风险工程，并形成全线特、一级风险工程清单，识别、分级原则上考虑到各工点（车站、区间）。

6.1.2　方案设计文件应包括安全风险初步分析的专项内容。

6.1.3　特、一级风险识别、风险工程分级的内容、方法、要求和方案设计文件的专项内容、深度、成果要求等，详见"轨道交通工程建设风险工程设计控制指南"（见本书第 109 页）。

6.2　管理目标

通过初步识别特、一级风险工程并针对性地进行风险分析和设计，规避和降低由于线位、站位和施工工法等方案设计不合理可能导致的安全风险。

6.3 管理内容

1 特、一级风险工程分级及分级清单的审查论证；
2 方案设计文件的审查论证。

6.4 管理职责

6.4.1 工点设计单位负责完成特、一级风险工程的初步识别和分级，并编制方案设计文件。

6.4.2 总体设计单位负责审查全线特、一级风险工程清单，汇总编制全线特、一级风险工程清单，审查方案设计文件。

6.4.3 建设单位规划设计部负责组织风险工程分级和方案设计的实施及其成果复审，并协助建设单位技术委员会组织专家对各线特、一级风险工程清单及方案设计文件进行终审、论证。

6.5 管理程序

6.5.1 工点设计单位在进行总体方案设计时应识别推荐方案的特、一级风险工程，形成特、一级风险工程清单，同总体方案设计文件一并经工点设计单位技术负责人签认后，一同报总体设计单位审查。

6.5.2 总体设计单位负责审查工点设计单位提交的特、一级风险工程清单和总体方案设计文件，汇总编制全线推荐方案的特、一级风险工程清单，经总体设计单位项目技术负责人签认后，一并报建设单位规划设计部。

6.5.3 建设单位规划设计部负责复审，并协助建设单位技术委员会组织专家对全线特、一级风险工程清单和总体方案设计文件一并进行终审、论证，并形成论证意见。

6.5.4 总体设计单位负责组织工点设计单位，按照论证意见修改完善特、一级风险工程清单和总体方案设计文件，建设单位规划设计部监督检查其落实情况。

6.5.5 总体设计单位负责将修改完善后的全线推荐方案特、一级风险工程清单和总体方案设计文件一并报建设单位规划设计部备案。

6.5.6 总体方案设计阶段的管理程序见图6。特、一级风险工程清单的分层报审表及审批汇总表参见附录C、附录D。

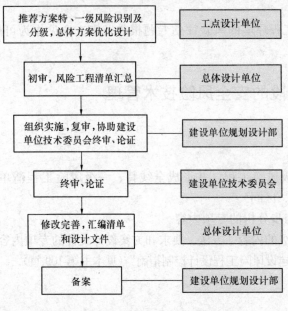

图6 总体方案设计阶段的管理流程

7　初步设计阶段的安全风险技术管理

7.1　一般规定

7.1.1　初步设计阶段应识别工程自身风险和环境风险，并进行风险工程分级，风险工程分级原则上考虑到各工点（车站、区间）的主体和附属工程，并满足初步设计文件的深度要求。

7.1.2　一级自身风险工程的初步设计文件应包含安全风险分析评价和下一步优化方向及建议等专项内容。

7.1.3　特、一级环境风险工程应进行安全专项设计，编制形成特、一级环境风险工程安全专项设计文件，文件内容主要包括初步的安全风险分析评价、工程环境监测控制标准、工程技术措施、环境安全保护设计措施、专项监控量测设计方案等，并满足初步设计文件的深度要求。

7.1.4　初步设计阶段安全风险识别、风险工程分级和初步设计文件（含特、一级环境风险工程安全专项初步设计）的具体内容、深度、成果形式及相关要求参见"轨道交通工程建设风险工程设计控制指南"（见本书第 109 页）。

7.2　管理目标

通过对安全风险进行识别，基本明确特、一级风险工程，重点对特、一级风险工程设计（包括工程支护结构设计、环境保护措施设计及监控措施设计等）的合理性和安全性进行审查、论证，以避免由于初步设计不合理带来的安全风险。

7.3　管理内容

7.3.1　安全风险的识别和分级，形成风险工程分级清单；

7.3.2　风险工程清单的审查、论证，汇编特、一级风险工程分级清单专册；

7.3.3　风险工程初步设计文件（含特、一级环境风险工程安全专项初步设计）的审查。

7.4　管理职责

7.4.1　工点设计单位负责安全风险的识别和风险工程分级，编制风险工程分级清单；完成各级风险工程初步设计（含特、一级环境风险工程安全专项初步设计）。

7.4.2　总体设计单位负责初审风险工程分级清单，汇总编制全线风险工程分级清单专册，初审全线风险工程初步设计文件（含特、一级环境风险工程安全专项初步设计）。

7.4.3　建设单位规划设计部负责组织风险工程分级和风险工程初步设计的实施，对风险工程清单和风险工程初步设计文件进行复审，协助建设单位技术委员会组织专家对风险工程分级清单专册和特、一级风险工程初步设计文件（含特、一级环境风险工程安全专项初步设计）进行终审。

7.5 安全风险识别与风险工程分级

7.5.1 工点设计单位在初步设计阶段应进行工程自身风险和环境风险的初步识别，编制风险工程分级清单，经工点设计单位负责人签认后报总体设计单位。

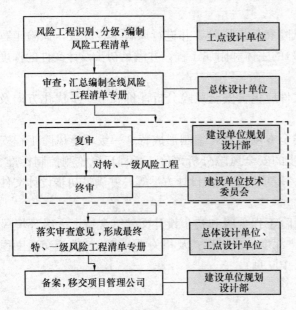

图7 初步设计阶段风险工程分级的管理流程

7.5.2 总体设计单位初审后填写审查意见，并汇总编制全线风险工程分级清单，报建设单位规划设计部。

7.5.3 建设单位规划设计部负责进行复审，并协助建设单位技术委员会组织专家对全线特、一级风险工程清单进行终审，形成全线特、一级风险工程清单专册及其论证意见。

7.5.4 总体设计单位负责组织工点设计单位按照论证意见修改完善，汇编形成特、一级风险工程清单专册。建设单位规划设计部监督检查其落实情况。

7.5.5 总体设计单位负责组织将修改完善后的特、一级风险工程清单专册报建设单位规划设计部备案，建设单位规划设计部负责组织移交给建设单位项目管理公司。

7.5.6 初步设计阶段风险工程分级的分层报审程序见图7，分层报审表及审批汇总表参见附录E、附录F。

7.6 风险工程初步设计

7.6.1 工点设计单位在完成风险工程初步设计后，经工点设计单位技术负责人签认后，一并报总体设计单位审查。

7.6.2 总体设计单位负责审查工点设计单位提交的风险工程初步设计文件（含特、一级环境风险工程安全专项初步设计），进行全线汇总，报建设单位规划设计部。

7.6.3 建设单位规划设计部负责协助建设单位技术委员会组织专家对特、一级风险工程初步设计文件（含一级自身风险工程初步设计和特、一级环境风险工程安全专项初步设计）进行论证，并形成论证意见。

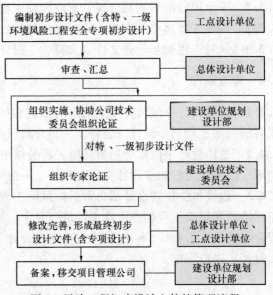

图8 风险工程初步设计文件的管理流程

7.6.4 总体设计单位负责组织工点设计单位按照论证意见进行修改完善，建设单位规划设计部监督检查其落实情况。

7.6.5 总体设计单位负责组织将修改完善后的特、一级风险工程安全专项初步设计和其他初步设计文件一并报建设单位规划设计部备案，建设单位规划设计部负责组织移交给项目管理公司。

7.6.6 风险工程初步设计文件的分层报审程序见图8。

8 施工图设计阶段的安全风险技术管理

8.1 一般规定

8.1.1 施工图设计阶段应全面识别工程自身风险和环境风险，并进行风险工程分级。风险工程分级原则上考虑到工点（车站、区间）的各风险区段，并满足施工图设计文件的深度要求。

8.1.2 施工图设计前应对有特殊要求的环境风险工程进行现状调查、检测和评估。现状评估对象原则上针对特、一级环境风险工程的工程环境和产权单位有特殊要求的工程环境。

8.1.3 现状评估是通过对工程环境进行现状调查、结构检测和鉴定，并进行适当的分析评价，为环境风险工程施工附加影响分析、环境监控量测控制指标制定、施工图设计和工后评估等提供基础资料和依据。现状评估工作由建设单位或其项目管理公司委托具有相应经验和实力的调查检测或评估单位承担。现状评估的内容、方法、程序、成果形式和相关要求，可参见"轨道交通工程建设风险工程设计控制指南"和"轨道交通工程建设周边环境安全性评估指南"（见本书第109页及第159页）。

8.1.4 施工影响预测是施工图设计文件的重要组成部分，是根据工程特点、初步设计方案等，对轨道交通工程建设施工进行的安全性分析和预测，为环境风险工程施工附加影响分析和施工图设计等提供依据。

8.1.5 施工附加影响分析是根据工程特点、设计方案、环境现状评估成果和施工影响预测结果，采用数值模拟、反分析、工程类比等方法，预测分析施工对工程环境所造成的附加荷载和附加变形影响，评价环境的安全性，判断施工工法、加固措施等能否满足工程环境所允许的剩余承载能力和剩余变形能力，为环境风险工程施工图设计、环境监控量测控制指标制定、环境安全保护设计和施工建议提供充分依据。

8.1.6 施工附加影响分析对象原则上针对特、一级环境风险工程的工程环境和产权单位有特殊要求的工程环境。

8.1.7 施工附加影响分析原则上由工点设计单位根据设计服务合同和相关协议完成。设计单位无经验或能力时，可委托具有相应评估经验和实力的第三方咨询单位协助完成施工附加影响分析工作。对产权单位有特殊要求的环境风险工程，尚需充分征得建设单位和环境产权单位的认可。

8.1.8 一级自身风险工程和二级以下（含二级）风险工程的施工图设计文件应包含安全风险分析评价和专项措施等专项内容，可以章节形式包含在施工图设计文件中。

8.1.9 特、一级环境风险工程应进行安全专项设计，编制特、一级环境风险工程安全专项设计文件，文件的内容主要包括风险分析评价、工程环境监测控制标准、工程技术措施、环境安全保护设计措施和专项监控量测设计方案等，并满足施工图设计文件的深度要求。

8.1.10 监控量测控制指标是施工图设计的重要内容，设计单位应根据国家、行业及地方的有关工程技术标准和工程经验，并结合"轨道交通工程建设监控量测控制指标参考资料汇编"（见本书第 263 页）和工程具体情况提出控制指标值。

8.1.11 施工图设计阶段安全风险识别、风险工程分级和施工图设计文件（含特、一级环境风险工程安全专项施工图设计）的具体内容、深度、成果形式及相关要求详见"轨道交通工程建设风险工程设计控制指南"（见本书第 109 页）。

8.2 管理目标

确保安全风险的全面有效识别和分级的合理性，对环境现状评估和特、一级风险工程安全专项施工图设计（包括风险控制标准、支护结构设计参数、监测设计方案、工程设计控制措施、环境保护设计方案和应急预案等）的合理性和安全可靠性进行审查论证，以避免由于施工图设计问题带来的安全风险。

8.3 管理内容

8.3.1 安全风险的全面识别，形成风险工程分级清单；

8.3.2 风险工程分级清单的审查、论证，汇编风险工程分级清单专册；

8.3.3 特殊要求的工程环境的现状评估及其审查、论证；

8.3.4 工程环境施工附加影响分析及其审查、论证；

8.3.5 风险工程施工图设计（含专项设计）及其审查、论证。

8.4 管理职责

8.4.1 工点设计单位负责安全风险的全面识别及风险工程分级，编制风险工程分级清单，提出现状评估需求并参加现状评估大纲及报告成果的审查验收，完成风险工程施工图设计（含施工影响预测）和工程环境施工附加影响分析。

8.4.2 总体设计单位负责初审风险工程分级清单，汇总编制全线风险工程分级清单专册，初审现状评估需求、施工附加影响分析大纲及成果和风险工程施工图设计文件，参加现状评估大纲及报告成果的审查验收。

8.4.3 施工图设计审图单位负责对风险工程施工图设计文件进行强制性审查。

8.4.4 现状检测评估单位负责完成特殊要求的工程环境的现状评估工作。

8.4.5 建设单位项目管理公司负责组织对风险工程分级清单、现状评估大纲及成果、施工附加影响分析大纲及报告成果、风险工程施工图设计文件进行审查、论证；协助建设单位技术委员会组织对风险工程分级清单进行终审，对特级环境风险工程的现状评估报告成果、施工附加影响分析报告和安全专项施工图设计进行终审、论证。

8.5 安全风险全面识别与风险工程分级

8.5.1 工点设计单位在施工图设计时，应首先进行工程自身风险和环境风险的全面识别，划分风险工程等级，编制风险工程分级清单，经工点设计单位技术负责人签认后，报总体设计单位。

8.5.2 风险工程分级原则上实行三级审查制度，并可根据设计进度的不同分批进行审查、论证，程序如下：

　　1 总体设计单位负责组织初审，填写审查意见，并汇总编制全线风险工程分级清单专册；

　　2 建设单位项目管理公司组织复审，填写审查意见；

　　3 建设单位技术委员会组织终审（项目管理公司协助），提出终审意见。

8.5.3 总体设计单位负责组织工点设计单位根据审查、论证意见，修改完善风险工程分级清单，汇总编制全线风险工程清单专册，建设单位项目管理公司负责监督检查其落实情况。

8.5.4 总体设计单位负责将修改完善的全线风险工程分级清单专册报项目管理公司备案，项目管理公司负责上报建设单位领导及相关部门，并组织移交给监理单位和施工单位。

8.5.5 施工图设计阶段风险工程分级的分层报审程序参见图 9，分层报审及汇总表分别参见附录 G、附录 H。

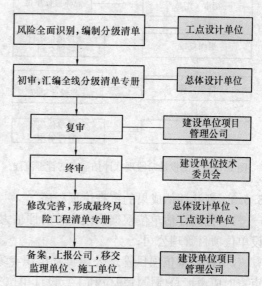

图 9　施工图设计阶段风险工程分级的管理流程

8.6 现状评估

8.6.1 现状评估需求的审查论证程序

　　1 工点设计单位负责提出需进行工程环境现状评估的需求和相关技术要求，填写评估需求表，经工点设计单位技术负责人签认后，报总体设计单位；

　　2 总体设计单位负责进行全线汇总和初审，形成审查意见，报建设单位项目管理公司；

　　3 建设单位项目管理公司负责组织复审，形成复审意见，必要时邀请产权单位参加；

　　4 工点设计单位根据审查意见进行修改，总体设计单位负责检查落实，并报建设单位项目管理公司备案；

　　5 现状评估需求的分层报审程序见图 10，现状评估需求报审表参见附录 I。

8.6.2 现状评估大纲的审查论证程序

　　1 检测评估单位在正式开展评估工作之前应先编写现状评估大纲，报建设单位项目管理公司；

2 建设单位项目管理公司负责组织专家对现状评估大纲进行审查，形成审查意见，审查时应邀请总体设计单位和工点设计单位参加，并充分征询其意见；

3 对产权单位有特殊要求的工程环境，邀请产权单位参加审查；

4 检测评估单位按审查意见修改完善现状评估大纲，并报建设单位项目管理公司备案；

5 现状评估大纲的分层报审程序见图11。

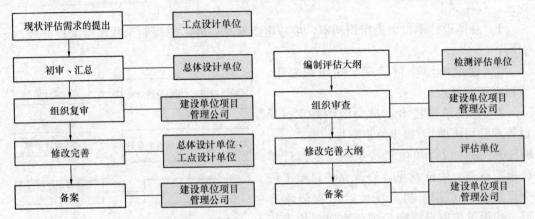

图10 施工图设计阶段现状评估需求的管理流程　　图11 施工图设计阶段现状评估大纲的管理流程

8.6.3 现状评估成果的审查论证程序

1 检测评估单位根据修改完善的评估大纲开展评估工作，形成现状评估报告，报建设单位项目管理公司；

2 建设单位项目管理公司负责组织专家对现状评估报告进行审查，形成审查意见。审查时应邀请总体设计单位和工点设计单位参加，并充分征询其意见，对产权单位有特殊要求的环境风险工程，邀请产权单位参加审查；

3 对特级环境风险工程，尚应由建设单位技术委员会负责组织终审论证（建设单位项目管理公司协助），形成终审意见；

4 检测评估单位按照审查意见补充评估或修改完善评估报告，并报建设单位项目管理公司备案；

5 建设单位项目管理公司负责组织将最终现状评估报告移交给设计单位；

6 现状评估成果的分层报审程序见图12。

8.7 施工附加影响分析

8.7.1 施工附加影响分析大纲的审查论证程序

1 工点设计单位在正式开展施工附加影响分析工作之前应先编写施工附加影响分析大纲，报总体设计单位；

2 总体设计单位对施工附加影响分析大纲进行初审，形成审查意见，报建设单位项目管理公司；

3 建设单位项目管理公司负责组织终审，形成审查意见，对产权单位有特殊要求的工程环境，邀请产权单位参加审查；

4 工点设计单位按照审查意见修改完善施工附加影响分析大纲，总体设计单位负责检查落实，并报项目管理公司备案；

5 施工附加影响分析大纲的分层报审程序见图13。

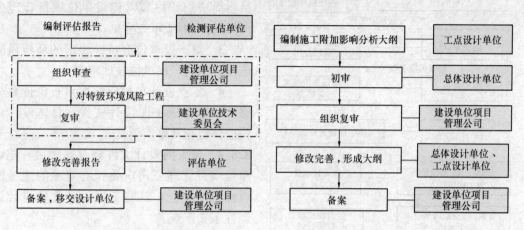

图12 施工图设计阶段现状评估报告的管理流程

图13 施工图设计阶段施工附加影响分析大纲的管理流程

8.7.2 施工附加影响分析成果的审查论证程序

1 工点设计单位按照审查通过的施工附加影响分析大纲开展施工附加影响分析工作，形成施工附加影响分析专题报告，并进行报审。

2 对一级及以下风险工程，工程环境施工附加影响分析报告的分层评审程序参照第8.7.1条执行。

3 对特级环境风险工程，工程环境施工附加影响分析报告建设单位经项目管理公司审查后，尚应报建设单位技术委员会组织终审（建设单位项目管理公司协助）。

4 施工附加影响分析成果的分层报审程序见图14。

8.8 风险工程施工图设计

8.8.1 工点设计单位负责编制完成施工图设计文件，经工点设计单位技术负责人签认后，报总体设计单位审查。

8.8.2 总体设计单位对全线风险工程施工图设计文件（含特、一级环境风险工程安全专项施工图设计）进行汇总、审查，报建设单位项目管理公司。

8.8.3 在按正常程序组织施工图设计强制性审查前，建设单位项目管理公司应单独组织对特、一级风险工程施工图设计文件（含特、一级环境风险工程安全专项施工图设计）进行审查、论证，履行程序为：

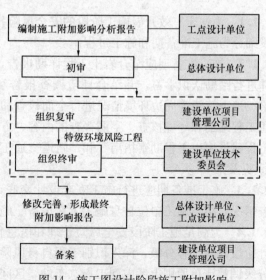

图14 施工图设计阶段施工附加影响分析报告的管理流程

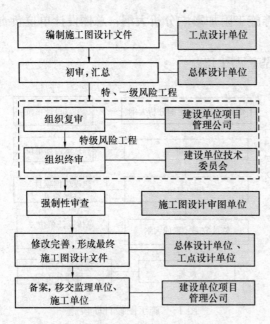

图 15 施工图风险工程设计的管理流程

1 对一级风险工程，建设单位项目管理公司组织复审，形成审查意见；

2 对特级风险工程，建设单位技术委员会尚应组织终审（建设单位项目管理公司协助），形成审查意见；

3 对产权单位有特殊要求的环境风险工程，邀请产权单位参加审查。

4 工点设计单位应按照审查论证意见修改、完善施工图设计文件，总体设计单位监督检查其落实情况。

8.8.4 施工图设计文件修改完善后，建设单位项目管理公司应委托有资质的施工图设计审图单位，对施工图设计文件进行强制性条文审查。

8.8.5 工点设计单位负责按照强制性条文审查意见修改、完善，总体设计单位监督检查其落实情况，并负责将最终完善后的施工图设计文件报建设单位项目管理公司备案。开工前，建设单位项目管理公司按相关程序组织将施工图文件移交给监理单位和施工单位。

8.8.6 风险工程施工图设计的审查、论证程序见图 15。

9 施工阶段的安全风险技术管理

9.1 一般规定

9.1.1 为便于有效开展施工阶段的安全风险技术管理工作，轨道交通工程建设的施工阶段细分为施工准备期和施工过程。

9.1.2 施工准备期应结合岩土工程详勘报告，对工程影响范围内的工程地质水文地质条件进行踏勘认识学习，并结合环境调查报告和设计文件对工程影响范围内的建筑物、桥梁、地下管线等周边环境情况进行全面核查和必要的地下空洞探测普查工作。有关轨道交通工程踏勘和环境核查、空洞普查的内容、方法、程序和相关要求等分别参见"轨道交通工程建设岩土工程勘察指南"和"轨道交通工程建设工程周边环境调查指南"（见本书第 49 页及第 87 页）。

9.1.3 施工准备期应进行施工安全设计交底，并根据地质踏勘、环境核查结果和空洞普查情况，结合施工单位自身施工工艺设备、施工经验等，开展对设计文件的学习和分析。

9.1.4 为满足施工阶段安全风险管理和信息化平台的需要，施工准备期应根据施工图设计阶段风险工程分级，深入识别工程自身风险和环境风险因素，进行风险工程分级调整。分级调整清单原则上考虑到工点（车站、区间）的各风险单元。

9.1.5 施工准备期应在施工监测方案基础上，制定、完善第三方监测设计（可参考本书第 184 页的"轨道交通工程建设第三方监测设计指南"进行），并在此基础上编制第三方监测实施方案，并经审查通过后，方可实施第三方监测工作。

9.1.6 施工单位、监理单位和第三方监测单位在施工监控过程中及时进行评估、预警和加强信息报送，对预警状态应先及时组织分析和风险处置，并上报有关监控管理层，根据其综合预警及相关反馈建议加强风险处置。

9.1.7 施工单位、监理单位、第三方监测单位和设计单位应根据预警级别的不同，组织不同层级的领导加强施工过程风险处置的实施和管理工作。

9.2 管理目标

通过加强施工准备期的施工安全设计交底、地质踏勘、环境核查和空洞普查、安全风险深入识别及风险工程分级调整等，加强施工过程的安全风险监控、评估预警、信息报送和预警处理等风险预防和控制措施，及时发现安全隐患并采取有效控制措施，避免工程事故和环境事故的发生。

9.3 管理内容

9.3.1 施工准备期的安全风险技术管理内容主要包括：

1 施工安全设计交底；

2 地质踏勘、环境核查和空洞普查及分析；

3 设计文件分析；

4 风险因素深入识别与风险工程分级调整；

5 安全专项施工方案的编制与审查；

6 施工风险预告。

9.3.2 施工过程安全风险技术管理内容主要包括：

1 安全风险监控、评估与预警；

2 安全风险监控、评估与预警的信息报送；

3 预警的响应与处置。

9.4 管理职责

9.4.1 施工单位负责施工阶段安全风险管理的全面实施和执行，主要包括：设计文件的学习与分析，开展地质踏勘学习、环境核查和空洞普查及其结果的分析，风险因素深入识别、分级调整，安全专项施工方案编审（含监控实施方案）；以及施工过程安全风险监控、评估、预警、信息上报和预警的响应、处置等。

9.4.2 监理单位负责对施工单位施工阶段安全风险管理工作的全面监督和管理，主要包括：监督设计文件学习及地质踏勘、环境核查和空洞普查工作及其结果的分析，对风险工程分级调整进行监督审查，审批安全专项施工方案，监督检查施工单位安全风险管理体系建立及执行情况；加强施工安全巡视和评估、预警和信息报送，审查和监督施工监控、评估、预警、信息报送和预警的响应与处置等。

9.4.3 勘察单位负责参与施工过程出现新的地质问题或工程险情时的地质鉴定或处置工作。

9.4.4 设计单位（总体设计单位和工点设计单位）负责施工安全设计技术交底和施工过程变更设计，参与风险工程分级调整、安全专项施工方案、重大工程环境施工过程评估、预警处理方案的论证及处理等。

9.4.5 第三方监测单位负责第三方监测、巡视和风险评估、预警、信息报送和相关的安全风险监控咨询服务，参与施工监控实施方案、重大工程环境施工过程评估、预警处理方案的论证和处理等。

9.4.6 建设单位项目管理公司负责监督检查施工单位、监理单位和第三方监测单位等相关各参建单位安全风险管理体系的建立和落实情况，审查风险工程分级调整，参与施工安全设计技术交底、安全专项施工方案、重大工程环境施工过程评估及预警处理方案的论证，全面掌控全线安全状态，组织或监督检查参加预警处理等。

9.5 施工安全设计交底

9.5.1 在施工准备期，建设单位项目管理公司负责组织设计单位对施工单位进行安全设计交底。施工安全设计交底的内容原则上应涵盖施工图设计的有关安全风险专项内容。

9.5.2 施工单位应仔细、全面地熟悉施工设计图纸，查对图纸与现场实际情况是否相符，核实工程结构与工程环境安全设计在技术上的合理性和可实施性，在设计交底时应提出风险工程设计安全性的有关质疑，由设计单位负责解答。

9.5.3 二级及以下等级风险工程的安全设计交底与工程设计交底一并进行，设计交底程序按建设单位有关工程管理文件办理。

9.5.4 特、一级风险工程应单独组织安全专项设计交底。参加设计交底的单位和人员包括：总体设计单位、工点设计单位、监理单位和施工单位等相关参建单位的技术负责人及相关人员。同时应邀请建设单位相关部门及人员参加。对产权单位有特殊要求的环境风险工程，邀请产权单位参加。

9.6 地质踏勘、环境核查和空洞普查及分析

9.6.1 施工单位负责地质踏勘学习认识和必要的环境核查工作，并协助开展空洞探测普查工作，宜提交相应的地质踏勘、环境核查及空洞普查成果。

9.6.2 对空洞普查，须考虑如下特殊要求：

1 空洞探测普查工作原则上由具有相应专业资质或实力的勘测单位承担。施工单位须提供必要的现场工作条件。

2 建设单位项目管理公司应组织对其实施方案的评审和成果的审查、验收，监理单位、施工单位积极参与。

3 空洞普查工作完成后，应编制形成专门报告，内容应包括可能出现空洞的区域、空洞对工程施工影响的风险评价、处理方案等关键内容。

9.6.3 施工单位应对地质踏勘结果和环境核查、空洞普查成果进行分析，当与勘察报告、环境调查报告有出入时，书面报监理单位。

9.6.4 监理单位应监督施工单位对地质踏勘、环境核查和空洞普查及其结果的分析，并针对有出入处，及时反馈勘察单位、环境调查单位或设计单位，按照相关管理程序组织处理，并报建设单位项目管理公司备案。

9.7　设计文件分析

9.7.1　施工单位应在施工准备期，从安全风险控制方面加强对设计文件的学习和分析，针对有疑义处，应书面报监理单位。

9.7.2　监理单位应监督施工单位对设计文件的学习与分析情况，并针对有疑义处，及时反馈设计单位，按照相关管理程序组织处理，并报项目管理公司备案。

9.8　安全风险深入识别与风险工程分级调整

9.8.1　在施工准备期，施工单位应深入识别工程自身风险和环境风险因素，进行风险工程分级调整，形成调整清单，经项目技术负责人签认后，报监理单位。

9.8.2　监理单位负责对风险工程分级调整清单进行审核，经项目总监签认后，报建设单位项目管理公司。

9.8.3　建设单位项目管理公司组织专家对风险工程分级调整清单进行审查。审查时应邀请建设单位相关部门和设计单位等参加，必要时邀请产权单位参加。对特级环境风险工程的分级调整，尚应报建设单位技术委员会组织终审（建设单位项目管理公司协助）。

9.8.4　施工单位负责根据审查意见，修改完善风险工程分级调整清单，形成专册，监理单位监督检查其落实情况，并负责报建设单位项目管理公司备案。

9.8.5　建设单位项目管理公司根据风险工程分级调整清单的具体情况反馈设计单位，并按照相关管理程序组织处理。

9.8.6　施工准备期风险因素深入识别及分级调整的管理程序见图16。风险工程分级调整的分层报审及汇总表参照附录J、附录K。

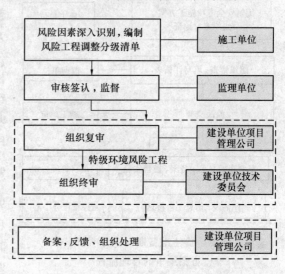

图16　施工准备期风险深入识别
与分级调整的管理流程

9.9　安全专项施工方案编审

9.9.1　施工单位根据环境条件、地质条件、设计文件等基础性资料和相关工程建设标准，结合自身施工经验，针对各级风险工程编制安全专项施工方案，经施工单位技术负责人签认后，报监理审查。

9.9.2　安全专项施工方案应包括①工程概况；②工程地质水文地质条件；③风险因素分析；④工程重、难点；⑤施工方案和主要施工工艺；⑥工程环境保护措施；⑦监测实施方案；⑧监控量测控制指标和标准（含阶段性控制值）；⑨专项预案；⑩应急预案；⑪组织管理措施等主要内容。

9.9.3　对深基坑支护与降水工程、地下暗挖工程和其他认为有必要进行专家论证审查的危险性较大工程，施工单位尚应按照《危险性较大的分部分项工程安全管理办法》（建质〔2009〕87号）组织专家论证审查，提出书面论证审查意见，填写《危险性较大工程专家论证审查表》，参见附录 L，并作为安全专项施工方案的附件。

9.9.4 监理单位应主持召开对安全专项施工方案的审查，并根据风险工程级别的不同邀请不同的相关单位和人员参加：

1 三级风险工程：应邀请监控管理分中心、业主代表、设计代表参加；

2 二级风险工程：应邀请建设单位项目管理公司及相关部门、监控管理分中心、设计单位项目负责人参加；

3 特、一级风险工程：应邀请监控管理中心及建设单位其他相关部门、建设单位项目管理公司、监控管理分中心、设计单位技术负责人参加，其中对特级风险工程，必要时邀请建设单位公司技术委员会和外部资深专家参加；

4 对产权单位有特别要求的环境风险工程，必要时邀请产权单位参加；

5 对政府有特殊要求的环境风险工程，按其要求组织审查；

6 不同施工工法的施工方案安全性评估表和施工组织合理性评估表的填报内容、格式和报送程序、相关要求等详见"轨道交通工程建设施工安全风险监控评估指南"（见本书第 201 页）。

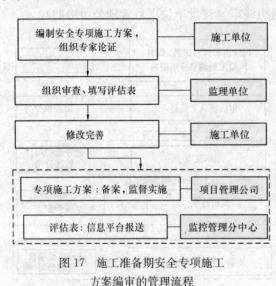

图 17　施工准备期安全专项施工方案编审的管理流程

9.9.5 施工单位应根据审查意见修改完善安全专项施工方案，报监理单位审批后方可正式施工，同时报建设单位项目管理公司备案。在施工过程中，施工单位应严格按照审查、完善后的安全专项施工方案组织施工。

9.9.6 安全专项施工方案编审的管理程序见图 17。

9.10　施工风险预告

9.10.1 施工单位在正式施工前和施工过程中宜以风险预告的形式，以可显见的方式，对施工风险进行提示。

9.10.2 风险预告的内容应包括但不限于：风险描述（风险工程名称、等级、风险因素及后果、事故征兆等）、监控方案、应急预案、施工注意事项、责任人等。

9.10.3 风险预告须经施工单位项目技术负责人签认和监理审核，监理负责监督其执行情况，并报建设单位项目管理公司备案。

9.11　安全风险监控、评估与预警

9.11.1 施工过程中施工单位、监理单位和第三方监测单位应按照各自合同规定范围内的监控内容、范围等进行安全风险监控，在监控过程中及时整理、分析监控信息和进行安全状态评估和预警，并结合预警级别进行相应的风险处置和信息上报。

9.11.2 安全风险监控的内容包括工程监测和安全巡视（主要包括周边环境巡视、支护体系巡视、作业面巡视、施工工艺设备巡视及施工组织管理与作业安全状况巡视等）。

9.11.3 安全巡视应填报评估预警表，应包括巡视内容、风险状况描述、原因分析、可能导致后果、预警等级建议和处置措施建议等内容。不同监控单位和不同施工工法条件下的安全巡视、评估及预警的内容、方法和程序等详见"轨道交通工程建设施工安全风险监控评估指南"（见本书第 201 页）。

9.11.4 当施工过程中出现预警时，施工单位、监理单位和第三方监测单位应根据实际情况适当增强监测、巡视的内容、范围、频次及加强信息的报送。

9.11.5 施工单位的安全风险监控、评估与预警

1 施工单位应将监控作为施工过程的一道重要工序，对工程自身结构及环境风险进行专业化的监测和安全巡视，巡视内容主要包括周边环境巡视、支护体系巡视和作业面巡视等。

2 施工单位在施工过程中应根据施工监测数据和各种巡视信息，有效实施信息化施工，进行安全状态评估，并及时预警和信息上报。

9.11.6 监理单位的安全风险监控、评估与预警

1 监理单位对施工监控进行监督检查时，应对施工全过程进行安全巡视，巡视内容主要包括周边环境巡视、支护体系巡视、作业面巡视、施工工艺设备巡视及施工组织管理与作业状况巡视等，并进行安全状态评估，并及时预警和信息上报。

2 监理单位在对施工监控的监督、检查过程中，当对施工监测数据存有疑义时，应提出加强第三方监测和跟踪监控的要求或建议。

3 监理单位在安全巡视中发现存在不安全状态并进行预警时，应及时以安全隐患报告书、停工令等形式通知施工单位，施工单位在落实意见后方可复工。

9.11.7 第三方监测单位的安全风险监控、评估与预警

1 第三方监测单位应对合同范围内的工程结构和环境进行全面的第三方监测和安全巡视，并评估其安全状态，并及时预警和信息上报。

2 第三方监测设计和监测实施过程中应进行有效管理，具体内容、程序及相关要求详见"轨道交通工程建设第三方监测管理办法"（见本书第 333 页）。

9.11.8 施工单位、监理单位和第三方监测单位在施工监控、评估预警过程中应及时与设计单位沟通，设计单位应结合监控、评估及预警情况加强分析，提供有关处理意见和建议，并按照预警的具体情况按照相关程序组织处理。

9.11.9 施工过程中对特殊要求的工程环境应进行重点监控和及时评估，当存在安全隐患或达到预警状态时，专项评估单位应进行施工过程的现状评估工作，为设计、施工优化处理措施提供依据。有关施工过程现状评估的具体内容、方法、程序和成果要求等详见"轨道交通工程建设周边环境安全性评估指南"（见本书第 159 页）。

9.11.10 监控管理分中心应及时分析、汇总和筛选施工单位、监理单位和第三方监测单位上报的监测、巡视及预警信息，判断风险工程综合预警等级，以作为建设单位项目管理公司加强安全风险监控、管理的依据，并及时反馈指导施工。

9.11.11 监控管理中心应根据各线风险工程预警信息进行汇总、筛选，并通过现场复核、多方会商和专家论证等形式，提出风险工程综合预警等级建议和提供相关风险处理的意见和建议，并及时上报和反馈。

9.12 安全风险监控、评估与预警信息的报送

9.12.1 施工过程中施工单位、监理单位和第三方监测单位均应及时报送各自的监测、巡视、评估及预警信息。信息报送形式主要有书面报送、信息平台报送和电话、短信等。信息报送方式包括日报、预警快报和周报、月报。

9.12.2 施工单位应通过信息平台及时报送监控管理分中心规定的当日监测数据、安全巡视信息及预警信息。同时应以书面形式向监控管理分中心报送经监理审核的施工监控周报、月报。

9.12.3 监理单位应通过信息平台报送当日的安全巡视信息及预警信息。同时应以书面形式向监控管理分中心报送监理周报和月报。

9.12.4 第三方监测单位应通过信息平台及时报送当日的第三方监测数据、安全巡视信息及预警信息。同时应以书面形式向监控管理分中心报送第三方监测周报、月报。

9.12.5 施工单位、监理单位和第三方监测单位均应将各自当日的监测信息、巡视信息或预警信息及时报给设计单位驻地代表。设计代表根据预警信息的具体情况按照相关程序进行反馈和组织处理。

9.12.6 监控管理分中心应及时汇总全线第三方监测单位、施工单位和监理单位报送的监测、巡视和评估、预警信息，进行综合分析，及时判定综合预警状态，并及时通过信息平台发布，并定期向建设单位项目管理公司领导、相关部门和监控管理中心报送全线监控管理周报、月报。

9.12.7 监控管理中心应汇总各线监控管理分中心上报的监测、巡视和评估、预警信息，提出风险工程综合预警建议，及时上报建设单位领导和相关部门，反馈监控管理分中心，指导施工和风险处理，并定期汇编各线监控管理周报、月报，报送建设单位领导和相关部门。

9.12.8 当风险工程处于红色综合预警状态或发生一般（Ⅳ级）施工突发风险事件时，各监控或管理层应及时进行预警快报，上报各级相关领导，组织风险处置。

9.12.9 施工过程各相关单位的监控、评估及预警信息报送的内容、方式、程序等要求详见"轨道交通工程建设施工安全风险监控预警、消警及信息报送管理办法"、"轨道交通工程建设施工安全风险监控综合预警的响应管理办法"、"轨道交通工程建设施工安全风险监控报送内容管理办法"（见本书第 339 页、第 349 页、第 353 页）。

9.13 预警的响应、处理

9.13.1 施工过程中当判断可能出现预警状态时，施工单位、监理单位、第三方监测单位等相关监控单位在信息报送的同时，应及时组织分析，加强监测、巡视，进行先期风险处置。

9.13.2 施工单位是预警处理的实施和执行主体，监理单位、第三方监测单位、监控管理分中心和监控管理中心等应加强安全监控，设计单位积极参加方案制定和风险处理。其他相关参建单位参加方案评审和风险处理，提供相关建议。

9.13.3 当监控管理分中心综合判定综合预警等级后，各相关监控实施及管理单位应根据不同的综合预警级别分别组织不同层级领导的响应。有关预警的响应可参见

"轨道交通工程建设施工安全风险监控预警、消警及信息报送管理办法"、"轨道交通工程建设施工安全风险监控综合预警的响应管理办法"、"轨道交通工程建设施工安全风险监控报送内容管理办法"（见本书第 339 页、第 349 页、第 355 页）。基本要求如下：

1 黄色综合预警：施工单位应加强组织分析，项目技术负责人主持并组织风险处理，项目总监、第三方监测单位项目负责人、设计单位专业负责人和监控管理分中心参加风险处理方案的制订和风险处理过程的监督、管理；施工单位、监理单位、第三方监测单位加强监测和巡视，监控管理分中心监控跟踪。

2 橙色综合预警：施工单位应组织四方会议，项目经理主持并组织风险处理，监理单位总监理工程师、第三方监测单位技术负责人、设计单位和勘察单位的项目负责人及项目管理公司有关领导参与风险处理方案的制订和风险处理过程的监督、管理；监控管理分中心加强监控跟踪，建设单位项目管理公司加强督查和协调处理。

3 红色综合预警：施工单位应组织专家论证，启动应急预案。施工单位企业主管领导主持并组织风险处理，监理单位总监理工程师、第三方监测单位技术负责人、设计单位和勘察单位的技术负责人及建设单位主管领导、监控管理中心、项目管理公司领导参与风险处理方案的制订和风险处理过程的监督、管理，建设单位领导和相关部门督促和协调处理，监控管理中心加强监控跟踪。

9.13.4 对特、一级风险工程的预警处理，建设单位项目管理公司领导应加强风险处理过程的监督、管理和协调处理。

9.13.5 对环境产权单位对工程环境有特殊要求的环境风险工程，预警的风险处理原则上应邀请产权单位参加。

9.13.6 当判定风险工程处于红色综合预警或发生一般（Ⅳ级）施工突发风险事件时，在预警快报的同时，应立即采取应急技术措施。第一时间上报建设单位项目管理公司和公司主管领导、相关政府主管部门、委办局和环境产权单位等，组织现场应急处理。

9.13.7 对于较大（Ⅲ级）、重大（Ⅱ级）、特别重大（Ⅰ级）施工突发风险事件的应急处理，应遵循国家及地方突发公共事件总体应急预案和建设工程施工突发事故应急预案等的有关规定。

9.13.8 在风险处理结束后，施工单位应对预警提出消警建议报告，并根据预警级别的不同报不同层级的监控或管理单位审核。

1 黄色综合预警的消警：消警建议报告书面报监理单位审查后实施消警；

2 橙色综合预警的消警：消警建议报告报监理单位初审和监控管理分中心复审后实施消警；

3 红色综合预警的消警：消警建议报告报监理单位初审、监控管理分中心复审，由监控管理分中心组织评估和实施消警，并在信息平台上发布。

10 工后阶段的安全风险技术管理

10.1 一般规定

10.1.1 土建工程施工完成且施工影响范围内周边环境变形稳定后，当周边建（构）筑物等周边环境的正常使用功能遭受影响，或认为有必要对工程环境进行工后恢复处理时，应进行工后评估。

10.1.2 工后评估的目的是为了有效掌握轨道交通工程建设新线工程施工对工程环境的附加影响程度，判定其工后现状安全状态，并为工后恢复处理提供必要的措施建议。

10.1.3 工后评估应委托具有相应资质和经验的检测评估单位开展工后评估工作，原则上可考虑由现状检测评估或施工附加影响分析的评估单位承担。

10.1.4 工后评估的具体内容、方法、程序和成果等要求详见"轨道交通工程建设周边环境安全性评估指南"。

10.1.5 当工后评估认为风险工程存在环境安全风险或工程隐患，并影响轨道交通工程建设的正常运营时，建设单位项目管理公司应组织有资质和经验的设计单位进行恢复设计和施工单位进行修复处理。

10.2 管理目标

通过工后风险跟踪评估和工程修复处理，避免或减少土建工程竣工后对工程环境正常使用期间的安全风险。

10.3 管理内容

1 工后评估；

2 工程修复处理。

10.4 管理职责

10.4.1 施工单位负责工程修复处理的实施。

10.4.2 设计单位（工点设计单位、总体设计单位）负责工后恢复设计、参加工后评估和工程修复施工处理方案的评审。

10.4.3 监理单位负责工程修复处理的方案审查、实施过程的监督和检查。

10.4.4 评估单位负责工后检测和评估工作。

10.4.5 建设单位项目管理公司负责工后评估和工后恢复设计的组织实施和监督检查，并参与工后评估、工后恢复设计和工程修复处理方案的评审。

10.5 工后评估

10.5.1 施工单位、第三方监测单位、监理单位和设计单位均可提出工后评估的需求，汇总至建设单位项目管理公司。

10.5.2　建设单位项目管理公司负责组织进行论证，确定工后评估的项目和相关要求。论证时应邀请建设单位有关部门、相关参建单位和相关产权单位参加。

10.5.3　工后评估工作正式开始前，项目管理公司应组织专家对评估大纲的评审论证，形成论证意见。评审论证时应邀请监理单位、施工单位、设计单位、第三方监测单位、原评估单位和产权单位参加。

10.5.4　评估单位负责按照论证意见修改完善评估大纲后，方可正式实施评估工作，并将评估大纲报建设单位项目管理公司备案，项目管理公司组织实施并监督其执行情况，监理单位、施工单位协助。

10.5.5　评估单位应依据相关规范、规程和合同规定，结合评估对象的监控量测或第三方监测的实测数据和工程环境评估成果（现状评估、施工附加影响分析、施工过程评估），进行工后结构现状调查与检测和安全性判定，编制工后评估报告，经单位技术负责人签认后，报建设单位项目管理公司。

10.5.6　建设单位项目管理公司负责组织工后评估报告的专家评审，对特级风险工程，尚应由建设单位技术委员会组织专家终审（建设单位项目管理公司协助）。评审时应邀请监理单位、施工单位、设计单位、第三方监测单位、原评估单位和产权单位参加。

10.5.7　评估单位负责按评审意见修改完善工后评估报告后，报建设单位项目管理公司备案。项目管理公司根据工后评估的具体情况反馈设计单位和监理单位、施工单位，并按照相关管理程序组织处理。

10.5.8　工后评估的管理程序见图 18。

10.6　工程修复处理

10.6.1　工后恢复设计单位根据原设计、施工资料及工后评估报告等进行恢复设计，报建设单位项目管理公司组织专家论证并经修改、完善后，由项目管理公司移交施工单位和监理单位。

10.6.2　施工单位或其委托的专业施工单位负责工后修复的施工处理，必要时实施第三方监测工作。

10.6.3　监理单位负责监督、检查修复施工处理的实施，并按有关程序组织验收。验收时邀请建设单位项目管理公司、设计单位和相关产权单位参加。

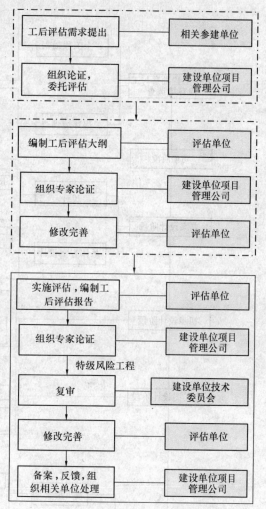

图 18　工后评估的管理工作流程

11 附 录

附录 A 轨道交通工程建设各阶段安全风险技术管理工作内容总框图

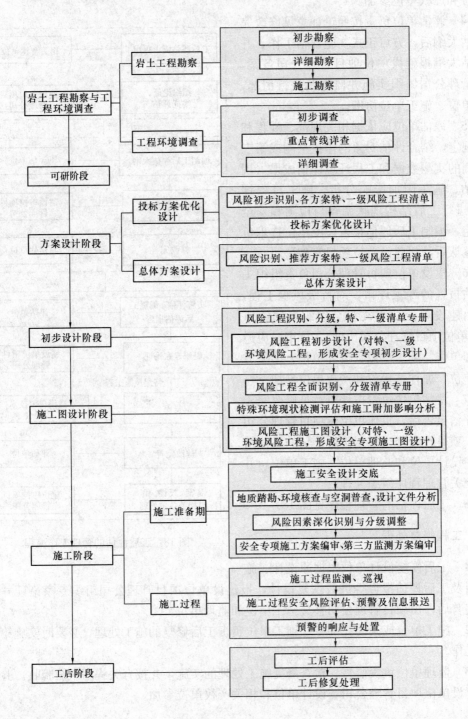

附录 B 轨道交通工程建设安全风险技术管理组织机构框图

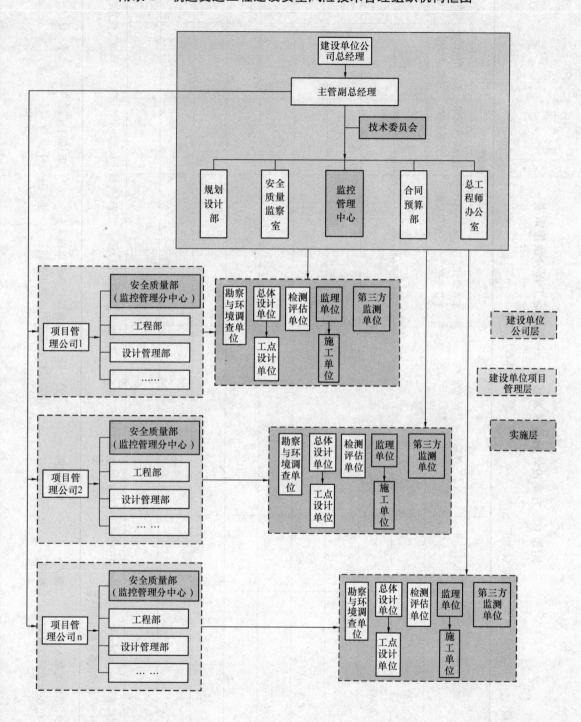

附录C 方案设计阶段××线特、一级风险工程分级报审表

设计标段：
工点设计单位：
总体设计单位：

序号	风险工程名称	里程范围	风险基本状况描述	风险工程分级					备注
				工点设计单位申报	总体设计单位初审	建设单位规划设计部复审	建设单位技术委员会终审		
1	×××站								
2	×××站								
n	×××区间								

注：1. 风险基本状况描述应包含工点车站或区间各比选方案的风险基本状况、如工法、基坑深度、隧道断面大小、工程环境描述（含环境特征及其与轨道工程关系）、地质情况等；2. 各层审查需给出审核意见。

工点设计单位编制人：　　　　复核：　　　　审核：　　　　审核时间：

时间：　申报时间：　　　　　年　月　日

工点设计单位规划设计部复审：　　　　年　月　日　　总体设计单位审核人：　　　　年　月　日

建设单位规划设计部复审：　　　　年　月　日　　建设单位技术委员会终审：　　　　年　月　日

附录 D 方案设计阶段××线特、一级风险工程分级审批汇总表

总体设计单位：

序号	风险工程名称	里程范围	风险基本状况描述	风险工程等级	设计标段及工点设计单位	备注
1	××站：					
2	××站：					
n	×××区间：					

注：风险基本状况描述应包含车站或区间的风险基本状况、如工法、基坑深度、隧道断面大小、工程环境描述（含环境特征及其与轨道工程关系）、地质情况等。

总体设计单位编制人：　　　　复核：　　　　时间：　　年　月　日　　建设单位规划设计部审批：　　时间：　　年　月　日

附录 E 初步设计阶段××线风险工程分级报审表

设计标段：　　　　　　　　　　总体设计单位：

工点设计单位：

序号	风险工程名称	里程、范围	风险基本状况描述	风险工程分级						备注
				工点设计单位申报	总体设计单位初审	建设单位规划设计部复审	建设单位技术委员会终审			
1	×××站									
1.1	自身风险工程									
1.1.1	主体									
1.1.2	附属工程									
1.2	环境风险工程									
1.2.1	主体									
1.2.2	附属工程									
n	×××区间									

注：1. 风险基本状况描述应包含车站或区间各主体和附属工程的风险基本状况描述，如工法、隧道断面大小、基坑深度、地质状况、工程环境描述（含环境特征及其与轨道工程关系）等；2. 各层审查需给出审核意见。

工点设计单位编制人：　　　　　　复核：　　　　　　　审报时间：　　　年　月　日　总体设计单位审核人：　　　　　审核时间：　　　年　月　日

建设单位规划设计部复审：　　　　　时间：　　　年　月　日　建设单位技术委员会终审时间：　　　年　月　日

附录 F 初步设计阶段××线特、一级风险工程分级审批汇总表

总体设计单位：

序号	风险工程名称	里程、范围	风险基本状况描述	风险工程等级	设计标段及工点设计单位	备注
1	×××站					
1.1	自身风险工程					
1.1.1	主体					
1.1.2	附属工程					
1.2	环境风险工程					
1.2.1	主体					
1.2.2	附属工程					
n	×××区间					

注：风险基本状况描述应包含车站或区间各主体和附属工程的风险基本状况描述，如工法、基坑深度、断面大小、地质状况、工程环境描述（含环境特征及其与轨道工程关系）等。

总体设计单位编制人：　　　复核：　　　时间：　年　月　日　　　建设单位规划设计部审批：　　　时间：　年　月　日

附录 G　施工图设计阶段××线风险工程分级报审表

设计标段：　　　　　　工点名称：　　　　　　工点设计单位：　　　　　　总体设计单位：

设计单位：

序号	风险工程名称	里程、范围	风险基本状况描述	风险工程分级					备注
				工点设计单位申报	总体设计单位初审	建设单位项目管理公司复审	建设单位技术委员会终审		
1	自身风险工程								
1.1	主体								
1.1.1									
1.1.2									
1.2	附属工程								
1.2.1									
1.2.2									
2	环境风险工程								

注：1. 风险基本状况描述应包含车站或区间工点的主体或附属工程的各风险区段工程的风险基本状况描述、如工法、基坑深度、断面大小、地质状况、工程环境描述（含环境特征及其与轨道工程关系状况）等；2. 各层审查需给出审核意见。

工点设计单位编制人：　　　　　　申报时间：　年　月　日　　总体设计单位审核人：　　　　　　审核时间：　年　月　日

建设单位项目管理公司复审：　　　　　　时间：　年　月　日　　建设单位技术委员会终审：　年　月　日

附录 H 施工图设计阶段××线风险工程分级审批汇总表

设计标段： 工点名称： 工点设计单位： 总体设计单位：

设计单位： 设计标段：

序号	风险工程名称	位置、范围	风险基本状况描述	风险工程等级	备注
1	自身风险工程				
1.1	主体				
1.1.1					
1.1.2					
1.2	附属				
1.2.1					
1.2.2					
2	环境风险工程				

注：风险基本状况描述应包含车站或区间工点的主体或附属工程的各风险区段工程的风险基本状况描述，如工法、基坑深度、断面大小、地质状况、工程环境描述（含环境特征及其与轨道工程关系状况）等。

总体设计单位编制人：

复核： 建设单位项目管理公司审批：

时间： 年 月 日 时间： 年 月 日

41

附录Ⅰ 施工图设计阶段××线特殊环境风险工程现状评估需求报审表

序号	环境风险工程名称（等级）	风险基本状况描述	评估对象	主要评估内容	工点名称及工点设计单位	审核意见	
						总体设计单位意见	建设单位项目管理意见

备注："同意"用"√"表示，"不同意"用"×"表示。

填报单位：　　　　　填报人：　　　　　审核人：　　　　　时间：　　年　月　日

附录 J 施工准备期××线风险工程分级调整报审表

施工标段： 工点名称： 施工单位： 监理单位：
施工标段： 工点施工单位：

序号	风险工程名称	位置、范围	风险基本状况描述	风险工程等级			备注
				施工单位申报	监理单位初审	建设单位项目管理公司复审	
1	自身风险工程						
1.1	主体						
1.1.1							
1.1.2							
1.2	附属工程						
1.2.1							
1.2.2							
2	环境风险工程						

注：1. 风险基本状况描述应包含车站或区间工点的主体或附属工程的各风险区段工程的风险基本状况描述，如基坑深度、断面大小、地质状况、工程环境描述（含环境特征及其与轨道工程关系状况等）、风险特点状况等；2. 对特级风险工程，需报建设单位技术委员会终审；3. 各层审查需给出审核意见。

施工单位编制人： 复核： 申报时间： 年 月 日 时间：

监理单位初审： 时间： 年 月 日

建设单位项目管理公司复审： 审核时间： 年 月 日

附录 K 施工准备期××线风险工程分级调整审批汇总表

施工标段：　　　　工点名称：　　　　工点施工单位：　　　　监理单位：

序号	风险工程名称	位置、范围	风险基本状况描述	风险工程等级	备注
1	自身风险工程				
1.1	主体				
1.1.1					
1.1.2					
1.2	附属				
1.2.1					
1.2.2					
2	环境风险工程				

注：风险基本状况描述应包含车站或区间工点的主体或附属工程的各风险区段工程的风险基本状况描述，如基坑深度、断面大小、地质状况、工程环境描述（含环境特征及其与轨道工程关系状况）、风险特点等。

施工单位编制人：　　　　复核：　　　　时间：　年　月　日

建设单位项目管理公司审批：　　　　监理单位审核：　　　　时间：　年　月　日

时间：　年　月　日

附录L 施工准备期××号线危险性较大工程专家论证表

施工标段		工点名称		
工点设计单位		总体设计单位		
施工单位		监理单位		
危险性较大工程名称				
风险工程等级及风险特点				

<table>
<tr><td colspan="8" align="center">专家成员一览表</td></tr>
<tr><td>姓名</td><td>性别</td><td>年龄</td><td>工作单位</td><td>职务</td><td>职称</td><td colspan="2">专业</td></tr>
<tr><td></td><td></td><td></td><td></td><td></td><td></td><td colspan="2"></td></tr>
<tr><td></td><td></td><td></td><td></td><td></td><td></td><td colspan="2"></td></tr>
<tr><td></td><td></td><td></td><td></td><td></td><td></td><td colspan="2"></td></tr>
<tr><td></td><td></td><td></td><td></td><td></td><td></td><td colspan="2"></td></tr>
<tr><td></td><td></td><td></td><td></td><td></td><td></td><td colspan="2"></td></tr>
<tr><td></td><td></td><td></td><td></td><td></td><td></td><td colspan="2"></td></tr>
<tr><td></td><td></td><td></td><td></td><td></td><td></td><td colspan="2"></td></tr>
<tr><td>审查结论</td><td colspan="2">通过□</td><td colspan="2">经修改通过□</td><td colspan="3">不予通过□</td></tr>
</table>

专家论证审查意见：

　　　　　　　　　　　　　　　　　　　　　　　　　　　　年　月　日

专家签名	组长：ensp;
	专家：

施工单位项目部（盖章）：　　　　　　　　　　　　　年　月　日

二

轨道交通工程建设
岩土工程勘察指南

目　　录

1 总 则

1.0.1 本指南为轨道交通工程建设安全风险技术管理体系总论的组成部分。为加强轨道交通工程建设的安全风险识别与控制，使轨道交通工程建设在施工中减少因地质问题发生的事故，做到安全可靠，特制定本指南。

1.0.2 本指南根据相关国家、行业、地方标准和法律、法规，总结北京地区以往的勘察经验、分析轨道交通工程建设施工常见事故及与事故相关的地质背景而制定，其他地区可根据实际情况参考使用。

1.0.3 为便于建设单位对岩土工程勘察工作全面、有效的管理和控制，本指南在现有技术规范的基础上，从建设单位加强安全风险管理的角度对勘察工作进行强化和规范。

1.0.4 轨道交通工程建设岩土工程勘察管理应贯穿轨道交通工程建设的全过程。

1.0.5 轨道交通工程建设岩土工程勘察除应符合本指南规定外，尚应符合设计要求和国家现行强制性标准的规定。

2 基 本 规 定

2.0.1 轨道交通工程建设岩土工程勘察工作应通过招标选择有岩土工程勘察综合甲级资质及最好具有轨道交通工程建设岩土工程勘察经验的单位承担。

2.0.2 轨道交通工程建设岩土工程勘察应按工程建设各阶段的要求，正确反映工程地质条件，查明不良地质作用和地质灾害，精心勘察、科学分析，提出资料完整、评价正确的勘察报告。

2.0.3 轨道交通工程建设岩土工程勘察可分为可行性研究阶段勘察、初步勘察、详细勘察和施工勘察 4 个阶段。

2.0.4 专项勘察是为解决设计、施工中遇到的某一地质问题，而进行的专门性地质研究工作，根据工程的需要可在任何一个阶段进行。

2.0.5 本指南中所述"风险"如无特殊说明，指勘察实施过程中的风险及设计、施工过程中与地质因素相关的风险。

2.0.6 勘察实施过程中，必须采取切实可靠的措施确保安全，做好文明施工，钻孔、探井、探槽等应及时按照要求封填。

2.0.7 邻近标段或工点的勘察单位应充分沟通，勘察成果应相互衔接，保持一致。

2.0.8 城市轨道交通工程建设岩土工程勘察成果资料中应提出下一阶段的工作建议，下一阶段勘察应充分利用上一阶段的勘察成果，保持成果的连续性和完整性。

2.0.9 参建各方之间任务联系和资料传递应采用技术联系单的书面文件形式。

3 轨道交通工程建设勘察管理

3.1 一般规定

3.1.1 轨道交通工程建设岩土工程勘察的管理目标是通过加强岩土工程勘察的过程管理

控制，规范各阶段的勘察工作，确保勘察成果满足相应各阶段工程设计及施工的需要。

3.1.2 管理内容主要为岩土工程勘察各阶段工作的方案论证、组织实施和成果报告的验收等。

3.1.3 当设计单位、施工单位、建设单位等需要对某一地质问题进行专题研究时，可进行专项勘察。

3.1.4 建设单位规划设计部为初步勘察阶段、详细勘察阶段的管理主体。

3.1.5 项目管理公司为施工勘察的管理主体。

3.1.6 勘察单位为可行性研究阶段、初步勘察阶段、详细勘察阶段、专项勘察工作以及施工勘察的实施主体。

3.1.7 承担轨道交通工程建设岩土工程勘察的单位应建立健全安全风险责任体系，应满足"轨道交通工程建设安全风险技术管理体系总论"（见本书第3页）的有关要求。

3.2 管理职责

3.2.1 建设单位规划设计部

  1 督促、检查勘察单位对"轨道交通工程建设安全风险技术管理体系总论"（见本书第3页）的执行情况。

  2 负责勘察前设计方案的审查认定工作。

  3 为勘察工作提供必要的现场工作条件，确定合理的勘察工期，提供真实、可靠的原始资料。

  4 负责勘察过程中线路变更方案、设计变更方案审查认定工作。

  5 负责组织设计单位提出勘察要求。

  6 组织协调和监督、检查勘察工作的实施。

  7 组织设计交底和勘察（初勘、详勘）技术要求和实施方案等关键性过程的技术论证。

  8 协助勘察单位办理各种审批手续和现场协调。

  9 负责接收可行研究阶段勘察的成果资料。

  10 对初步勘察、详细勘察成果资料进行审查验收。

  11 负责岩土工程勘察单位与相关各管理单位、本公司职能部门和参建单位的协调工作。

  12 负责将勘察资料分发给建设单位项目管理公司和相关设计单位。

3.2.2 建设单位项目管理公司

  1 负责组织实施和监督管理施工勘察工作。

  2 负责将勘察成果资料分发给相关施工单位。

  3 负责组织实施和监督管理施工图设计过程中发生变更的补充勘察工作。

3.2.3 建设单位技术委员会

  负责重大关键技术问题的研讨。

3.2.4 建设单位合同部

  1 负责各个阶段的勘察招标和合同签订工作。

  2 负责勘察变更后的补充协议的谈判与签订。

3.2.5 勘察单位

1 负责贯彻落实建设单位"轨道交通工程建设安全风险技术管理体系总论"（见本书第 3 页），并建立健全本单位轨道交通工程建设岩土工程勘察的质量管理体系和质量责任制度。

2 应当按照法律、法规、规范、规程和工程建设强制性标准，合同要求，建设单位"轨道交通工程建设安全风险技术管理体系总论"规定的相关内容、程序和本指南等，开展岩土工程勘察工作，编制相应阶段的岩土工程勘察报告，内容应涵盖安全风险分析的专项内容。

3 确保提供的岩土工程勘察成果的真实、准确，对勘察质量负责。

4 接受建设单位规划设计部及项目管理公司的监督、检查，配合规划设计部组织的勘察实施大纲的技术论证和成果资料的评审验收。

5 负责根据专家论证意见和岩土工程勘察强制性审查单位的强制性条文审查意见修改完善报告。

6 参与设计单位和施工单位组织的重大风险工程安全风险评估、风险处置方案的技术论证，施工验槽，以及重大预警状态风险事务处理方案的论证、工程质量事故原因的分析，并提供相关处理建议。

7 参与施工配合，解释解决与勘察工作有关的问题。

3.2.6 勘察强制性审图单位

1 负责监督检查详细勘察成果资料的文字报告、图纸图表等是否符合有关规定和标准。

2 发现勘察质量问题，及时通知规划设计部。

3.2.7 设计单位

1 负责为勘察单位提供相关的设计资料和勘察要求。

2 配合规划设计部组织的设计交底，并解答勘察单位的疑问。

3 负责审核勘察大纲，并签署审核意见。

4 设计变更时及时通过建设单位规划设计部以工作联系单的形式通知勘察单位进行补充勘察工作。

5 参加勘察大纲的评审会和成果资料的验收。

6 参与施工配合，解释解决与勘察、设计工作有关的问题。

3.2.8 施工单位

1 负责配合勘察单位的施工勘察工作。

2 施工过程中发现地质、设计问题时及时提出，会同勘察、设计单位解决。

3.3 管理流程

3.3.1 轨道交通工程建设岩土工程勘察管理范围主要包括招投标、勘察大纲的编制与评审、勘察工作的实施与过程检查、勘察成果资料的提交及评审验收、勘察资料的分发及存档等。

3.3.2 由建设单位规划设计部负责接收可行性研究阶段的勘察成果资料，并办理交接手续。

3.3.3 初勘、详勘应由建设单位合同部组织，规划设计部等部门配合进行招标，确定勘察单位；施工勘察由建设单位项目管理公司委托勘察单位进行；专项勘察工作由相应阶段的管理主体委托勘察单位进行。

3.3.4 勘察实施前，应由勘察管理主体组织相关单位提出勘察要求：

1 初步勘察阶段应由设计单位提出勘察要求，经过建设单位规划设计部确认，由规划设计部以任务书的形式传递给勘察单位。

2 详细勘察阶段应由设计单位提出详勘要求、初勘单位提出详勘的相关建议，经过建设单位规划设计部确认，由规划设计部以任务书的形式传递给勘察单位。

3 专项勘察应由设计单位、详勘单位、施工单位、建设单位或其他各方提出勘察要求和建议，经建设单位规划设计部（项目管理公司）确认，由规划设计部（项目管理公司）以任务书的形式传递给勘察单位。

3.3.5 勘察实施前，管理主体应组织设计总体和各工点设计单位向勘察单位进行设计交底。

3.3.6 勘察单位应按照国家、行业和地方规范、规程、规定和合同文件、勘察要求及搜集的相关资料，编写勘察大纲，完成相关审核程序后提交给管理主体。

3.3.7 管理主体应及时组织专家和设计单位对勘察大纲进行评审，形成评审意见。

1 初步、详细勘察阶段应由勘察单位将勘察大纲同时提交给建设单位规划设计部和设计总体；由建设单位规划设计部组织专家评审会，勘察单位和设计单位参加，设计单位发表意见并签署，专家评审形成专家意见。

2 专项勘察应由勘察单位将专项勘察大纲提交给建设单位规划设计部（项目管理公司）；由建设单位规划设计部（项目管理公司）组织专家评审会，勘察单位、设计单位、施工单位参加；专家评审形成专家意见。

3.3.8 勘察单位按照评审意见对大纲进行修改和完善后，组织实施勘察工作。

3.3.9 在勘察实施过程中，建设单位规划设计部（项目管理公司）应对现场进行质量、安全检查和监督。

3.3.10 勘察单位应及时对现场、测试、试验等资料进行分析和整理形成成果文件，并提交给建设单位规划设计部（项目管理公司），由规划设计部（项目管理公司）组织相关单位和部门对成果资料进行评审验收：

1 初步勘察阶段：勘察单位将报告提交给建设单位规划设计部，由规划设计部组织专家评审会；勘察单位和设计单位参加，形成评审意见。

2 详细勘察阶段：勘察单位将报告提交给建设单位规划设计部，由规划设计部组织专家评审会；勘察单位和设计单位参加，形成评审意见。

勘察单位按照评审意见对勘察报告进行完善后提交给建设单位规划设计部，由规划设计部委托审图单位进行施工图审查。

3 专项勘察阶段：勘察单位将报告提交给建设单位规划设计部（项目管理公司），由规划设计部（项目管理公司）组织专家评审会；勘察单位、设计单位和施工单位参加，形成评审意见。

3.3.11 勘察单位根据审查验收意见补充、完善岩土工程勘察报告。建设单位规划设计部（项目管理公司）监督检查审查验收意见的落实情况。

3.3.12 勘察成果资料的分发和归档：

1 初、详勘阶段应由建设单位规划设计部移交项目管理公司，并在档案室归档；由建设单位规划设计部分发给各个设计单位，由项目管理公司分发给各个施工单位和监理单位。

2 专项勘察应由勘察单位递交给建设单位规划设计部（项目管理公司），规划设计部（项目管理公司）分发给设计单位和施工单位，并在档案室归档。

3 文件移交下发应做好文件交接手续。

3.3.13 当由于线位调整、设计变更等需要增加勘察工作量或重新进行勘察时，应由设计单位提出要求，经建设单位规划设计部（项目管理公司）确认，由建设单位规划设计部（项目管理公司）以任务书的形式委托勘察单位。

3.3.14 施工单位进场后，对详细勘察报告进行核查，对未实施的钻孔在场地具备条件后通知勘察单位进场实施。

3.3.15 施工单位整理的施工勘察成果资料应及时反馈给设计、详细勘察单位，并报项目管理公司存档。

3.4 质量控制

3.4.1 勘察单位是勘察质量控制的主体，建设单位规划设计部（项目管理公司）对其进行监督和检查。

3.4.2 勘察单位项目负责人应当组织人员做好现场踏勘与调查、按要求编写勘察大纲，勘察大纲应接受设计和专家的审查并及时修改。

3.4.3 勘察大纲确定后，勘察单位应严格按照勘察大纲实施。

3.4.4 建设单位规划设计部（项目管理公司）在勘察期间应对勘察实施现场不定期进行抽查与检查，确保勘察质量过程控制的完整。

3.4.5 勘察单位不得转包或者违法分包所承揽的勘察业务。

3.4.6 勘察单位应当健全勘察质量管理体系和质量责任制度。法定代表人对质量全面负责；项目负责人对质量负主要责任；项目审核人、审定人对质量负审核、审定责任。

3.4.7 勘察单位的法定代表人、项目负责人、审核人、审定人等相关人员，应当在勘察文件上签字或者盖章，并对勘察质量负责。

3.4.8 勘察项目负责人、审核人、审定人及有关技术人员应当具有相应的技术职称或者注册资格。

3.4.9 工程勘察工作的原始记录应当在勘察过程中及时整理、核对，确保取样、记录的真实和准确，严禁离开现场追记或者补记。

3.4.10 严格实行过程控制，所有记录均应有实施人员互查、质检员检查、项目负责人签字验收。

3.4.11 勘察单位应当确保仪器、设备的完好。钻探、取样的机具设备、原位测试、室内试验及测量仪器等应当符合有关规范、规程的要求。

3.4.12 勘察单位应当加强职工技术培训和职业道德教育，提高勘察人员的质量责任意识。观测员、试验员、记录员、机长等现场作业人员应当接受专业培训，取得上岗证方可上岗。

3.4.13 勘察单位应当加强技术档案的管理工作。工程项目完成后，必须将全部资料分类编目，装订成册，归档保存。

3.4.14 勘察强制性审查单位根据强制性条文对详细勘察阶段的成果报告进行审核，重点检查强制性条文的执行情况。

4 轨道交通工程建设勘察前期准备

4.1 设计交底

4.1.1 设计交底前，建设单位规划设计部应提供勘察所需的设计资料，设计资料一般应包括平面图、纵断面图、地形图、管线图、设计说明、风险工程清单、风险评估报告、勘察要求等。

4.1.2 勘察单位应在设计交底前熟悉设计资料和场地情况。

4.1.3 设计单位应向勘察单位介绍设计概况、图纸内容、设计重点和勘察要求，解答勘察单位提出的问题。

4.2 资料搜集和现场踏勘

4.2.1 勘察单位应在勘察大纲编制前进行资料搜集与现场踏勘工作。

4.2.2 搜集资料应包括与线路有关的区域地质、气象水文、地震安全性评价、地质灾害评估、环境评估及临近场地地质条件等相关资料。

4.2.3 现场踏勘应注意观察场地周围的空中电缆、地下管线、地表水体、重要建筑、交通状况、地形地貌、场地进场条件等。

4.2.4 勘察单位应邀请管线权属单位现场确认地下管线位置。

4.3 施工手续的办理

4.3.1 勘察单位应严格按照政府有关规定办理勘探施工的相关手续。

4.3.2 建设单位规划设计部应提供办理手续所需的文件。

4.3.3 建设单位规划设计部应做好征地拆迁前勘探施工进场的协调工作。

4.3.4 不需要办理手续的勘探场地，勘察单位应事先与产权单位联系沟通，征得产权单位同意，并与场地周边的居民、商户等协调好关系。

5 轨道交通工程建设勘察大纲编制

5.1 一般规定

5.1.1 勘察单位在勘察实施前应编制勘察大纲。

5.1.2 勘察单位需对勘察大纲逐级审核，明确相关责任人。

5.1.3 勘察大纲的内容应满足相关规范、规程及法律法规，初步勘察和详细勘察阶段的勘察大纲应通过建设单位规划设计部组织的专家评审。

5.2　编制原则

5.2.1　勘察大纲应与投标方案基本一致，当设计方案变化时，则与投标方案的原则保持一致。

5.2.2　勘察大纲的内容应体现工程特点和设计要求，勘察手段和方法应具有可操作性。

5.2.3　编制勘察大纲时，应对影响设计、施工的地质风险因素进行识别（可参照附录F），并制定相应的勘察措施，查明其性质、范围及影响。

5.2.4　勘察大纲应包括工程概况、勘察目的与要求、场地地质背景、场地环境条件、风险识别、勘察手段与方法、工作量布置、勘察工作进度安排、勘察施工组织、质量保证措施、安全风险管理措施等（大纲的目录可参照附录D）。

5.3　编制依据

5.3.1　岩土工程勘察合同、委托书和招、投标文件。

5.3.2　勘察要求、相关设计图纸及说明等。

5.3.3　相关国家、行业、地方规范、规程及标准。

5.3.4　勘察单位搜集到的地质资料与场地环境条件。

5.4　主要内容

5.4.1　工程概况应详细说明与勘察工作有关的线路规划、场地位置、平面布置、结构形式及顶底板埋深、轨顶标高、荷载情况、施工方法等工程设计条件和参数。

5.4.2　地质背景需分析区域地质资料与场地附近的勘察资料，阐述场地的区域地质情况、地层分布与水位埋藏情况、地震作用等，重点说明可能存在的不良地质作用与特殊岩土，并判断场地的复杂程度。

5.4.3　环境条件应从气象水文、道路与交通、有相互影响的相邻建（构）筑物及地上、地下管线、地表水体、文物古迹等方面来叙述。

5.4.4　风险识别应结合工程情况对场地的地质背景与环境条件进行分析，对与地质体有关的风险进行识别（可参照附录F），确定勘察需解决的重点问题。

5.4.5　勘察手段与方法应针对需解决的主要问题，并与勘察目的相适应，同时能满足相关规范规定要求。

　　1　可行性研究阶段勘察手段以收集和调查资料为主，勘探与试验为辅。

　　2　初勘与详勘阶段一般采用钻探、挖探、物探、原位测试、室内试验等勘察手段获取岩土工程勘察成果报告需要的基础资料。

　　3　对于填土、漂石等特殊地质体，应结合工法按要求选择合适的勘察手段。

　　4　受场地条件限制不能进行钻探时，应采取地质调查、物探等手段，查明场地土层的基本情况，待施工进场后再对地层资料进行补充与验证。

5.4.6　工作量布置应满足下述要求：

　　1　应能满足规范、规定及对可能发生的风险进一步识别与分析的要求。

　　2　特殊结构部位、地层变化部位应有勘探点控制。

3 勘探点平面布置应结合管线图和现场踏勘获取的资料合理安排，避开空中电缆（光缆）、地下管线等障碍物，避免钻探作业时损坏公共设施、避免人身伤亡风险发生。

4 勘探点应采用统一的编号方式，可参照附录 A；具体的钻孔设计可参照附录 B 和附录 C。

5.4.7 进度计划安排需充分考虑钻探现场协调工作的难度和各种意外情况的发生；对勘察流程进行优化，避免盲目抢工，发生风险。

5.4.8 质量保证措施应建立完整的质量保证体系，以过程控制为核心，制定行之有效的质量保证措施。

5.4.9 勘察单位需建立相应的风险管理体系，包括勘察实施过程的风险管理，设计、施工过程中与地质体有关的风险管理。

6 轨道交通工程建设可行性研究阶段勘察

6.1 一般规定

6.1.1 可行性研究主要是通过对现有资料的分析研究，初步了解区域地质水文地质条件，对线路通过地区的工程地质条件进行初步评价，从工程地质角度论证工程方案的可靠性与合理性，对比选方案进行分析。

6.1.2 可行性研究阶段工作应以资料搜集、地质调绘为主，并根据具体情况进行必要的勘探工作。

6.2 勘察要求

6.2.1 搜集地质构造、工程地质、水文地质、气象、地震、地貌、地表水、地下水动态、古河道以及物探等资料。

6.2.2 调查工程区域重要和高大建筑物的岩土工程勘察资料，以及有关工程施工经验。

6.2.3 每个站点、地貌单元应有钻孔控制，钻孔间距不大于 1km。

6.2.4 钻孔深度应能满足方案设计的需要，一般不宜小于 35m。

6.2.5 对控制线路方案的地段，应加强地质调绘和勘探工作，对线路敷设形式和工法的选择进行分析评价。

6.2.6 对可行性研究阶段的比选方案进行评价。

6.3 成果资料

6.3.1 可行性研究阶段岩土工程勘察报告应包括文字报告和下列图件、附表等：

1 钻孔平面位置图；

2 工程地质纵剖面图；

3 必要的测试资料、附图及附表；

4 复杂地段的工程地质、水文地质及市政环境资料。

6.3.2 可行性研究阶段报告中应包括下一阶段的勘察工作重点。

7 初 步 勘 察

7.1 一般规定

7.1.1 初步勘察的目的是为总体方案设计、初步设计和降水初步设计提供工程地质和水文地质资料。

7.1.2 应在可行性研究勘察的基础上，以线路为对象，针对不同的线路敷设形式和不同的地质单元初步查明沿线的工程地质和水文地质条件，并应识别设计、施工中与地质条件有关的风险因素，对线路通过地区的工程地质、水文地质条件进行评价。

7.1.3 勘察工作应根据地质条件并结合线路敷设形式、施工方法合理选择勘察手段，条件允许时可根据需要适当采用工程物探方法。

7.2 勘察要求

7.2.1 搜集拟建工程的有关文件、工程地质和岩土工程资料以及沿线通过地区的地形图。

7.2.2 初步查明地质构造、地形地貌、地层结构、岩土工程特性、水文地质条件。

7.2.3 划定不良地质和特殊地质地段，并初步查明其成因、类型、性质、分布，规模、发展趋势、对工程的危害程度等，对场地的稳定性做出评价，并提出治理意见。

7.2.4 初步查明工程区域河湖淤积物的发育、分布，是否有古建筑遗址，并结合工程要求提出初步评价。

7.2.5 初步查明地表水水位、流量、水质，以及补给、排泄条件与地下水的相互关系。

7.2.6 初步查明地下水类型、埋藏条件、补给来源、历年最高水位、水质、渗透系数、流向，了解地下水动态和周期变化规律，进行水文地质分区。

7.2.7 应对场地和地基的地震效应做出初步评价。

7.2.8 应调查场地土的标准冻结深度。

7.2.9 初步判定水和土对建筑材料的腐蚀性。

7.2.10 对沿线的重要车站、区间及不良地段，必要时单独提供勘察资料。

7.2.11 地下线路尚应满足以下要求：

1 调查工程区域内重要建筑物的地基条件、基础类型、上部结构和使用状态，分析地下工程施工对临近建筑物的影响，并提出预防措施。

2 初步确定沿线土、石可挖性分级、围岩分级。

3 按水文地质单元选择代表性地段进行水文地质试验、提出有关水文地质参数。应按水文地质单元分层设置地下水位长期观测孔。

4 初步查明地下有害气体。

5 对地下工程的施工方法进行初步分析评价。

6 对基坑开挖与支护、工程降水方案进行初步分析评价。

7.2.12 高架线路尚应满足以下要求：

1 初步确定桩基侧摩阻力和端阻力，并提出桩端持力层意见。

2 高架线路重点地段每 $100 \sim 200m$ 应布置一个勘探孔，查明墩台地质情况，并初步提出基础类型意见。

3 控制性勘探孔深度应满足桩基沉降计算的要求，并提供沉降计算所需的参数。

7.2.13 地面线路尚应满足以下要求：

1 应初步分段划分土、石可挖性等级；评价路基基底的稳定性。

2 高路堤应初步查明下列内容：

1）基底地层结构，土、石性质，覆盖层与基岩接触面的形态。不利倾向的软弱夹层，并应评价其稳定性。

2）调查地表水汇水面积及地下水活动对基底稳定性的影响。

3）基底和斜坡稳定性，地质复杂地区应布置横剖面。

4）应分段取岩土试样，进行物理力学试验，并应提供验算基底稳定性的技术参数。

3 深路堑勘察应初步查明下列内容：

1）调查沿线天然边坡、人工边坡的工程地质条件。

2）岩质边坡岩层性质、厚度、成因、节理、裂隙、断层、软弱夹层的分布、风化破碎程度；主要结构面的类型、产状及充填物。

3）松散地层边坡土层厚度、地层结构、成因类型、密实程度及下伏基岩面形态和坡度。

4）评价岩土透水性及地下水出露情况对路堑边坡及地基稳定性的影响。

5）进行岩土物理力学试验和软弱面抗剪强度试验，提供边坡稳定性计算参数。

6）提出边坡最优开挖坡形和排水措施，建议边坡坡度与支护方案。

7）调查雨期、暴雨量及雨水对坡面、坡脚的冲刷和地震对坡体稳定性的影响。

4 支挡建筑物应初步查明下列内容：

1）支挡地段地貌、地质及不良地质现象和特殊地质问题，判定其稳定状态。

2）基底的地层结构及岩土性质，提供地基承载力。对路堑挡土墙应提供墙后岩土物理力学指标。

3）支挡地段水文地质条件，评价地下水对支挡建筑物的影响，提出处理地下水措施。

5 应对设计横断面进行地质填绘，可根据需要单独编制报告。

7.2.14 车辆段工程尚应满足以下要求：

1 当车辆段内具体建筑物位置未确定时，钻孔平面布置可采用方格网的布置方式，孔间距一般为100m。

2 当车辆段内有具体建筑物时，可按照国家标准《岩土工程勘察规范》（GB 50021）执行。

3 应对车辆段建筑可能采取的地基基础类型、进行初步分析评价。

8 详 细 勘 察

8.1 一般规定

8.1.1 详细勘察的目的主要是为施工图设计和降水方案设计提供工程地质、水文地质资料。

8.1.2 应根据设计要求，在初步勘察的基础上针对不同的工点、不同的结构形式及施工方法详细查明沿线的工程地质及水文地质条件。结合工程地质及水文地质条件评价工法的适应性，并对设计、施工提出相应的建议和措施。

8.1.3 勘察工作方法应以勘探、测试、取样为主，辅以地质调查、物探等手段，对工点的地质条件进行综合分析和评价。

8.2　一般勘察要求

8.2.1 搜集附有坐标和地形的工点总平面图，初步勘察报告文件，详细勘察大纲要求，平面布置图，线路纵断面，工点的规模、荷载、结构特点、基础形式、埋置深度、施工方法、地基允许变形等资料。

8.2.2 查明不良地质作用的类型、成因、分布范围、发展趋势和危害程度，提出整治方案的建议。

8.2.3 对工程地质和水文地质复杂地段、特殊地段或有施工特殊要求的区段，应重点勘察，提出评价和处理方案。对车站出入口、通风道、水源井、车辆段等进行单独详细勘察。

8.2.4 查明建筑范围内岩土层的类型、深度、分布、工程特性、分析和评价地基的稳定性、均匀性和承载力，分析和评价围岩的稳定性。

8.2.5 对需进行沉降计算的建筑物，提供地基变形计算参数，预测建筑物的变形特征。

8.2.6 查明埋藏的河道、沟渠、墓穴、防空洞、孤石、古文物等对工程不利的埋藏物。

8.2.7 查明地下水类型、埋藏条件、补给来源、历年最高水位、枯水位、勘察时水位、水质、渗透系数、流速、流向，地下水动态和周期变化规律。

8.2.8 分析沿线建筑物、地下构筑物及管线在施工过程中的稳定性，并提出防护措施。

8.2.9 提供场地土的标准冻结深度。

8.2.10 判定水和土对建筑材料的腐蚀性。

8.2.11 应对场地和地基的地震效应作出评价。

8.2.12 车站横剖面图不得少于3条，在地质复杂地段的区间应布置横剖面。

8.2.13 结合设计及施工要求，按车站、区间综合各项指标以数理统计方法分层提出设计所需要的参数。

8.2.14 如场地内存在厚层填土、人工空洞等特殊地质体，应按照第10节的要求进行勘察。

8.2.15 地下线路尚应满足以下要求：

　　1 调查工程区域内重要建筑物的地基条件、基础类型、上部结构和使用状态，预测因地下工程施工可能引起的变形并提出预防措施。

　　2 确定沿线土、石可挖性分级、围岩分级。

　　3 根据工程需要选择代表性地段增加水文地质试验、提出有关水文地质参数。应按工点分层设置地下水位长期观测孔。

　　4 查明地下有害气体。

　　5 对地下工程的施工方法进行分析评价。

　　6 对基坑开挖与支护、工程降水方案进行分析评价。

8.2.16 高架线路尚应满足以下要求：

1 确定桩基侧摩阻力和端阻力，并提出桩端持力层意见。

2 查明墩台地质情况，并提出基础类型意见。

3 控制性勘探孔深度应满足桩基沉降计算的要求，并提供沉降计算所需的参数。

8.2.17 地面线路尚应满足以下要求：

1 应分段划分土、石可挖性等级；评价路基基底的稳定性。

2 高路堤应查明下列内容：

1）基底地层结构，土、石性质，覆盖层与基岩接触面的形态。不利倾向的软弱夹层，并应评价其稳定性。

2）调查地表水汇水面积及地下水活动对基底稳定性的影响。

3）基底和斜坡稳定性，地质复杂地区应布置横剖面。

4）应分段取岩土试样，进行物理力学试验，并应提供验算基底稳定性的技术参数。

3 深路堑勘察应查明下列内容：

1）调查沿线天然边坡、人工边坡的工程地质条件。

2）岩质边坡岩层性质、厚度、成因、节理、裂隙、断层、软弱夹层的分布、风化破碎程度；主要结构面的类型、产状及充填物。

3）松散地层边坡土层厚度、地层结构、成因类型、密实程度及下伏基岩面形态和坡度。

4）评价岩土透水性及地下水出露情况对路堑边坡及地基稳定性的影响。

5）进行岩土物理力学试验和软弱面抗剪试验，提供边坡稳定性计算参数。

6）提出边坡最优开挖坡形和排水措施，边坡坡度允许值。

7）调查雨期、暴雨量及雨水对坡面、坡脚的冲刷和地震对坡体稳定性的影响。

4 支挡建筑物应查明下列内容：

1）支挡地段地貌、地质及不良地质现象和特殊地质问题，判定其稳定状态。

2）基底的地层结构及岩土性质，提供地基承载力。对路堑挡土墙应提供墙后岩土物理力学指标。

3）支挡地段水文地质条件，评价地下水对支挡建筑物的影响，提出处理地下水措施。

5 应对设计横断面进行地质填绘，可根据需要单独编制报告。

8.2.18 车辆段内建筑物的勘察可按照国家标准《岩土工程勘察规范》（GB 50021）执行，同时应提供场地的横断面图；当车辆段场地为鱼塘、垃圾坑、冲沟等需要大面积场地平整处理时，需提供原状土的顶面等高线图。

8.3 明挖法的勘察要求

8.3.1 明挖法的岩土工程勘察应提供采用放坡开挖、支护开挖及盖挖法设计、施工方法所需要的场地环境条件、工程地质、水文地质、不良地质及特殊地质等资料以及岩土工程设计参数。并对支护比选方案进行评价。

8.3.2 放坡开挖勘察应包括下列内容：

1 分析地下水动水压力对边坡稳定的影响。

2 岩土物理力学性质，软弱结构面抗剪强度及边坡稳定性计算所需的技术参数。

3 对坡顶与既有建筑基础间的安全距离作出评价。

4 放坡开挖勘察范围应扩大到可能的边坡滑动面以外，勘探深度不宜小于基坑深度的 2 倍。

8.3.3 支护开挖勘察应符合下列要求：

1 评价基坑内外产生水头压差对粉细砂、粉土层的潜蚀、管涌、浮托破坏的可能性。

2 根据支护开挖工程特点应提供重力密度、黏聚力、内摩擦角、静止侧压力系数、基床系数、回弹模量、弹性模量及渗透系数等岩土参数。

3 支护开挖根据土的性质、工程类别和施工方法，可分别采用静三轴不固结不排水剪、固结不排水剪和固结排水剪试验。

4 判断基坑开挖人工降低地下水位的可能性，提供地下水参数。评价由于降低水位对基底、坑壁以及地面建筑稳定性的影响。

5 应对成桩、成孔方式提出建议。

6 地下连续墙及护坡桩勘察内容：

1）盖挖中地下连续墙及护坡桩应提供土的重度、黏聚力、内摩擦角、压缩模量、无侧限抗压强度、基床系数等设计参数、静止水头高度。

2）对基坑抗倾覆的整体稳定性、抗隆起和抗管涌的稳定性，及地下水浮托应进行预测与评价。

3）应查明墙端、桩端持力层及隔水层位置厚度。

7 承重桩勘察内容：

1）应查明桩基及下卧软弱土层的埋深、厚度、性状及其变化。

2）当采用基岩作为桩基持力层时，应查明基岩岩性构造、风化程度及厚度，并应取岩样进行饱和单轴抗压强度试验。

3）应估算桩的端承力和摩阻力。

4）计算桩基沉降的勘探孔，深度应超过桩端以下压缩层计算深度，并应取样试验确定变形计算参数。

5）相邻勘探孔的持力层层面高差大于 1m，或岩土条件复杂时，勘探点可适当加密。

6）车站中柱基桩或大型十字桩等大直径钻孔灌注桩的控制性勘探孔，其深度应达到持力层以内不少于 3 倍桩端直径，且不少于 5m，一般勘探孔深应达到桩端以下 2~3m。

8.4 矿山法的勘察

8.4.1 矿山法施工的勘察工作还应满足以下要求：

1 查明表层填土的组成、性质及厚度。

2 分析隧道通过土层的性状密实度及自稳性。

3 分析上层滞水及各含水层的分布、补给及对成洞的影响，产生流砂及隆起的可能性。

4 提供降水、管棚支护、小导管注浆等辅助工法所需的有关勘察资料。

5 查明使开挖面产生突发性涌水及坍塌的含水透镜体。

8.4.2 矿山法施工的勘察，应重点查明下列围岩条件：

1 含水松散围岩。

2 膨胀性围岩。

3 有地热、温泉、有害气体等的围岩。

8.4.3 矿山法施工详细勘察提供的参数和指标应包括：

1 地下水包括地下水类型、地下水位、水量、渗透系数、水质分析等。

2 物理性质包括含水量、重力密度、孔隙比、黏粒含量及颗分曲线、液限塑限、围岩的纵横波速等。

3 力学性质包括无侧限抗压强度、抗拉强度、黏聚力、内摩擦角、岩体的弹性模量、土体的变形模量及压缩模量、静止侧压力系数、基床系数、泊桑比、动弹性模量、动剪切模量。

4 矿物组成及工程特性包括矿物组成、浸水崩解度、吸水率、膨胀率、热物理指标。

5 其他包括围岩分级、土石可开挖性等级、酸碱度等。

8.4.4 采用洞桩法施工时还应满足以下要求：

1 应查明桩基及下卧软弱土层的埋深、厚度、性状及其变化。

2 当采用基岩作为桩基持力层时，应查明基岩岩性构造、风化程度及厚度，并应取岩样进行饱和单轴抗压强度试验。

3 应估算桩的端承力和摩阻力。

4 计算桩基沉降的勘探孔，深度应超过桩端以下压缩层计算深度，并应取样试验确定变形计算参数。

5 相邻勘探孔的持力层层面高差大于 1m，或岩土条件复杂时，勘探点可适当加密。

8.4.5 当采用降低地下水位法施工，地层有可能产生固结沉降时，应进行固结试验。

8.4.6 当采用气压法施工时，可向钻孔内加压缩空气，进行透气试验。

8.4.7 当需要采用冻结法施工时，应提供以下参数：

1 地下水流速。

2 地下水中的含盐量。

3 地层温度。

4 地层的含水量、孔隙比和饱和度。

5 地层的热物理指标。

8.4.8 当采用注浆辅助工法时：

1 应提供地层渗透系数、孔隙率和颗粒组成，为注浆范围、注浆压力和注浆量的设计提供参数。

2 勘察时应加强对地层孔隙的分析与判断，钻孔应及时封填密实。

3 宜查明地下水的流速和流向。

8.4.9 对岩石地层，应进行室内岩石试验，并结合野外工程地质测绘，对围岩进行分类、评价其稳定性。

8.5 盾构法的勘察

8.5.1 盾构法施工的隧道勘察应查明地形、地层组成、地下水、岩土层的物理力学性质、缺氧情况及有害气体。

1 地层组成包括地层分类、地层构造、地层中充水洞穴透镜体及障碍物等。

2 地下水包括水位、孔隙水压力、渗透系数、流向、水质分析等。

3 物理性质包括比重、含水量、重力密度、孔隙比、颗粒分析与颗分曲线、液限塑限、灵敏度、波速。

4 力学性质包括无侧限抗压强度、黏聚力、内摩擦角、压缩模量、压缩系数、静止侧压力系数、基床系数、标贯击数等。

5 缺氧及有害气体应查明土的化学组成、有害气体的成分、压力、含量。

8.5.2 盾构法施工隧道的勘察，应重点查明以下复杂地层：

1 灵敏度高的软土层。

2 透水性强的松散砂土层。

3 高塑性的黏性土层。

4 含有承压水的砂土层。

5 含漂石或卵石的地层。

6 开挖面的软硬复合地层。

8.5.3 当采用降低地下水位或气压法施工时，应进行固结试验或透气试验。

8.5.4 在含卵石或漂石地层中采用机械化密闭型盾构时，应探明卵石或漂石的最大粒径；当采用破碎方式排土时，应提供漂石的单轴抗压强度。

8.6 补充勘察

8.6.1 当由于线位调整、设计变更等导致原钻孔不能控制结构位置的地质条件时，应由规划设计部委托勘察单位进行补充勘察。

8.6.2 详细勘察阶段由于场地原因等导致不能完成的勘察工作，在场地具备条件后应及时进行补充勘察。

8.6.3 补充勘察应按照详细勘察的技术要求执行。

8.6.4 施工单位进场后，经核查场地具备条件时应及时通知勘察单位进行补充勘察工作。

9 施 工 勘 察

9.0.1 施工勘察的目的是详细了解和准确掌握场地的地质条件，以控制施工过程中的地质风险。

9.0.2 施工勘察的主要工作内容一般包括：

1 空洞探测；

2 施工阶段设计变更的勘察；

3 施工中遇见新的地质问题需要进行的勘察；

4 施工方案变更需要进行的勘察；

5 施工中遇到工程险情需要进行的勘察。

9.0.3 空洞探测、因设计变更、施工方案变更、出现新地质问题和工程险情的勘察应由项目管理公司委托勘察单位进行。

9.0.4 施工开挖后建设单位项目管理公司应组织、施工单位负责实施施工验槽工作，勘察单位、设计单位和监理单位参加检验。

9.0.5 施工勘察应根据施工需要、地质条件和遇到的工程地质问题，有针对性地选择勘察方法和手段。

9.0.6 勘察单位的勘察资料应及时反馈给施工单位、设计单位和建设单位项目管理公司。

10 轨道交通工程建设常见地质风险勘察

10.1 人工填土

10.1.1 填土由于其松散性和不均匀性，往往给地基、基坑边坡和围岩的稳定性带来风险。填土根据物质组成和堆填方式可分为以下四类：

1 素填土：由碎石土、砂土、粉土和黏性土等一种或几种材料组成，不含杂物或含杂物很少。

2 杂填土：含有大量建筑垃圾、工业废料或生活垃圾等杂物。

3 冲填土：由水力冲填泥砂形成。

4 压实填土：按一定标准控制材料成分、密度、含水量，分层压实或夯实而成。

10.1.2 填土的勘察应查明下列内容：

1 地形、地物的变迁，填土的来源、物质成分、堆填方式。

2 不同物质成分填土的分布、厚度、深度、均匀程度及相互接触关系。

3 不同物质成分填土的堆填时间、环境变迁与受、卸荷经历。

4 填土的含水量、重力密度、颗粒级配、有机物含量、密实度、压缩性、湿陷性及腐蚀性等。

5 地下水的赋存状态、补给、径流、排泄方式及水质的腐蚀性等。

10.1.3 填土的勘探应符合下列要求：

1 勘探点的密度应能查明暗埋的塘、沟、坑的范围和不同种类与物质成分填土的分布、厚度、工程性质及其变化。

2 勘探点的深度应穿透填土层，并应满足工程设计及地基加固施工的需要。

3 勘探方法应根据填土性质确定。对由粉土或黏性土组成的素填土，可采用钻探取样、轻型钻具与原位测试相结合的方法；对含较多粗粒成分的素填土和杂填土，宜采用轻型动力触探、钻探，并宜有一定数量的探井。

10.1.4 填土的工程特性指标宜采用下列方法确定：

1 填土的均匀性和密实度宜采用轻型动力触探法，并辅以室内试验。

2 杂填土的密度试验宜采用大容积法。

10.1.5 填土的岩土工程评价应符合下列要求：

1 阐明填土的成分、平面分布、厚度与岩土工程性质及其变化。

2 提出填土的处理措施。

3 对填土的承载力、抗剪强度、基床系数和天然密度等提出建议值。

4 在明挖、盖挖或暗挖时应就边坡坡度、支护措施类型、对施工的影响及应有的监测工作提出建议。

5 填土开挖时应进行验槽，必要时应补充勘探测试工作。

10.2　人工空洞

10.2.1　城市地区表层地质体受人工扰动严重，存在人工空洞，给工程施工带来潜在风险。

10.2.2　注意发现空洞以及空洞存在的要素；从空洞形成的要素分析空洞存在的可能性和部位。

10.2.3　容易形成空洞的地段一般包括，雨污水管线周边、深基坑工程附近、地下水位动态变化较大地段、原有空洞部位（菜窖、墓穴、鼠洞等）、管线渗漏地段、砂土复合地层结构地段等。

10.2.4　施工勘察阶段应进行空洞探测的专项勘察。

10.2.5　空洞探测的范围对于明挖基坑为基坑周围一倍的基坑深度范围，对于隧道工程为隧道两侧一倍的隧道底板埋深范围。

10.2.6　空洞探测专项勘察应分工前空洞探测和工后空洞探测。

10.2.7　工前空洞探测目的是探查施工场地已存在的人工空洞，确保施工安全。

10.2.8　工后空洞探测目的是检测施工对周边土体的扰动情况，及时进行处理，不留隐患。

10.2.9　当出现地面异常沉降、塌方、出土量异常、注浆量和注浆压力异常等情况时应进行工后空洞探测。

10.2.10　工后空洞探测的重点部位一般为施工降水部位（尤其是采用辐射井降水施工的部位）、塌陷特征地层分布区、地面沉降异常部位及出现出土量大、注浆量异常、注浆压力小等施工异常部位。

10.2.11　空洞探测专项勘察的一般工作方法为：

1　首先进行调查分析，通过对场地施工历史、管线渗漏、检查井附近以及沿线建筑物的降水等对土层造成扰动的情况进行调查和分析，分析可能出现空洞的区域。

2　根据场区条件和探测深度的要求，选用物探结合勘探的方法。

3　物探一般包括地质雷达、高密度电法及浅层地震等方法。具体方法选择应考虑其使用性。

4　对物探发现的异常部位采用勘探手段进行验证，最终确定空洞的位置和范围。

10.3　卵石、漂石地层

10.3.1　卵石、漂石地层中的漂石会给围护桩施工、管棚和小导管施作以及盾构施工带来困难和风险；卵石、漂石地层的高渗透性也会给工程降水和注浆带来困难。

10.3.2　卵石、漂石地层勘察为查明漂石的颗粒级配和最大颗粒直径应布置一定数量的人工探井（原则上每个工点不少于一个）。

10.3.3　卵石、漂石地层勘察应重点满足以下要求：

1　钻探时应记录粒径大于钻孔直径的漂石的位置和埋深。

2　钻探时记录或分析确定卵石的胶结强度。

3　通过调查等综合手段探察卵石的最大粒径。

4　当需要降水时，应在抽水试验的基础上针对卵石、漂石的充填物综合分析给出渗透系数。

    5 宜通过单轴抗压试验或点载荷试验测试卵石的强度。

    6 宜提供卵石的颗粒级配和颗分曲线，特征粒径 d50、d70、d10 及不均匀系数等。

10.4 饱水砂层透镜体

10.4.1 饱水砂层透镜体由于其分布的随机性，详细勘察阶段不容易被发现；施工时，隧道开挖范围遇到它会造成隧道涌水和流砂。

10.4.2 为了降低工程施工风险，勘察过程中应着重满足以下几方面的要求：

    1 勘察过程中应注意查明砂层透镜体的分布。

    2 应结合周边管线渗漏、绿地浇水等环境条件判断砂层透镜体饱水的可能性。

    3 施工单位进场后对饱水砂层透镜体进行核查和验证探测。

    4 宜查明流砂的规模与特性，注意分析砂层本身的含水量，地下水状态和地表水的补给状态。

    5 宜查明流砂的地质构成、粒径、相对密度、塑性指数、地层滞水层分布、地下水透水系数与压力等。

10.4.3 当饱水砂层透镜体位于矿山法隧道拱顶和侧壁附近时，应加密钻孔间距查明其分布形态，钻孔间距可控制在 10～15m。

10.5 上层滞水

10.5.1 上层滞水由于其分布的随机性和不稳定性，又因详细勘察距离施工的时间较长，造成其不容易被查清，给施工带来一定风险。

10.5.2 为了降低工程施工风险，勘察过程中应着重满足以下几方面的要求：

    1 勘察过程中记录所有钻孔的初见水位情况。

    2 根据现场勘察的土层结构，结合环境调查以及管线渗漏的情况，对上层滞水存在的可能性及部位进行分析预测。

    3 施工单位进场后，应按照施工勘察的要求，对上层滞水的分布状况进行核查。

10.5.3 对于隧道或基坑范围内存在相对隔水层，场地附近又具备补给条件（绿地浇水、管线渗漏、大气降水等）的地段，应有钻孔控制，并进行重点勘察。

11 成 果 分 析

11.0.1 收集、分析区域地质资料，要求说明主要区域构造和地质特征，如断裂、地面沉降的分布、特征等。

11.0.2 在可行性研究阶段和初步勘察阶段，应划分工程地质单元，初步勘察阶段还应统一全线的地层划分。

11.0.3 对原位测试、室内试验等所得参数进行统计，提供样本数、最大值、最小值、平均值、标准差、变异系数和标准值，参加统计的样本数 $n \geq 6$。

11.0.4 在可行性研究阶段、初步勘察阶段，以工程地质单元为单位统计不同岩土样本，提供统计结果，给出岩土参数范围值。详细勘察阶段以工点为单位统计不同岩土层的样本，给出设计所需的岩土参数建议值。

11.0.5　在初步勘察阶段以工程地质单元为单位进行岩土工程评价，在详细勘察阶段以工点为单位进行岩土工程评价，对不同的结构类型分别提出工程措施建议。尤其要求指出不良地质作用对施工的影响及长期作用下对工程的危害性。

11.0.6　对于换乘站，应同时分析两条线路相交部位的勘察成果，资料应互相利用、互相印证。

11.0.7　岩土参数统计应符合下列要求：

1　岩土的物理力学指标，应根据勘察阶段按工程地质单元和层位分别统计。

2　按下列公式计算平均值、标准差、变异系数及岩土参数的标准值：

$$\phi_m = \left(\sum_{i=1}^{n} \phi_i \right) / n \tag{11-1}$$

$$\sigma_f = \sqrt{\frac{1}{n-1} \left[\sum_{i=1}^{n} \phi_i^2 - \frac{\left(\sum_{i=1}^{n} \phi_i \right)^2}{n} \right]} \tag{11-2}$$

$$\delta = \frac{\sigma_f}{\phi_m} \tag{11-3}$$

$$\phi_k = r_s \phi_m \tag{11-4}$$

式中　ϕ_m——岩土参数的平均值；

σ_f——岩土参数的标准差；

δ——岩土参数的变异系数；

r_s——统计修正系数，$r_s = 1 \pm \left\{ \frac{1.704}{\sqrt{n}} + \frac{4.678}{n^2} \right\} \delta$；

ϕ_k——岩土参数的标准值。

3　岩土参数应根据工程特点和地质条件选用，并评价其可靠性和适用性。

4　当测试结果离散性较大或与经验值有较大出入时，需根据土层的实际特征给出建议值。

11.0.8　成果分析需分阶段分工法进行：

1　可行性研究阶段分析沿线的工程地质条件与水文地质条件，对工程的适宜性进行评价。

2　初步勘察阶段重点对沿线的不良地质作用、围岩分级、地下水对工程的影响进行分析，并对施工方法提出建议或初步评价，提出详细勘察的建议。

3　详细勘察阶段需结合工程特点与地质条件分析工法的可行性和经济合理性，提出详细的施工建议。详细勘察阶段的成果分析除满足《地下铁道、轻轨交通岩土工程勘察规范》要求外，还应满足以下要求：

1）根据工程地质和水文地质条件，指出各风险源在拟定的工法和环境条件下，在施工过程中可能会出现的风险及控制措施建议。

2）明挖法施工中对影响稳定的不利因素进行综合评价，提出合理的支护措施建议。

对于承重桩，还需提供桩基沉降计算参数，对差异沉降进行分析评价。

3）暗挖法施工需详细说明上层滞水和饱水砂层透镜体的分布，并提出相应的处理措施。同时宜对隧道围岩进行稳定性和抗变形能力分析，提出加固措施。

4）盾构施工地段重点分析结构范围内软弱结构面、大粒径漂石或孤石、硬质岩体对盾构施工可能产生的影响。

5）当需采取降水措施时，应分析土层特点与周边环境条件，提出合理的降水方案，并预测降水失效的可能性及相应补救措施。

6）在分析工法的适宜性时，对施工中可能存在的风险因素进行预测，提出有关设计方案优化或施工工法工艺调整改进的建议。

7）成果报告应提出工程施工与环境的相互影响，对于特级、一级风险源应单独评价，并提出风险预防措施。

8）详勘工作结束后，对仍存在的不确定地质因素进行分析，对设计施工带来的影响进行说明，提出采取下一步勘察工作的建议及应重点解决的问题。

4 成果资料中应对勘察精度进行分析和评价。

5 成果资料中应分析由于管线部位不能实施钻孔等受场地条件或勘察工艺影响尚存在的不确定的地质问题，并分析由此可能会给设计、施工带来的风险。

12　成果资料要求与验收

12.0.1　勘察报告包括文字部分、表格、图件，要求资料完整，内容可靠，条理清晰。

12.0.2　报告编制要求可参照执行中国工程建设标准化协会标准《岩土工程勘察报告编制标准》（CECS99：98）的各项规定，以及住房和城乡建设部《建筑工程勘察文件编制深度规定》（试行）（建质〔2003〕114号）。

12.0.3　勘察报告的文字部分一般包括：前言（含工程概况）、自然与地理、工程地质条件、水文地质条件、地震效应评价、岩土工程条件分析与评价、周围环境与拟建工程相互作用评价、风险分析与评价、结论与建议等章节（成果资料的目录可参照附录G）。

12.0.4　勘察报告的表格可包括插表与附表。插表是支持文字说明的表格，附表是汇总、统计各类岩土参数的表格。所有岩土参数均要求经过分类、汇总、统计之后列表表示，并提供岩土工程参数设计建议值。

12.0.5　勘察报告的图件可包括插图与附图。插图是支持文字说明的图件，附图是直接反映勘察成果的图件。图件内容包括：区域地质图、数值分析图、钻孔平面图、钻孔断面图、抽水试验曲线图、钻孔柱状图、岩心照片等。其中，钻孔平面图、钻孔断面图是勘察报告的必要附件，钻孔柱状图和岩心照片较多时可另外装订成册。

12.0.6　根据试验统计结果、岩土特征工程经验（类比），按不同岩性的各岩土层提供如下建议值：岩土的地基承载力特征值、桩的侧摩阻力和桩的端阻力特征值、桩的极限侧阻力和桩的极限端阻力标准值、岩土体与锚固体极限摩阻力标准值、岩土层的地基系数（基床系数）、静止侧压力系数、土的泊桑比、基底摩擦系数、边坡坡度高宽比允许值。

12.0.7　城市轨道交通工程建设地下线路岩土工程勘察报告还应提供轨道交通工程建设结

构上下 3m 范围内各岩土层的基床系数、热物理指标、地层温度、隧道围岩分级、土石可挖性分级。在详细勘察阶段，热物理指标应采用实测值。

12.0.8 城市轨道交通工程建设高架线勘察报告除满足 12.0.3、12.0.4、12.0.5、12.0.6 外，还要求：

1 对建筑场地的不良地质作用，如滑坡、崩塌、泥石流、土洞等，有明确的判断、结论和防治方案。

2 提供现场或其他可供参考的试桩资料及附近类似桩基工程经验资料。

3 抗震设防区按设防烈度提供的液化地层资料。

4 提出桩的类型、规格、入土深度的建议，提出各土层桩侧极限摩阻力、桩端极限阻力，估算单桩承载力。

5 提出沉桩可能性分析意见、钻孔灌注桩施工中需要注意的事项、需要采取的工程措施，评估桩基施工对周围环境的影响。

12.0.9 重要的支持性内容如水质分析报告、波速测试成果、电阻率测试成果、温度测试成果、岩土热物理测试成果可作为附件列在勘察报告之后。

12.0.10 钻孔分布于线路两侧时，钻孔应垂直投影到线路（或网格线）上，按里程间隔绘制断面图。平面图和断面图上均应表示地形、线路、里程和站位等要素。

12.0.11 提供车辆段场坪范围内需进行软基处理的软土平面分布图和软土顶、底面等高线图；液化地层分区图；中等风化岩面等高线图。车辆段勘察完毕，尚应进行专门的断面工程地质填图（断面垂直基线，断面线间距 25～30m，比例为 1∶200）。工程地质填图成果可通过业主另行提供给车辆段设计项目组。

12.0.12 勘察报告文字用 Word 格式，统计表格用 Excel 格式，矢量化图件用 ACAD 格式，岩心照片等图片宜用 jpg 格式（亦可粘贴到 word 格式中）。凡 ACAD 格式图件均要求当前通用且能够兼容。

12.0.13 可行性研究阶段岩土工程勘察报告按研究范围编制，初步勘察阶段岩土工程勘察报告按标段编制，详细勘察阶段、施工阶段岩土工程勘察报告按工点编制，专题勘察报告按专题编制。

12.0.14 所有的钻孔要求提供钻孔的平面坐标和孔口高程。

12.0.15 提供区域地质图（要求与线路叠加）。

12.0.16 不同标段（初步勘察阶段）或工点（详细勘察阶段）地质剖面图应有搭接的钻孔资料，相应参数也应基本一致。

12.0.17 成果资料的验收

1 成果资料完成后，由建设单位组织专家对勘察报告进行评审。

2 勘察单位按照专家审查意见对勘察报告进行修改与完善。

3 详细勘察阶段的成果报告由建设单位委托施工图审查机构（勘察）进行强制性审查。

4 勘察单位按照审图意见提出的问题进行答复，对严重问题进行补充勘察。

5 勘察单位根据地层分布和实测地下水位的特点，预测未来地下水位的变化，在勘察报告中提供抗浮设防水位。当勘察单位提供的抗浮设防水位存在疑义时，建设单位规划设计部可组织专家评审。

附录A 钻孔编号要求

A. 1 为便于轨道交通勘察信息化管理，所有钻孔按照统一的原则编号。

A. 2 可行性研究阶段钻孔编号为：M＊Z1－×××。M＊代表轨道交通（地铁）＊号线，Z代表钻孔，1代表可行性研究阶段，×××为三位阿拉伯数字，表示钻孔序号。补充勘察的钻孔，编号为M＊Z1－B×××。

A. 3 初步勘察阶段钻孔编号为M＊Z2－＊×××，M＊代表轨道交通（地铁）＊号线，Z代表钻孔，2代表初步勘察阶段，＊代表标段，×××为三位阿拉伯数字，表示钻孔序号。如"M9Z2－Ⅰ001"表示六号线工程Ⅰ标初勘第1号钻孔。原则上钻孔编号顺序应自小里程至大里程由小到大。

A. 4 详细勘察阶段的工点钻孔编号为M＊Z3－＊＊－××，M＊代表轨道交通（地铁）＊号线，Z代表钻孔，3代表详细勘察阶段，＊＊为工点代号。车站代号采用车站名称的第一个汉语拼音符号的大写，区间代号采用区间名称前两个字的第一个汉语拼音符号的大写，如9号线丰台科技园站的代号为FK，丰台科技园站至怡海花园站区间的代号为FY。××为勘探孔序号，一般为两位数。在勘察报告的文字、图表中，在不误解的情况下可简化勘探孔编号。

A. 5 专门的抽水孔利用附近钻孔编号，在钻孔序号前加S。

A. 6 专项勘察与施工阶段的钻孔编号依此类推。

附录B 钻孔平面布置

B. 1 可行性研究阶段钻孔一般按如下要求布置：

B. 1. 1 按地貌单元沿线路一侧布置钻孔，每个地貌单元不少于2个钻孔，在每个站点应布置钻孔。

B. 1. 2 原则上钻孔间距不大于1000m，如搜集的钻孔资料可利用，宜适当减少钻孔数量。

B. 2 初步勘察阶段钻孔一般按如下要求布置：

B. 2. 1 钻孔沿线路布置，每个初拟车站和区间均有钻孔控制。

B. 2. 2 线间距较宽的区间和明挖法区间，钻孔布置在左右线的中间；线间距较窄的暗挖区间，钻孔按单线布置，一般布置在右线。钻孔间距约100m，受地形、地物的影响，孔位可适当调整，钻孔间距为100～150m。地质条件较复杂，对线路选线和工法研究将有较大影响的地段，钻孔间距约50～100m。

B. 2. 3 初拟车站钻孔沿线路外侧分两排交错布置，每排钻孔间距约50m；受地形、地物的影响，孔位可适当调整，钻孔间距为40～80m。

B. 2. 4 高架线（含区间和车站）的钻孔宜布置在初拟桩位上，高架区间孔距100～120m，高架车站采用隔墩布置，钻孔间距一般为60m左右。

B. 2. 5 过地表水系时，水上钻孔间距可视情况适当调整，可加密至50m。

B. 2. 6 水上钻探时应将钻孔布置在结构线5m以外的地方。

B.2.7 车辆段钻孔按网格状布置，孔距一般为 100m，控制建（构）筑物的钻孔孔距宜为 50m。

B.2.8 初步勘察阶段的工作量必须满足划分工程地质单元的要求，工程地质单元分界线不够明确时，应补充钻孔。

B.3 详细勘察阶段钻孔按如下要求布置：

B.3.1 钻孔应考虑线路特点、施工方法、建（构）筑物的建筑和结构特点布置，其中，出入口、风亭等应有钻孔控制。

B.3.2 明挖区间、车站的钻孔可布置在结构边线外 2m 左右；明挖通道、风道等钻孔可布置在其中心线上；结构外侧基坑深度 1 倍范围宜布置钻孔，放坡开挖的结构外侧可能发生边坡滑体范围应布置钻孔；车站长轴方向的中柱桩或抗拔桩位置应布置钻孔。各侧钻孔间距 25～40m，复杂场地应加密；中柱桩的钻孔数量视车站结构和场地复杂程度而定。

B.3.3 暗挖法区间隧道钻孔沿左右线两侧交错布置在结构边缘外侧 3～5m 的位置，每侧孔距约 40～50m，复杂地段可加密。

B.3.4 暗挖车站钻孔沿主隧道两侧布置，距结构边缘 3～5m；两条主隧道之间的位置应有钻孔控制；暗挖通道、风道应有钻孔控制，可在一侧（或两侧交错）布置。主隧道每侧孔距约 25～30m，复杂场地应加密布置钻孔。

B.3.5 盖挖法车站每个柱位应有钻孔控制；围护结构钻孔沿结构边缘外侧 3～5m 的位置布置。

B.3.6 车站横剖面（每个车站一般编制 3～5 个有代表性的横剖面）宜布置 3 个钻孔；车站纵横剖面相交处宜布置钻孔。

B.3.7 高架结构（车站和区间）每个承台或独立柱位应有钻孔控制。地质条件简单的地段，在同一承台中，每 2～4 个基桩布置 1 个钻孔。地质条件复杂、高架线路曲线段、大跨越地段，在同一承台中，每个基桩布置 1 个钻孔。在同一承台中，当相邻钻孔揭露的中微风化岩面高差与孔距之比大于 1 时，应加密钻孔查明持力层的厚度差异。当钻孔未能进入中微风化岩时，应在柱位附近增加原位测试手段评价土体的侧壁摩阻力。

B.3.8 车辆段建（构）筑物、主要线路、道岔、挡墙位置均要求有钻孔控制。其中，建（构）筑物的钻孔布置在柱位上，钻孔间距 25～30m。

B.3.9 盾构井、竖井、中间风井、轨排井等的钻孔沿结构边缘外侧 3～5m 的位置布置，结构拐角处应有钻孔控制。

B.3.10 天然基础的建（构）筑物钻孔间距，可按国家标准《岩土工程勘察规范》（GB 50021）确定。

B.4 施工阶段钻孔根据具体的施工需要或设计变更需要布置。

B.5 专项勘察（如断裂勘察、洞穴勘察）勘探点根据特定（特殊）地质现象的复杂程度布置。

附录 C 钻孔深度设计

C.1 钻孔深度一般应同时满足下列要求：

C.1.1 地下线（含车站、区间）钻孔深度应超过结构底面进入中等风化和（或）微风化带 3～5m，且无软弱夹层；如未能满足要求，则应继续钻进至结构面之下 10m 终孔。

C.1.2 当明挖基坑底板以下 2 倍基坑深度范围内均为土层时，钻孔深度应不小于 2 倍基坑深度。

C.1.3 地面线（含车站、区间）挖方段钻孔深度应超过结构底面（路基垫层）连续进入中等风化和（或）微风化岩层 3m，或进入土层 10m；填方段钻孔深度应在地面之下连续进入中等风化和（或）微风化岩层 5m，或进入土层 10m。

C.1.4 桩基础（承重）的钻孔深度应进入嵌岩面以下 3～5 倍桩径，且无软弱夹层，如未能满足要求，则继续钻进，终孔深度超过 40m 时，视工程需要和岩土条件由建设单位规划设计部与设计总体单位共同确定。

C.1.5 高架线钻孔深度要求连续进入中等风化和（或）微风化带嵌岩面以下 3～5 倍桩径（一般为嵌岩 6～9m），且无软弱夹层；未能进入连续中等风化和（或）微风化带 6～9m 的钻孔，深度应达到桩底压缩层计算深度下 1.5～2.0 倍桩径；如未能满足要求，则应继续钻进，终孔深度超过 50m 时，视工程需要和岩土条件由建设单位规划设计部与设计单位共同确定。

C.1.6 钻孔深度应满足取样、测试和抽水等要求。

C.1.7 如遇断裂、洞穴等，一般要求加深钻孔，穿过断裂、洞穴（视具体情况通过建设单位规划设计部与设计总体单位协商终孔深度）。

C.2 可行性研究阶段和初步勘察阶段钻孔深度一般不小于 35m。

C.3 详细勘察阶段钻孔深度应根据线路类型、线路埋深、地面特征、车站结构特点等确定，深度同时应满足取样、测试和抽水等的要求。

C.4 施工阶段钻孔深度根据具体的施工需要或设计变更需要确定。

C.5 专项勘察勘探点深度根据特定（特殊）地质现象的复杂程度而定。

附录 D 勘察大纲目录

1 项目概况
  1.1 工程简介
  1.2 各工点工程概况
2 自然地理
  2.1 地理位置
  2.2 地形地貌
  2.3 气候气象
  2.4 沿线地表水体
3 地质背景
  3.1 区域构造
  3.2 沿线地层特征
  3.3 沿线水文地质条件
  3.4 不良地质作用及特殊性岩土
4 环境条件

附录 E　勘察实施风险识别与控制

E.1　风险识别

E.1.1　勘察实施过程中的风险识别

勘察实施过程中的风险识别应以进场条件、周边环境等背景条件为基础，从人身伤害、机械故障、环境影响等方面分析勘察实施过程中可能出现的风险事件，并制定相应的风险控制措施和应急预案。

E.1.2　勘察实施过程中常见风险

1 地下管线、架空线路的损坏。地下管线通常包括燃气、供电电缆、通信电缆、供水、雨污水、热力等，架空线路通常包括供电电缆、通信电缆等。

2 行人和车辆的伤害。通常包括施工围挡不全发生的误伤、钻孔未封填造成行人伤害或封填不密实发生地面沉陷。

3 钻探作业造成的人身伤害。

4 交通事故风险。通常包括占道施工造成的交通事故风险、钻探设备运输过程中可能发生的交通事故。

E.2　勘察实施风险控制

勘察实施过程中风险控制应从组织机构、技术措施、过程控制、应急预案等方面进行控制。

1 施工准备过程中，对勘察实施中可能出现的风险因素进行识别。

2 在风险因素识别的基础上，有针对性地建立安全风险控制组织机构，并制定相应的控制措施和应急预案。

3　建立严格的风险控制程序。

4　开工前项目负责人应组织安全技术交底会，对现场所有工作人员进行安全技术培训和教育。

5　施工现场应配备专职安全员，及时发现安全隐患机组人员严格按照"操作规程"进行作业，严禁违章操作。

6　钻孔开孔前，必须严格按照"调查、访问、探测、挖探、保护"的程序对地下管线进行避让和保护。

7　占道施工时，必须严格按照要求设置围挡、指示灯等，并安排专门人员疏导交通。

附录 F　轨道交通工程建设常见的地质风险因素

附表 F-1　轨道交通工程建设常见的地质风险因素

序号	施工方法	地质风险因素	可能发生的风险事件
1	明挖法	饱和、松散的砂层、粉土层	流砂
		基底土层的回弹	中柱桩与周边围护结构的差异沉降
		较厚的软弱下卧层	沉降过大
		厚层填土、新近沉积土、软土等不良土层	既有建（构）筑物变形或沉降增大、倾斜、开裂及地下管网的破坏
		含有害气体地层、污染土	施工人员中毒、对运营可能造成不良影响
		厚层填土、新近沉积土、软土等不良土层	边坡失稳
		卵石地层	护坡桩、地连墙施工困难
		饱水砂层透镜体	突水、涌水
		局部的上层滞水	
		未疏干的地下水	
		承压水	底鼓、突涌
		降水工程在渗透系数很小的地层或含水层与隔水层交界处	疏不干效应
		在颗粒级配不良或粉土、粉细砂含水层中降水	地面坍塌
		第三系风化岩	膨胀、收缩、场地泥泞
		钻孔未封填或封填不实	漏浆
		孤石、废弃的构筑物、古井等地下障碍物	护坡桩、地连墙施工困难
2	矿山法施工	厚层填土、新近沉积土、软土等不良土层	既有建（构）筑物变形或沉降增大、倾斜、开裂及地下管网的破坏
		卵石地层	管棚施作困难
		厚层填土、新近沉积土、软土等不良土层	隧道变断面处、马头门等特殊部位坍塌
		卵石地层	小导管注浆效果不良
			注浆压力上不去

序号	施工方法	地质风险因素	可能发生的风险事件
2	矿山法施工	含有害气体地层、污染土	施工人员中毒、对运营可能造成不良影响
		砂质粉土、砂卵石地层	围岩坍塌、地面塌陷
		掌子面上遇到软土层，松散的砂土、粉土或人工填土	掌子面失稳
		土层与砂层相间分布的双层结构	地面塌陷
		在颗粒级配不良或粉土、粉细砂含水层中降水	地面坍塌
		降水工程在渗透系数很小的地层或含水层与隔水层交界处	疏不干效应
		饱水砂层透镜体	突水、涌水
		局部的上层滞水	
		未疏干的地下水	
		承压水	底鼓、突涌
		含水率在10%以下的土层或地下水流速为1～5m/d时	冻结困难、冻结失效
		钻孔未封填或封填不实	漏浆
		孤石、废弃的构筑物、古井等地下障碍物	管棚施作困难
		人工空洞（墓穴、菜窖、施工扰动地层）	地面塌陷
3	盾构法施工	厚层填土、新近沉积土、软土等不良土层	既有建（构）筑物变形或沉降增大、倾斜、开裂及地下管网的破坏
			地表隆起
		卵石地层	盾构异常停机
		含有害气体地层、污染土	施工人员中毒、对运营可能造成不良影响
		黏粒含量高的黏性土地层	形成泥饼
		松散的砂土地层	盾构施工刀具抱死
		复合地层（软硬地层交界部位）	盾构偏移
		卵石地层	刀具磨损过度
		无黏聚力的土层	掌子面失稳
		第三系风化岩	形成泥饼、盾构异常停机
		饱水粉细砂地层	地面塌陷
		土层与砂层相间分布的双层结构	
		人工空洞（墓穴、菜窖、施工扰动地层）	
		孤石、废弃的构筑物、古井等地下障碍物	盾构异常停机
4	其他风险	未封填的钻孔	漏浆
			承压水上升
			地表水体渗漏
			地面塌陷
		管线部位钻孔不能实施	管线附近回填土未能准确查清
		勘察时间与施工时间间隔过长	环境条件及地质条件可能发生变化

附录G 成 果 资 料 目 录

3.3 气象水文

    3.3.1 气象

    3.3.2 水文

3.4 水文地质概况

    3.4.1 地下水类型及水文地质单元划分

    3.4.2 地下水动态

4 场地工程地质条件

    4.1 地貌位置

    4.2 岩土的成因、年代和特征

    4.3 不良地质作用与地质灾害

    4.4 特殊性岩土

    4.5 地表水体及最高洪水位

    4.6 自然景观和人文景观

    4.7 相邻建（构）筑物

5 场地水文地质条件

    5.1 地下水的类型及赋存条件

    5.2 地下水的补给、径流和排泄条件

    5.3 地下水的动态特征

    5.4 历年最高水位

    5.5 地下水的腐蚀性评价

6 场地和地基的地震效应评价

    6.1 历史地震

    6.2 建筑抗震有利、不利和危险地段的划分

    6.3 建筑的场地类别与地基土类型

    6.4 抗震设计参数

    6.5 饱和砂土和饱和粉土的液化判别

    6.6 建筑抗震设防类别

7 隧道围岩分级与土石可挖性分级

    7.1 隧道围岩（基坑边坡）的工程地质特征和自稳性分析

      7.1.1 车站

      7.1.2 区间隧道

    7.2 隧道工程地质段的划分与围岩分级

    7.3 土石可挖性分级

8 岩土工程评价与风险分析

    8.1 场地稳定性和适宜性

    8.2 工程建设环境安全等级

    8.3 工程建设对环境影响预测

    8.4 危险地段与地质灾害预测

    8.5 特殊岩土对工程的影响

5. 工程地质剖面图

6. 工程地质柱状图

7. 基岩（桩端持力层、填土坑）顶面标高等值线图

8. 土工试验成果总表

9. 固结试验成果图表

10. 抗剪强度试验成果图表

11. 颗粒分析试验成果表

12. 特殊试验成果汇总表

13. 水（土）质分析成果报告

14. 钻孔波速测试成果图

15. 钻孔电阻率测试成果表

16. 照片（场地照片、岩芯照片）

17. 搜集利用资料

附录 H 施工中的地质工作

H.1 地质踏勘

H.1.1 施工单位进场后，应对场地的地质情况进行踏勘。

H.1.2 施工单位应认真阅读详细勘察报告，重点掌握场地地层条件和不良地质与特殊岩土等，结合施工组织设计分析施工中可能会遇到的工程地质问题并制定应对措施。如有疑义，可书面报监理单位，由监理单位按照相关管理程序组织处理，并报建设单位项目管理公司备案。

H.1.3 由于城市轨道交通工程建设的岩土工程勘察与施工之间间隔的时间较长，期间场地的水文地质条件可能会发生变化，施工单位进场后应重点掌握场地的地下水条件。

H.1.4 地下水条件的踏勘可通过长期观测孔、调查或现场钻探等手段探察场地的地下水的水位、水力和水质变化情况，重点探察上层滞水的分布情况，上层滞水踏勘的重点部位一般为：雨污水管线附近、绿地附近、化粪池附近等。

H.1.5 城市轨道交通工程建设的岩土工程勘察实施期间为了确保管线安全，一般不在管线部位实施钻探，导致管线附近的地层情况不明确；施工单位进场后应着重踏勘管线部位的地层分布情况。

H.1.6 管线部位地层踏勘可采用人工挖探等手段探察管线部位的土层分布条件，重点查明回填土厚度、分布范围以及填土的成分、含水量、密实度等情况；同时调查管线的施工方法、施工年代、渗漏情况等。

H.1.7 在以上重点踏勘的基础上，还应踏勘下列内容：

1 当存在厚度较大的填土层时，探察填土层的厚度、分布范围及其成分组成、密实程度、含水量、有无空洞等。

2 探察可能存在的障碍物（枯井、墓穴、菜窖、冰窖、废弃管线、桩基础等）。

3 如遇卵石地层，应调查卵石地层的最大颗粒直径及漂粒的含量，还应调查场地周

边相同土层条件的围护结构体系和施工工艺等。

　　4 应探察场地的历史变迁情况（原来是否为农药厂、化工厂、加油站、垃圾填埋场等）。

　　5 探察地层中是否存在有害气体。

H.2　施工核查

H.2.1　施工开挖过程中应注意核查实际地质条件与勘察报告不一致的地方，并及时反馈给设计和勘察单位。

H.2.2　施工开挖核查主要从岩性、密实程度、夹层、岩层突变等方面核查地层情况，同时对土层开裂、坍塌、涌水等情况进行观察。

H.2.3　施工开挖核查的重点部位为出入口、马头门、隧道变断面、联络通道、基坑阳角、隧道拱顶等部位等。

H.3　超前探测

H.3.1　矿山法施工应利用小导管进行超前探测，可遵循"探 5 米，挖 3 米"的原则，并按照相关规范详细描述地层情况；重点注意填土、粉细砂、障碍物的分布以及土层含水量变化和地下水渗漏情况。

H.3.2　盾构法施工可利用装在盾构机端头部位的地质雷达进行超前探测和预报，重点探测预报盾构机前方的不明地下障碍物、孤石、漂石、软土、松散粉细砂、地下水等。

H.4　施工验槽

H.4.1　施工单位基槽开挖时应按规定预留 0.1～0.2m 厚的保护层，验槽后施工底板前人工清除，严禁超挖和人工填补。

H.4.2　对于车站和明挖的隧道工程应进行验槽工作，应在基底进行普遍钎探，并通知勘察单位和设计单位进行检验。当基底土层为厚层卵石层时可不进行钎探。

H.4.3　开槽时如遇枯井、墓穴、地下构筑物等应详细记录其位置、尺寸，验槽时协商处置措施。

H.4.4　发现文物应立即上报建设单位和文物部门。

H.4.5　由于基坑开挖、护坡桩施工、降水等原因造成土体流失形成空洞，必须使用天然级配砂石回填密实，杜绝后患。

三

轨道交通工程建设工程
周边环境调查指南

目　录

1　总　　则

1.0.1　为加强轨道交通工程建设的安全风险管理工作，避免和减少周边环境安全事故的发生，根据相关规范、规程、标准和相关法律、法规，结合北京地区几十年的轨道交通工程建设勘察和周边环境调查经验以及轨道交通工程建设的实际情况，制定本指南。本指南为轨道交通工程建设安全风险技术管理体系总论的组成部分，其他地区可根据实际情况参考使用。

1.0.2　本指南所述的周边环境主要指城市轨道交通工程建设设计施工影响范围内的建（构）筑物、地下管线、各种市政基础设施、地表水体等。

1.0.3　环境调查应明确建设方、设计方的要求，精心调查、精心分析，提出资料真实准确、评价确切合理的工程环境调查报告。

1.0.4　轨道交通工程建设环境调查除应符合本指南规定外，尚应满足设计单位提出的特殊要求，并符合国家现行强制性标准的规定。

2　基　本　规　定

2.0.1　轨道交通工程建设环境调查，根据设计和施工的需要可分为初步调查、详细调查、施工阶段的环境核查。

2.0.2　初步调查是为满足初步设计阶段要求而对周边建（构）筑物及管线等环境条件的普查。

2.0.3　详细调查是为满足施工图设计阶段要求而进行的重要建（构）筑物环境、重点部位环境条件的详细调查及管线详查。

2.0.4　初步调查和详细调查任务一般由相应线路的勘察单位承担。

2.0.5　施工阶段的环境核查应满足施工组织设计对环境条件的要求，核查任务一般由施工单位承担。

2.0.6　线路调查范围内如果存在文物，应初步调查文物基本情况，对位于施工影响区内的文物，建设单位应委托文物部门进行专项调查。

2.0.7　管线调查应委托具有相应测绘资质的单位进行。

2.0.8　环境调查实施前，建设单位规划设计部应组织设计总体和各工点设计单位向调查单位进行设计交底，明确调查范围和要求。

2.0.9　调查单位在调查实施过程中，应与设计单位保持联系，及时响应设计单位提出的调查要求。

2.0.10　城市轨道交通工程建设环境调查对象应包括既有地铁线路、房屋建筑、桥涵、地表水体、地下构筑物、管线、市政道路、铁路、文物等。

2.0.11　建（构）筑物类型不同，调查内容与要求应根据其对线路的影响程度和方式各有侧重。

2.0.12　调查过程中如遇资料管理方不允许复印、抄阅等无法获取资料的情况时，建设单位应协调相关设计单位亲自去现场或资料所在地查看信息。

2.0.13　参建各方之间任务联系和资料传递应采用技术联系单（书面文件）的形式。

3 轨道交通工程建设环境调查的管理

3.1 一般规定

3.1.1 轨道交通工程建设环境调查的管理目标是通过加强工程环境调查的过程管理控制，规范各阶段的调查工作，确保调查成果满足相应各阶段工程设计及施工的需要。

3.1.2 管理内容主要为工程环境调查各阶段工作的组织实施和成果报告的验收等。

3.1.3 建设单位规划设计部为初步调查的管理主体。

3.1.4 建设单位项目管理公司为详细调查、施工阶段环境核查的管理主体。

3.1.5 调查单位为初步调查、详细调查的实施主体。

3.1.6 施工单位为施工阶段环境核查的实施主体。

3.2 管理职责

3.2.1 建设单位规划设计部

1 督促、检查工程环境调查单位对"轨道交通工程建设安全风险技术管理体系总论"（见本书第××页）的执行情况。

2 组织协调和监督、检查工程环境初步调查工作的实施。

3 组织设计单位提出工程环境初步调查的技术要求。

4 组织设计单位对初步调查的成果资料进行验收。

5 负责将调查资料分发给建设单位项目管理公司和相关设计单位。

6 负责本职责范围内工程环境调查单位与相关各管理单位、本公司职能部门和参建单位的协调工作。

3.2.2 建设单位项目管理公司

1 负责环境详细调查、施工阶段环境核查的组织实施和监督管理工作。

2 组织设计单位提出工程环境详细调查的技术要求。

3 组织设计单位对详细调查的成果资料进行验收。

4 负责将调查资料分发给有关使用单位。

5 负责施工调查资料的确认工作。

3.2.3 建设单位合同部

1 负责各个阶段调查工作的招标和合同签订工作。

2 负责设计变更后调查补充协议的谈判与签订。

3.2.4 调查单位

1 负责贯彻落实建设单位"轨道交通工程建设安全风险技术管理体系总论"（见本书第3页），并建立健全本单位工程环境调查的质量管理体系和质量责任制度。

2 应当按照法律、法规、规范、规程和工程建设强制性标准，合同要求和"轨道交通工程建设安全风险技术管理体系总论"规定的相关内容、程序，和本指南等，开展工程环境调查工作，编制相应阶段工程环境调查报告。

3 确保提供的工程环境调查成果的真实、准确，对工程环境调查的质量负责。

4 接受建设单位规划设计部和项目管理公司的监督、检查，配合成果报告的验收。

3.2.5 施工单位

施工单位负责施工阶段的环境核查工作。

3.2.6 设计单位

1 负责为调查单位提供相关的设计资料和调查要求。

2 配合建设单位规划设计部组织的设计交底，并解答调查单位的疑问。

3 设计变更时应及时通知调查单位进行补充调查工作。

4 对调查成果资料进行验收。

3.3 管理流程

3.3.1 轨道交通工程建设环境调查管理范围主要包括招投标、调查大纲的编制、调查工作的实施与过程检查、调查成果资料的提交及验收、调查资料的分发及存档等。

3.3.2 轨道交通工程建设环境调查应由建设单位合同部组织，规划设计部等部门配合进行招标工作，以确定调查单位。

3.3.3 调查实施前，应由设计单位提出调查要求，经过建设单位规划设计部（建设单位项目管理公司）确认，由规划设计部（项目管理公司）以任务联系单的形式下达给调查单位。

3.3.4 调查实施前，建设单位规划设计部（建设单位项目管理公司）应组织设计总体和各工点设计单位向调查单位进行设计交底。

3.3.5 调查单位应按照国家、行业和当地的规范、规程、规定和合同文件、调查要求及搜集的相关资料，编写调查大纲。

3.3.6 调查单位按照调查大纲实施调查工作。

3.3.7 调查单位应及时对调查资料进行分析和整理形成成果文件，并提交给建设单位规划设计部（建设单位项目管理公司）。

3.3.8 由建设单位规划设计部（建设单位项目管理公司）会同设计单位对环境详细调查成果资料进行评审验收。

3.3.9 由建设单位规划设计部（建设单位项目管理公司）将调查成果资料分发给各个使用单位并在建设单位档案室归档，文件移交下发应做好文件交接手续。

3.3.10 当由于线位调整、设计变更等需要增加调查工作量或重新进行调查时，应由设计单位提出要求，经建设单位规划设计部（建设单位项目管理公司）确认；由规划设计部（项目管理公司）以任务联系单的形式委托调查单位。

3.3.11 施工阶段环境核查的资料应及时反馈给设计、调查单位及建设单位项目管理公司，由项目管理公司确认后再下发给施工单位。

3.3.12 管线初查资料一般由业主单位提供，建设单位规划设计部负责资料的接收工作。

4 初 步 调 查

4.1 一般规定

4.1.1 初步调查的目的是为选定工程场地、设计方案和编制初步设计文件提供必需的场地建（构）筑物环境依据。

4.1.2 初步调查阶段所有调查对象均应调查其名称、建成年代、产权单位、使用单位、管理单位、勘察单位、设计单位、施工单位等一般属性。

4.1.3 初步调查阶段调查范围为线路两侧不小于 40m 的范围，或设计给定的调查范围。

4.1.4 初步调查阶段调查方法可以实地调查和资料调阅为主，具体调查方法可参见附录 C。

4.1.5 初步调查阶段的管线初步调查详见本部分第 6 节。

4.2 既有地铁线路调查

4.2.1 既有地铁线路应调查线路的敷设方式（地下线、地面线、高架线），线路形式（有缝线路、无缝线路），道床形式（碎石道床、整体道床）等常规属性。

4.2.2 地下线路还应调查隧道底板埋深、隧道断面尺寸、结构形式。

4.2.3 地面线路还应调查路基填料、结构和路基的填筑厚度。

4.2.4 高架线路还应调查桩位、桩长、桩径、荷载、受力模式等。

4.3 房屋建筑调查

4.3.1 房屋建筑包括住宅、厂房、办公楼、公共设施等。

4.3.2 房屋建筑应调查其用途、外观、建筑材料、地质条件等常规属性。

4.3.3 房屋建筑还应调查结构形式、地上地下层数、层高、荷载、基础形式及基础埋深等结构属性。

4.3.4 对于采用桩基的建筑物，应获取桩位布置图、桩长、桩径、外廓尺寸、使用状态、荷载传递特征等参数。

4.4 桥涵调查

4.4.1 桥涵包括城市立交桥、跨河桥、过街天桥以及涵洞等。

4.4.2 桥涵调查应调查桥涵类型、规模、建筑材料。

4.4.3 桥涵调查还应调查桥涵的结构形式、基础形式、跨度、桩位布置图、桩长、桩径、外廓尺寸、设计荷载等级、荷载传递特征等结构属性。

4.5 地表水体调查

4.5.1 地表水体包括河流、湖泊、水库、池、塘、沟、渠等。

4.5.2 地表水体应调查水体的尺寸、水深与水面标高、水量大小、流速、水质、补给来源、水底结构及衬砌情况。

4.5.3 对于水工建筑还应调查其基础形式、堤岸的结构形式。

4.6 市政道路调查

4.6.1 市政道路包括高速公路、城市快速路、城市主干道、次干道、支路等。

4.6.2 市政道路应调查道路的管理单位、道路等级、路面材料、路面宽度、车辐宽度、修建年代、养护周期、道路平整度要求、车流量状况、路基填料、结构及路基的填筑厚度等。

4.7 铁路调查

4.7.1 铁路主要指国铁、地方铁路以及铁路专用线。

4.7.2 按照 4.2.1 调查其常规属性。

4.7.3 铁路应调查路基填料、结构和路基的填筑厚度，铁路的变形控制标准，铁路的牵引方式、养护状况、发车间隔、荷载等。

4.7.4 铁路桥涵按照 4.4 执行。

4.8 文物调查

4.8.1 文物调查包括地上和地下的文物，应委托文物部门进行专项调查。

4.8.2 文物调查应包括其名称、管理单位、文物等级、修建年代、结构形式、分布范围、基础形式、埋置深度、历史损坏和修复情况等。

4.9 成果资料

4.9.1 初步调查阶段成果资料的组成应包括：文字报告、调查对象成果表、调查对象平面位置图、调查对象的影像资料等。

4.9.2 文字报告应包括以下几方面的内容：工程概述、调查依据、调查的范围、内容、对象、方法和工作量完成情况等。

4.9.3 初步调查阶段的调查成果应以调查表格的形式反映，并编录成册；可参照附录 B。

4.9.4 平面位置图为调查范围内 1∶1000 带状地形，图面上按低层、多层、高层、桥梁、地下构筑物等分别进行标识。

4.9.5 调查对象的编号应与总图对应，各调查对象资料应按照设计标段装订成册。

4.9.6 成果资料的一般目录见附录 D，可根据实际情况增减。

5 详 细 调 查

5.1 一般规定

5.1.1 详细调查的目的是进一步调查影响线路稳定的环境对象，为方案的稳定提供详细的环境资料。

5.1.2 详细调查应充分熟悉和利用初步调查阶段的资料，在初步调查工作的基础上详细了解调查对象的信息。

5.1.3 详细调查的范围由设计单位给定，一般为影响线路或站位设置以及环境安全等级为特级和一级的建构筑物和管线。

5.1.4 详细调查的方法以资料调阅和实地量测为主，具体调查方法可参见附录 C。

5.1.5 详细调查阶段应对下列内容进行分析：

  1 查明各类建（构）筑物的使用状态及其与线路的关系；

  2 分析不同的施工方法可能对沿线各类建（构）筑造成的影响；

      3 分析各类建（构）筑物的存在对城市轨道交通设计施工的影响。

5.1.6 详细调查阶段的管线详查见本部分第 7 节。

5.2 既有地铁线路

5.2.1 既有地铁线路应调查线路车辆荷载与震动、运行速度、轨道变形要求等使用属性。

5.2.2 地下线路还应调查隧道的施工方法、施工开挖范围、支护措施等，并对结构使用现状进行判断。

5.2.3 对于使用年代较长，结构损伤严重的既有地铁线路地段宜进行结构鉴定。

5.3 房屋建筑调查

5.3.1 应调查结构的老化情况，结构的裂缝情况。

5.3.2 应对调查对象进行详细描述，并进行素描或拍照。

5.3.3 对于有地下室等地下结构的房屋建筑宜调查基坑支护结构及降水井等施工属性。

5.3.4 搜集调查对象基础的平面、立面图纸，围护结构的设计施工图纸，降水井的结构和位置图等设计和竣工资料，以及建筑物设计时允许的沉降变形量和建筑物的实测变形资料等。

5.3.5 搜集的资料还应包括浅基础平面布置坐标、桩位平面布置坐标、桩型图、设计说明等。

5.4 桥涵

5.4.1 桥涵应调查桥涵的养护情况、外观（新旧）、桥面破损、结构裂缝、沉降变形情况等。

5.4.2 应对桥涵限载、限速等使用属性进行调查。

5.2.3 对桥涵还应调查其工作状态，收集竣工资料及相关维修、维护资料。

5.5 地表水体调查

5.5.1 地表水体应调查水底淤泥厚度及其与地下水的关系等。

5.5.2 对于河流、湖泊、水库等还应调查堤岸的防洪水位、标高、通航要求、历史最高洪水位、建成年代、工作状态等。

5.5.3 地表水体通过现场观测和试验确定其于地下水的联系，搜集水工建筑的设计、竣工资料。

5.6 地下构筑物调查

5.6.1 地下构筑物包括地下人防工程、化粪池、过街通道、地下油库、地下暗河、古井、墓穴以及各种地下管线隧道等。

5.6.2 地下构筑物应调查主体结构形式、外廓尺寸、厚度、顶板和底板标高等结构属性；以及施工方法、是否降水、使用状况、所用材料等。

5.6.3 若地下构筑物设有排水泵站，还需查明泵井的深度、结构形式、常年水位标高等。

5.6.4 对于人防工程，重点查明结构型式、基础埋置深度、使用现状、出入口的准确位置、充水情况等。

5.6.5 调查过程中应注意发现遗弃的隐蔽地下设施。

5.6.6 地下构筑物：收集竣工图纸、结构平面、剖面、设计说明等。

5.7　文物

文物调查应调查文物的结构图纸和沉降观测资料，必要时进行结构鉴定。

5.8　其他

5.8.1 古树调查应包括其名称、种类、位置、管理单位、树龄、树干直径、树冠的投影直径等。

5.8.2 设计单位提出的其他调查对象，应按照设计单位的要求进行调查。

5.9　成果资料

详细调查的成果资料在本部分第 4.9 节的基础上以图纸资料为主，一般包括重要建构筑物、桥梁的设计、竣工图纸以及沉降观测资料的复印件。

6　管　线　初　查

6.1　一般规定

6.1.1 管线初查可分为普查和重点管线详查，其目的是为可行性研究和初步设计提供初步管线资料。

6.1.2 由建设单位规划设计部负责资料接收管线普查资料。

6.1.3 重点管线详查一般由建设单位规划设计部负责组织实施。

6.1.4 管线初查的一般范围为：

1 车站：线路中线两侧各 70m 范围（含车站两端各外延 50m 范围）内（路口段各 100m）且包括车站上方及相邻道路路宽范围内的管线。

2 区间：线路中线两侧各 50m 范围内（路口段各 100m）且包括区间上方及相邻道路路宽范围内的管线。

3 设计有要求时，按照设计要求的范围进行工作。

6.1.5 管线按照其敷设形式可分为架空管线和埋地管线，埋地管线按照其介质情况可分为无介质管线和有介质管线，有介质管线按照其工作压力情况又分为无压管线和压力管线。

6.1.6 管线初查的调查方式主要为资料搜集和现场量测。

6.1.7 重点管线详查应按照管线详查的要求进行工作。

6.2　架空管线

6.2.1 常见的架空管线包括高架输电线、架空电缆、架空光缆等。

6.2.2 架空管线应调查管线类型，线塔或线杆的位置，管线走向等。

6.3 无介质管线

6.3.1 常见的无介质管线包括埋地电缆、埋地光缆等。

6.3.2 无介质管线应调查管线的类型、位置、走向、埋置高程检查井位置等。

6.4 无压管线

6.4.1 常见的无压管线包括雨水、污水等。

6.4.2 无压管线应调查管线的类型、位置、走向、埋置高程、检查井位置、直径等。

6.5 压力管线

6.5.1 常见的压力管线包括埋自来水、燃气、供水、热力、输油管道等。

6.5.2 压力管线应调查管线的类型、位置、走向、埋置标高、管径、埋设方式（直埋、管沟）等。

6.6 成果资料

6.6.1 管线初查成果主要以管线平面图的形式反映，还应包括管线调查工作说明。

6.6.2 平面图除标明管线的位置和走向，还应列表说明管线的类型、埋置标高、管径等信息。

6.6.3 管线调查说明中应说明调查工程概况，调查的工作方法和手段，调查的工作量情况等。

7 管 线 详 查

7.1 一般规定

7.1.1 管线详查是在初查的基础上对场地内的管线进行全面深入调查和探测，其目的是为施工图设计、管线综合提供详细管线资料。

7.1.2 管线详查一般由建设单位项目管理公司负责组织实施。

7.1.3 管线详查范围可按照 6.1.4 执行。

7.1.4 管线详查在设计方案稳定后，应由设计提供详细调查范围和技术要求，作为管线详查依据进行工作。

7.1.5 管线详查的工作方式在资料调阅、业主访谈、现场量测的基础上进行管线探测，必要时进行挖探。

7.1.6 在进行管线探测时应按照《城市地下管线探测技术规程》执行。

7.2 架空管线

7.2.1 在初查的基础上应调查管线的权属单位、管理单位、控制闸位置、修建时间、其与拟建工程的位置关系等。

7.2.2 调查架空管线的悬高，高压线塔的基础形式。

7.2.3 调查电缆的电压大小，通讯光缆的重压性（总线、支线）。

7.3 无介质管线

7.3.1 无介质管线还应调查 7.2.1 的内容。

7.3.2 调查管线的埋设方式（直埋、加保护层埋设、管沟埋设等）及 7.2.3 规定的内容。

7.4 无压管线

7.4.1 无压管线在初查的基础上还应调查 7.2.1 的内容。

7.4.2 调查管线的材质、管节长度、接口形式、介质的填充情况、介质的流量、介质的输送时间、管线的工作情况（正常、废气、渗漏）。

7.5 压力管线

7.5.1 压力管线在初查的基础上还应调查 7.2.1 的内容。

7.5.2 压力管线应调查管线的材质、管节长度、接口形式、工作压力、修建年代、质量情况、截门的位置等。

7.6 成果资料

7.6.1 管线详查成果资料的组成应包括；管线调查说明、管线调查成果表、管线平面位置图、管线的影像资料等。

7.6.2 管线调查说明中应说明调查工程概况、调查的目的、范围、工作方法及成果分析与评价。

8 轨道交通工程建设施工阶段环境核查

8.1 一般规定

8.1.1 施工阶段环境核查的目的是通过对施工影响区内的建构筑物和管线进行核查，查明临近建筑物和地下设施的现状、结构特点以及对开挖变形的承受能力，为评价施工对建构筑物及管线的影响并采取有效的预加固措施提供依据，为环境权属单位与施工单位之间的纠纷处理提供依据。

8.1.2 施工阶段环境核查的范围为施工影响区内的建构筑物和管线，一般不小于基坑周边 2 倍深度或隧道两侧 1.5 倍底板埋深。

8.1.3 施工阶段环境核查的方法以现场量测、探测和挖探为主。

8.2 环境核查工作内容

8.2.1 施工单位进场后应对照环境调查报告核查场地周边环境条件的变化情况，并对因环境变迁或设计变动出现的新的环境调查对象进行重新调查。

8.2.2 对场地周边施工影响区内的桥梁、建筑物等重点核查其使用现状、结构裂缝等病害，并做详细描述和拍照。

8.2.3 对于地表水体的淤泥厚度，应进行实地量测。

8.2.4 施工调查应特别注意地下管线和地下构筑物环境的调查，应做到"动土必挖"，对所有需要开挖范围内的地下环境进行详细的调查和确认。

8.2.5 采用现场量测确定各个环境对象与工程的准确位置关系。

8.2.6 对雨水、污水管线应重点核查管线中介质的填充情况、介质的流量、介质的输送时间、管线的渗漏情况等，必要时应通过挖探加以验证。

8.2.7 对自来水、燃气、供水、热力等压力管道应重点核查其工作压力及控制截门的位置。

8.2.8 地下构筑物重点核查构筑物的充水情况，尤其是化粪池等应重点核查其位置和渗漏情况。

8.2.9 注意探查废弃的管线和地下工程，必要时开挖确认并妥善处置。

8.3 环境核查成果资料

8.3.1 施工阶段环境核查的成果资料包括文字报告、调查对象成果表、调查对象平面位置图、调查对象现场实测数据及影像资料等。

8.3.2 文字报告应包括现场核查情况及各个环境对象与工程的确切位置关系。

8.3.3 施工阶段环境核查报告应报项目管理公司备案，并反馈给设计单位。

9 成 果 分 析

9.0.1 将调查到的所有资料按照调查对象归类，按照工点进行整理。

9.0.2 可按照附录 A 对调查对象进行重要性等级划分。

9.0.3 对于在使用过程中出现不均匀沉降、开裂等现象，又位于施工影响区（影响区的划分见本书第 134 页的附录 C）的建筑物，应建议设计单位提请建设单位进行结构安全鉴定和专项评估。

9.0.4 分析沿线人防工程、人工洞室充水的可能性。

9.0.5 对地下空洞存在的可能性进行分析。

9.0.6 对管线的渗漏情况进行初步分析和判断。

10 成 果 资 料 验 收

10.0.1 环境调查单位完成工程环境调查报告后，应经过三级审核后，提交给建设单位规划设计部（建设单位项目管理公司）。

10.0.2 各调查阶段的环境调查成果资料宜由建设单位规划设计部（建设单位项目管理公司）会同设计单位进行验收。

附录 A 调查对象重要性等级划分

附表 A-1 建筑物重要性等级划分

重要性等级	破 坏 后 果	建（构）筑物类型 使用性质和规模
I	很严重，重大国际影响或非常严重的国内政治影响，经济损失巨大	古建筑物、近代优秀建筑物、重要的工业建筑物，10层以上高层、超高层民用建筑物，大于24m的地上构筑物及重要的地下构筑物
II	严重，严重政治影响，经济损失较大	一般的工业建筑物，4～6层的多层建筑物，7～9层中高层民用建筑物，10～24m的地上构筑物，一般地下构筑物
III	一般，有一定的政治影响和经济损失	次要的工业建筑物，1～3层的低层民用建筑物，小于10m的地上构筑物，次要地下构筑物

附表 A-2 地下管线重要性等级划分

重要性等级	破 坏 后 果	管线性质 功 能	直径（m）
I	很严重，重大国际影响或非常严重的国内政治影响，经济损失巨大	自来水管总管，煤气管总管，雨、污水管总管	＞0.7
II	严重，严重政治影响，经济损失较大	自来水管刚性支管、煤气管支管，雨、污水管支管	0.3～0.7
III	一般，有一定的政治影响和经济损失	自来水管柔性支管	＜0.3

附表 A-3 城市桥梁重要性等级划分

等 级	功用、跨越对象
I	城市高架桥、立交桥主桥连续箱梁
II	立交桥主桥简支 T 梁、异形板、立交桥匝道桥
III	人行天桥及其他一般桥梁

附表 A-4 城市道路重要性等级划分

重要性等级	地位和交通功能
I	停机坪、城市快速路、主干路、高速路
II	城市次干路
III	城市支路、人行道

附录 B 调查成果表格

附表 B-1 建构筑物调查成果表

工点名称			
建筑物名称		编号	
地址			
单位名称及电话			
地上层数		地下层数	
地面高度		基底埋深	
±0.000		基底标高	
结构类型		基础类型	
边坡支护型式		竣工日期	
设计单位			
勘察单位			
施工单位			
距线路距离			
重要性等级			
备注		说明有无影像资料	
示意图			

附表 B-2　桥梁调查成果表

工点名称			
桥梁名称		编号	
桥梁位置			
管理部门及电话			
类型（规模）		建筑材料	
跨度		外　观	
结构类型		基础类型	
桩径		桩　长	
养护情况		竣工日期	
设计单位			
勘察单位			
施工单位			
距线路距离			
重要性等级			
备注	说明有无影像资料		
示意图			

附表 B-3　地下管线调查成果表

工点名称				
管线名称			编号	
管线位置				
权属单位及电话				
管线类型（用途）		工作压力		
埋设方式		基底埋深		
管线材质		直　径		
管节长度		接口形式		
覆土厚度		竣工日期		
设计单位				
勘察单位				
施工单位				
距线路距离				
重要性等级				
备注		说明有无影像资料，标明截门位置		
示意图				

附录 C 环境调查方法

C.1 实地调查

C.1.1 实地调查指去调查对象所在地进行现场访问、目测查看和拍照等获取调查对象信息的一种工作方式。

C.1.2 环境调查应先进行实地调查。

C.1.3 实地调查应首先核实调查对象与平面图上信息是否一致。

C.1.4 实地调查可通过访问调查对象的管理部门（居委会、物业部门、基建科、营房科等）产权单位或住户，获取建筑物的名称、曾用名称、产权单位、使用单位、修建年代等一般属性。

C.1.5 实地调查可通过目测获取建筑物的层数、新旧程度、高度等外观状况资料。

C.1.6 实地调查可通过现场拍照的方式获取调查对象的外观和场地现状等影像资料。

C.2 资料调阅

C.2.1 资料调阅指去调查对象资料管理单位获取调查信息的一种工作方式。

C.2.2 如调查对象的使用、管理单位有调查对象的存档资料，可在实地调查时即进行资料调阅获取调查对象的相关信息。

C.2.3 当实地调查深度不能满足设计需要时，应去相关城市档案管理部门进行资料调阅工作。

C.2.4 房屋建筑在获取建筑物的名称、产权单位等一般属性后，可去城建档案管查询建筑物的归档资料。

C.2.5 桥涵和市政道路可去市政管理处、公联公司、城建档案馆调阅资料。

C.2.6 地表水体一般去各个区县的水务局调阅资料。

C.2.7 通过以上渠道仍调查不到的资料时，可去调查对象的设计、施工单位调阅资料。

C.2.8 对于需进行专项评估或设计有要求的调查对象，应获取调查对象的相关设计图、竣工图等资料的复印件。

C.2.9 当资料复印不被允许或有困难时，可采用拍照的方式获取资料信息。

C.3 现场量测

C.3.1 现场量测指采用探测仪器、挖探手段、测量仪器等方法和手段对调查对象进行现场量测以获取信息的一种工作方式。

C.3.2 当通过实地调查和资料调阅均无法获取调查对象的相关信息或不能满足设计、施工需要时应进行现场量测。

C.3.3 现场量测根据不同调查对象的需要，可单独采用探测、挖探和测量手段或综合采用几种手段进行。

C.4 结构检测

C.4.1 结构检测是采用相关的测试方法对调查对象的结构和建筑材料等进行测试，以评价调查对象的安全状态。

C.4.2 对于需要进行专项评估的调查对象或设计有特殊要求的调查对象应参照《建筑结构检测技术标准》等相关规范和标准进行结构检测。

C.5 调查的程序

1 调查单位接到建设方委托后，应先熟悉图纸资料和调查要求，并参加设计交底会。

2 明确设计要求后，按照本部分第 8 节和设计提出的调查要求圈定调查范围，对调查范围内的调查对象进行分类统计和编号，并在图纸上标识。

3 调查单位标识好图纸后，进行现场踏勘，复核平面图上调查对象与实地是否一致，如不一致，则以实地为准，修改调查对象编号。

4 调查单位完成现场踏勘后，编制环境调查纲要与各类调查表格，并按程序进行审批。

5 调查纲要获批准后，进行实地调查，填写调查表格，对调查对象拍照，收集竣工资料。对资料不全和无资料的调查对象进行标识，注明其在线路上的准确位置。

6 对于实地调查资料不全和无资料的调查对象，调查单位应向主管部门或资料管辖部门、存档部门、设计施工单位进行资料调阅，收集相关资料和信息。

7 对于通过资料调阅仍不能满足要求的调查对象，调查单位应采用现场量测的手段获取信息。

8 调查单位完成现场调查工作后对成果资料进行整理，编写调查报告。

9 调查工作完成后，由规划设计部组织专家对调查成果进行评审验收。

10 成果资料通过评审并完善后，提交规划设计部，由规划设计部分发设计总体和各个工点设计单位。

附录 D 成 果 资 料 目 录

7　下阶段工作建议

8　其他说明

附件：

1　调查对象平面分布图；

2　调查成果表

3　相关图纸复印件

4　照片

四

轨道交通工程建设风险
工程设计控制指南

目　　录

1　总　　则

1.0.1　为有效推进轨道交通工程建设安全风险技术管理工作，最大限度地降低工程风险，保证工程自身的安全和周边环境的正常使用，并作为轨道交通工程建设安全风险技术管理指南的支持性文件和重要组成部分，制定本指南。

1.0.2　本指南根据国家、行业和北京市的有关法规及相关标准、规范、规程和指南，结合轨道交通工程建设的实际情况而制定，其他地区可根据实际情况参考使用。

1.0.3　轨道交通工程建设的风险工程设计应遵循"分阶段、分等级、分对象"的基本原则，即面向不同设计阶段、不同安全风险等级、不同风险工程分别开展风险工程设计工作，满足轨道交通工程建设的实际需要。

1.0.4　本指南重点对风险工程分级、针对风险工程的设计控制内容、深度、设计程序、设计文件组成进行了规范和要求，是轨道交通工程建设常规设计的重要补充。

1.0.5　本指南所涉及的各种审查、论证等不替代岩土工程勘察和环境调查单位、总体设计单位、工点设计单位、监理单位、施工单位、专业监测单位等各相关参建单位的相关技术责任。

1.0.6　本指南主要针对新建轨道交通工程建设土建工程的风险工程设计，其他改、扩建轨道交通工程建设的风险工程设计及审查可参考使用。

1.0.7 轨道交通工程建设土建工程的风险工程设计除应遵守本指南外，尚应符合现行国家、行业和当地有关标准的规定。

2　基　本　术　语

2.0.1　风险工程

包括新建轨道交通工程建设自身风险工程及受新建轨道交通工程影响的环境风险工程。

2.0.2　自身风险工程

指因工程本身特点和地质条件复杂性等导致工程实施难度大、安全风险高的轨道交通工程。如深度大于25m的基坑、矿山法大断面车站和盾构施工的超近并行或交叠隧道等。

2.0.3　环境风险工程

指因轨道交通工程建设周边环境条件复杂，轨道交通工程施工可能导致其正常使用功能或结构安全受到影响的轨道交通工程。如邻近既有轨道交通线的基坑工程、穿越既有线的矿山法隧道工程、邻近管线的盾构隧道工程等。周边环境主要指环境风险工程中的既有轨道交通工程（含铁路）、建（构）筑物、管线、道路、水体等。

2.0.4　风险工程设计

指针对新建轨道交通工程自身及受新建轨道交通工程影响的环境进行风险识别、风险分析、风险控制，通过计算、分析和比较，提出合理的控制指标和具体技术措施。

3 基 本 规 定

3.1 风险工程设计的目的

3.1.1 通过风险工程设计全面掌握风险工程特点，深化设计内容，通过技术、经济比较分析，制定针对性和可操作的风险控制措施，保证工程自身和周边环境的安全及正常使用。

3.1.2 风险工程设计的重点在于确保工程安全、质量和控制投资。

3.1.3 风险工程设计是常规设计的重要补充和延伸，着重从安全风险方面强化了安全风险分级、安全风险分析评估和针对安全风险的设计控制方案等内容，并加强了过程的技术论证、审查程序和成果形式要求。

3.2 风险工程设计的依据、原则及要求

3.2.1 风险工程设计依据

1 新建轨道交通工程设计相关的各种规范、规程、规定；

2 新建轨道交通工程岩土工程勘察报告、周边环境调查报告；

3 环境安全风险评估报告；

4 建设单位发布的管理文件及管理规定等；

5 总体设计单位发布的技术要求及管理规定等；

6 周边环境原设计采用的相关规范及变形控制指标；

7 周边环境的竣工图纸；

8 周边环境产权单位提出的相关要求；

9 专家咨询及评审意见等。

3.2.2 风险工程设计原则及要求

1 新建轨道交通工程结构（包括永久结构和临时结构）的强度、刚度及稳定性，应保证工程的安全和周边环境的正常使用。

2 根据新建轨道交通工程及受影响周边环境的特点选择适当的施工方法，确定合理施工步序。

3 通过工程类比、数值模拟、解析法等计算分析制定合理的控制指标。

4 风险工程设计采取的技术措施具有可操作性且工程造价合理。

5 风险工程设计应与整体设计相结合。

6 风险工程设计成果中应包括有关风险识别、分级和风险分析、评价的内容，以专章或专节的形式纳入到常规设计文件中。

3.3 风险工程设计的阶段划分

3.3.1 风险工程设计应贯穿轨道交通工程建设的设计全过程。

3.3.2 风险工程设计可按三个阶段进行，即方案设计阶段、初步设计阶段和施工图设计阶段。

3.4 风险工程设计的基础资料

各设计阶段风险工程设计需求的资料内容和深度参见附录 A "各设计阶段风险工程设计基础资料需求表"。

3.5 风险工程设计方法

风险工程设计在不同阶段采用不同的设计方法：

方案设计阶段：一般采用定性分析的方法，主要是工程类比法，根据新建轨道交通工程及周边环境的影响程度，辅以必要的定量分析。

初步设计阶段：以定性分析为主，重要风险工程辅以定量分析相结合的方法，主要分析方法有工程类比法、解析法、数值分析法等。计算模型可采用荷载结构模型或地层结构模型，二维或三维计算均可采用。

施工图设计阶段：以定性分析为基础，需大量采用定量分析。主要分析方法有工程类比法、解析法、数值分析法、反分析法等。计算模型可采用荷载结构模型或地层结构模型，以三维计算为主，以充分模拟风险工程的复杂特点。

3.6 风险工程设计流程

3.6.1 风险工程设计一般流程

风险工程设计遵循风险管理的思想，一般流程为收集相关资料，进行风险识别、分析、确认和风险控制设计，流程如图 1。

3.6.2 方案设计阶段风险工程设计流程

1 收集可研阶段地质资料（或岩土工程初勘报告）和周边建（构）筑物基本资料。

2 识别不良地质条件和工程周边环境，分析不良地质和周边环境与工程实施的相互影响。

3 编制各线、站位方案的风险工程清单和方案设计文件。

4 对影响线、站位选择的重要的古建、城市、国家标志性建筑，需要做专题研究，必要时进行施工影响预测和施工附加影响分析。

5 编制推荐方案的风险控制方案，并进行费用估算。

方案设计阶段风险工程设计流程如图 2 所示。

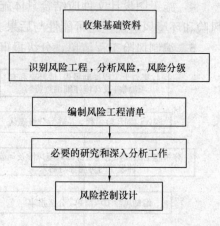

图 1 风险工程设计一般流程

3.6.3 初步设计阶段风险工程设计流程

1 收集岩土工程初勘报告（或岩土工程详勘报告）和环境调查资料。

2 在方案设计的基础上，全面识别特、一级风险工程，进一步分析工程自身和环境的相互影响。

3 编制风险工程清单，分级报审并审批后进行风险工程初步设计。

4 对重大的周边建（构）筑物和采用新技术、新工艺、新设备的工程要进行施工影响预测和施工附加影响分析。

5 编制风险控制方案和监控量测要求，进行费用概算。

初步设计阶段风险工程设计流程如图 3 所示。

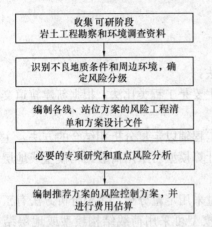
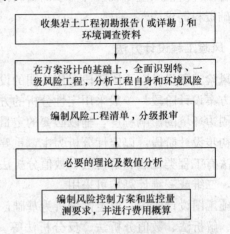

图 2　方案设计阶段风险工程设计流程图　　　图 3　初步设计阶段风险工程设计流程图

3.6.4 施工图设计阶段风险工程设计流程

1 收集岩土工程详勘报告（或补充和专项勘察）及环境详细调查资料。

2 根据设计需求，提出对重要周边环境的现状评估要求，并在业主的管理下得到现状评估报告。

3 在初步设计的基础上，深入识别全部风险工程并进行风险分级确认。

4 施工图设计文件应结合具体施工工艺流程，深入分析潜在的不良地质、工程自身风险和环境风险发生的可能性与后果。

5 编制风险工程清单，分级报审后按风险等级进行风险工程施工图设计。

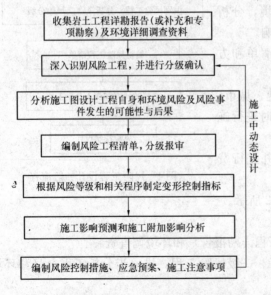

图 4　施工图设计阶段风险工程设计流程图

6 根据风险等级和详细调查资料，制定施工变形控制指标（见本指南 5.9 节）。

7 采用量化分析方法对周边环境进行施工影响预测和施工附加影响分析，进而确定详细的风险控制设计。

8 施工图设计文件还应提出具体的风险控制措施、施工注意事项及应急预案。

9 在施工配合阶段，根据施工反馈信息，对风险工程施工图设计进行动态调整。

施工图设计阶段风险工程设计流程如图 4 所示。

4　轨道交通工程建设风险工程分级

4.1　一般规定

4.1.1　风险工程依据"轨道交通工程建设安全风险技术管理体系总论"（以下简称"体系总论"）中的相关规定进行风险工程基本分级，并在"体系总论"分级基础上采用定性和定量相结合的方法，参考附录 B "风险工程分级参考表"的规定进行明确和细化分级。

4.1.2　风险工程分级应考虑多种因素综合确定，重点考虑以下因素：

1　新建轨道交通工程与周边环境的相对位置关系

1）接近程度

新建轨道交通工程与既有轨道交通线因体量和属性相当，其相对位置关系用接近度表示。根据相对距离远近可以分为四种：非常接近、接近、较接近和不接近。具体内容参见附录 C "接近度与工程影响分区参考"。

2）工程影响分区

新建轨道交通工程与除既有轨道交通线外的其他环境条件（如建筑物、桥梁、管线、道路、水体）因体量和属性差异，其相对位置关系用工程影响区表示。工程影响范围分为三个区：强烈影响区、显著影响区、一般影响区。

2　周边环境的重要程度和自身特点

3　新建轨道交通工程工法特点和工程难度

4　工程地质和水文地质对不同工法的影响程度

不同工法应重点考虑的不良地质因素，具体参见附录 B "风险工程分级参考表"之附表 B-1 "不同工法应重点考虑的不良地质因素"。

4.1.3　风险工程设计应根据地质、环境条件，采用工程类比等方法，进行设计调整和优化。

4.2　自身风险工程分级与调整

4.2.1　自身风险工程分级，以新建轨道交通工程自身的特点为基础，参考"体系总论"进行基本分级。自身风险工程的基本分级重点考虑因素为基坑深度、矿山法结构层数、跨度、断面形式、覆土厚度、开挖方法等。

1　明挖基坑工程分级以地下结构的层数及深度为基本分级依据。

2　矿山法车站以车站的层数和跨度为基本分级依据，矿山法区间以隧道的跨度、断面复杂程度为基本分级依据。

3　盾构隧道以隧道相互之间的空间位置关系为基本分级依据。

4.2.2　在自身风险工程基本分级的基础上，当遇到以下情况时可进行调整：

1　当工程地质及水文地质条件复杂时，一般可上调一级；

2　当新建轨道交通工程采用与工程施工安全有关的新技术、新工艺、新设备、新工法施工时，根据具体情况结合相关工程经验进行调整；

3 结合新建轨道交通工程风险因素的识别和深入分析，确有需要调整时。

4.2.3 自身风险工程根据工程特点分为一、二、三级：

1 一级自身风险工程：基坑深度在 25m 以上（含 25m）的深基坑工程，双层矿山法车站，净跨超过 15m 的单层矿山法车站，净跨超过 14m 的区间矿山法工程等；

2 二级自身风险工程：基坑深度在 15～25m（含 15m）的深基坑工程，近距离并行或交叠的盾构法区间，不良地质地段的盾构区间联络通道，不良地质地段的盾构始发与到达区段，断面大于 9m 的矿山法工程等；

3 三级自身风险工程：基坑深度在 15m 以下 5m 以上的深基坑工程，断面小于 9m 的矿山法工程，较长范围处于较接近状态的并行或交叠盾构隧道，一般盾构法区间等。

自身风险工程分级及分级调整参见附录 B "风险工程分级参考表" 之附表 B-2 "自身风险工程分级参考表"。

4.3　环境风险工程分级与调整

4.3.1 环境风险工程分级，以新建轨道交通工程与周边环境的相对位置关系、周边环境的重要性及自身特点为基础，依据 "体系总论" 进行基本分级。环境风险工程的基本分级重点考虑因素为：

1 周边环境与新建轨道交通工程的接近度；

2 周边环境所处的工程影响区；

3 周边环境的重要性及自身特点；

4 新建轨道交通工程的工法特点等。

4.3.2 周边环境的重要性可按下列规定分为重要和一般两种情况。

1 重要周边环境

既有轨道交通线路和铁路；

既有建（构）筑物：国家级、世界级古建、国家、城市标志性建筑、高层民用建筑、使用时间较长的一般建筑物、古建筑、基础条件差的建筑物、需重点保护的建筑物，重要的烟囱、水塔、油库、加油站、气罐、高压线铁塔等；

既有地下构筑物：地下商业街、热力隧道、大型雨污水管沟及人防工程等；

既有市政桥梁：高架桥、立交桥等；

既有市政管线：污水管、雨水管干管、使用时间较长的铸铁管、承插式接口混凝土管、煤气管、上水管、中水管、军缆等；

既有市政道路：城市主干道、快速路等；

水体（河道、湖泊）：自然、人工河湖等；

古树。

2 一般周边环境

既有建（构）筑物：一般的中、低层民用建筑、厂房、车库等构筑物等；

既有地下构筑物：地下通道等；

既有桥梁：匝道桥、人行天桥等；

既有市政管线：电信、通讯、电力管道（沟）等；

既有市政道路：城市次干道和支路等。

4.3.3 在环境风险工程基本分级的基础上，当遇到以下情况时可进行调整：

1 当工程地质及水文地质条件复杂时，一般可上调一级；

2 当新建轨道交通工程采用盾构施工时，一般可下调一级；

3 当新建轨道交通工程采用与工程施工安全有关的新技术、新工艺、新设备、新工法施工时，根据具体情况结合相关工程经验进行调整；

4 对保护标准要求高的古建、国家城市标志性建筑等应提高一级；

5 结合新建轨道交通工程风险因素的识别和深入分析，确有需要调整时。

4.3.4 环境风险工程根据工程特点和周边环境特点分为特、一、二、三级：

1 特级环境风险工程：下穿既有轨道线路（含铁路）的地下工程；

2 一级环境风险工程：下穿重要既有建（构）筑物、重要市政管线及河流的地下工程，上穿既有轨道线路（含铁路）的地下工程；

3 二级环境风险工程：下穿一般既有建（构）筑物、重要市政道路的地下工程，临近重要既有建（构）筑物、重要市政管线及河流的地下工程；

4 三级环境风险工程：下穿一般市政管线、一般市政道路及其他市政基础设施的地下工程，临近一般既有建（构）筑物、重要市政道路的地下工程。

环境风险工程分级及分级调整参见附录B"风险工程分级参考表"之附表B-3"环境风险工程分级参考表"。

5 轨道交通工程建设风险工程设计

5.1 一般规定

5.1.1 风险工程设计应对新建轨道交通工程自身及受新建轨道交通工程影响的环境进行风险识别、风险分析、风险控制，通过分析比较提出合理的控制指标和具体技术措施，保证正常施工条件下新建轨道交通工程自身安全及受影响的周边环境正常使用。

5.1.2 风险控制的原则：规避原则、降低原则、控制原则。

1 规避原则：对特、一级环境风险工程优先对车站站位、线路走向的布置方案进行分析比较，使重要周边环境处在新建轨道交通工程的显著影响区外；对工程自身，在工法选择上遵从"车站能明则明、区间能盾则盾"的原则，从车站层数、基坑深度等方面尽量减小工程规模。

2 降低原则：对于处在新建轨道交通工程的强烈影响区内的周边环境，优先考虑采取改移、拆除、补强等方式将风险降至最低；对工程自身，应针对工程的具体特点及所处的地质条件，选择安全适宜的施工工法。

3 控制原则：对于处在新建轨道交通工程的影响区内的无法规避的周边环境或者无法降低风险等级的特、一级风险工程，需对新建轨道交通工程的施工方法及施工参数进行分析比较，确定对周边环境影响较小的设计方案。另外需对周边环境的保护措施和自身风险控制措施进行技术经济分析，制定出安全、经济、合理的具体技术措施。

5.1.3 方案设计阶段应遵循规避不良地质、重要周边环境的原则进行线路走向、车站站位的选择和布置。对于难以规避的重要周边环境应进行深入的风险分析、风险评估，并提出能有效控制风险且经济合理的技术方案。

5.1.4 初步设计阶段应在方案设计的基础上全面识别、分析工程存在的风险，评估风险的影响，本着降低风险的原则确定施工工法，提出初步的技术措施，工程造价合理。

5.1.5 施工图设计阶段应在初步设计的基础上深入分析工程存在的风险，预测并评估工程施工的影响，本着控制风险的原则制定控制指标提出具体技术措施，必须具有可操作性，并且进行造价比较，使措施经济合理。

5.1.6 施工过程中根据监控量测结果反馈信息，分析变形控制指标的科学性和有效性，必要时进行指标调整。当在施工过程中因地质条件和现场施工条件的变化需要做变更设计的（在接受施工单位或建设单位的委托后）根据风险工程等级重新进行施工影响预测和施工附加影响分析，并根据规范规定和参考"轨道交通工程建设监控量测控制指标参考资料汇编"（见本书第263页）制定变形控制指标，进行动态风险控制设计。

5.1.7 本章以下各节（5.2～5.9）针对风险工程设计，提出了各设计阶段应重点满足的设计要求。设计单位在进行特定的风险工程设计时，应结合各自工程的特点按照附录D"各设计阶段风险工程设计文件组成及格式表"的要求把常规设计和风险工程设计有机地纳入同一设计文件中，对特、一级及产权单位有特殊要求的其他等级环境风险工程其设计成果单独成册。

5.2 方案设计阶段风险工程设计

5.2.1 明挖法

1 自身风险工程设计要求

根据基坑的深度及工程地质和水文地质进行围护结构及支撑体系的技术经济比较。

当底板埋深超过25m或结构进入富水层时，研究降水的可靠性并结合围护结构选型采取对策。

2 环境风险工程设计要求

规避重大风险：线位、站位确定时，尽量远离重大周边环境，使其位于本基坑工程的强烈影响区之外。

5.2.2 矿山法

1 自身风险工程设计要求

1）埋深初定：考虑洞身避开不良地层如含水层，拱顶避开粉细砂层，并初定区间矿山法隧道的埋深和线路平、纵断面设计参数。

2）设计参数：断面型式、跨度等。从减少施工风险角度出发，减少车站洞室的跨度，避免接近开挖的相互影响。

3）进洞方式：结合场地条件和周围环境条件选择进洞方式。车站端部有条件时尽可能采用明、盖挖法施工，以利矿山法车站进洞和区间盾构作业，减少施工风险和工程难度。

4）出入口和风道：平面设计避免采用直角转弯，通过圆顺过渡减少施工风险。

5）变断面：为规避重大风险，应避免区间隧道内断面的多次变化，宜尽量优化线路减小断面的跨度，结合车站工法综合考虑变断面的施工方法。

2 环境风险工程设计要求

1）车站埋深和站位的确定：应把重要周边环境与车站（区间）隧道的相互影响控制在双方均可接受的范围内（施加各种保护措施以后）。

2）出入口尽可能采用明挖法施工，当出入口必须采用矿山法施工时，人防段应尽量避开管线区。

3）在邻近风险工程的区段，根据工程经验，大体确定线路与风险工程之间的空间关系。

4）区间附属建筑物（如风井）及施工竖井尽量避开建（构）筑物，创造明挖施工条件。

5.2.3　盾构法

1　自身风险工程设计要求

1）根据工程地质和水文地质等，初定区间盾构隧道的埋深和线路平、纵断面的设计参数。尽量避开软、硬不均的地层、大卵石地层。

2）在超近的单线并行或交叠隧道区段，初定盾构隧道的最小净距和空间线型。

2　环境风险工程设计要求

1）在邻近周边环境的区段，根据工程经验，大体确定线路与周边环境之间的空间关系。

2）初定区间联络通道或风井的位置，尽量避开水域、建（构）筑物和地下管线，隧道顶部尽量躲开粉细砂地层。

5.2.4　下阶段风险工程设计优化的方向及建议

对存在优化可能的线、站位布置方案提出初步设计阶段设计优化方向，以期进一步降低风险等级。

对初步设计阶段设计中可能遇到的特殊地段的勘察、环境调查和现状评估工作进一步提出深度要求，提出需环境调查、勘察、评估单位配合和建设单位相关部门协调解决的问题及建议。

5.3　方案设计阶段风险工程设计文件的组成

5.3.1　自身风险工程

方案设计阶段，设计文件中应包含自身风险工程设计内容，给出风险工程清单，并对风险工程设计方案及风险控制方案给予初步说明。

方案设计文件中应重点突出以下内容：

1　说明书

1）风险工程情况介绍；

2）工程自身风险分析；

3）风险工程控制方案；

4）初步设计阶段风险工程设计优化的方向和建议。

2　图纸

1）新建轨道交通工程与周边环境的相对位置关系图；

2）风险控制方案示意图（特殊要求时）。

方案阶段自身风险工程设计文件的组成及格式见附录 D"各设计阶段风险工程设计文

件组成及格式表"之附表 D-1"各设计阶段自身风险工程设计文件组成及格式表"。

5.3.2 环境风险工程

方案设计阶段，设计文件中应包含环境风险工程设计内容，给出风险工程清单，并对风险工程设计方案及风险控制措施给予初步说明。

方案设计文件中应重点突出以下内容：

1 说明书

1）周边环境情况介绍；

2）周边环境保护措施；

3）初步设计阶段风险工程设计优化的方向和建议。

2 图纸

1）周边环境与新建轨道交通工程的相对关系平剖面图；

2）风险控制工程措施示意图。

方案设计阶段环境风险工程设计文件的组成及格式见附录 D"各设计阶段风险工程设计文件组成及格式表"之附表 D-2"各设计阶段环境风险工程设计文件组成及格式表"。

5.4 初步设计阶段风险工程设计

5.4.1 明挖法

1 自身风险工程设计要求

1）在方案设计确定的技术条件的基础上，根据初勘资料，进一步优化设计。

2）对于明显承受偏载作用的基坑，计算简图和计算方法应能正确反映偏载对基坑围护结构受力和变形的影响。

3）计算参数的确定：作用在围护桩主动区的侧向土压力，应与围护桩的变形控制条件相适应。当环境保护要求必须严格控制桩身水平位移时，侧向土压力应提高主动土压力的设计值，采用静止土压力或介于主动土压力和静止土压力的中间值。

4）提出针对自身风险工程的监控量测要求。

2 环境风险工程设计要求

1）根据初勘地质资料及周边环境的调查结果，结合对其允许附加变形的定量分析，确定周边环境的保护措施和基坑变形的控制要求，据以完成支护结构的初步设计并提出相关的施工建议和要求；

2）进行针对周边环境的监控量测初步设计；

3）基本落实管线处理和保护方案，同时分析管线改移，对附属结构施工影响，避免给后续工程带来影响。

5.4.2 矿山法

1 自身风险工程设计要求

1）根据初勘地质资料和场地条件等，调整和基本落实方案设计阶段初定的技术条件。

2）结构型式和施工工法：结合环境地质调查，通过理论计算和进一步的比选，基本确定车站和区间隧道的结构型式和施工工法。

当车站采用浅埋暗挖洞桩（柱）法施工时，应结合地层组成、地下水情况、环境条件和施工机具的适应性等，从减少施工对环境的影响考虑，进行结构型式和施工工况的比选。

当采用分步开挖施工时，应进行"中洞法"和"侧洞法"的比选。

当完成分步开挖施工之后进行衬砌作业时，应根据断面大小、量测结果分析结构受力状况，慎重选择分部衬砌或全断面台车衬砌。

3）受力转换：从减少施工风险角度出发，着重从车站的布局、体量和施工方法考虑，尽量减少车站洞室的交叉和开挖的群洞效应，减少施工对土体的反复扰动。

4）附属结构：对于暗挖工程，为规避重大风险，应结合风道和联络通道布置考虑施工竖井的进洞方式；配线位置的大断面宜尽量优化线路减小大断面的跨度。有条件时施工竖井和横通道宜选在大断面处，以利隧道开挖时从大断面向小断面过渡。

5）降、堵、止水：当车站或区间隧道底板埋深超过 25m 或洞体处于丰富的含水层中时，应研究降水、堵水和止水的可靠性及对策。

6）提出针对自身风险工程的监控量测要求。

2 环境风险工程设计要求

1）根据初勘地质资料及周边环境的调查结果，结合对其允许附加变形的定量分析，确定周边环境的保护措施及隧道开挖引起的地面沉降和地层位移控制要求，据以完成矿山法车站和区间隧道的初步设计（包括结构型式、断面尺寸、施工方法、施工步序及辅助措施等）。

2）基本落实管线处理和保护方案。

3）对区间附属建筑物（如风井）及施工竖井附近的建（构）筑物，根据初勘地质资料及周边环境的调查结果，结合定量分析，确定周边环境的保护措施及变形控制要求。

4）进行针对周边环境的监控量测初步设计。

5.4.3 盾构法

1 自身风险工程设计要求

1）结合初勘地质资料基本确定区间隧道的线位和附属工程的位置。

2）提出附属工程的施工方法和减少施工风险的技术方案。

3）对于超近并行或交叠隧道，还应增加以下设计内容：

①确定各条隧道的掘进顺序。

②根据并行或交叠隧道结构受力和围岩变形的特性，选择能反映并行或交叠盾构隧道施工及使用期间受力和变形特点的结构计算方法和计算简图等。

③根据受力和控制沉降需要，分段提出设计和施工措施（如管片加强、地层加固、在先行隧道中设置内支撑等）。

④对于盾构始发、到达端头部位尤其注意水、砂、压力同时存在情况下的加固体尺寸（长度、宽度、高度）计算和强度设计，使设计加固参数（如加固土体的 C、Φ 值、纵向加固长度、加固宽度、上下方加固高度、渗透系数）和加固方法合理可行。

⑤对联络通道着重考虑其设置部位应避开不良地质及周边环境。对带泵房的联络通道，应从设备选型出发（立式泵或卧式泵），尽量减小泵房开挖尺寸，优化开挖断面，减小施工风险。

⑥提出针对自身风险工程的监控量测要求。

⑦初步提出盾构选型和配置的建议。

2 环境风险工程设计要求

1）根据初勘地质资料及周边环境的调查结果，结合对其允许附加变形的定量分析，确定周边环境的保护措施及盾构施工引起的地面沉降和地层位移控制要求。对于近距离下穿、侧穿桥梁桩基或建（构）筑物基础的情况，必要时还应考虑对盾构隧道自身的加强或防护措施。

2）进行针对周边环境的监控量测初步设计。

5.4.4 下阶段风险工程设计优化的方向及建议

在稳定线位、站位、工法后，对周边环境的保护措施通过进一步的分析与评价进行优化。

对施工图阶段设计中可能遇到的特殊地段的岩土工程勘察、环境调查和现状评估工作进一步提出深度要求，提出需环境调查、勘察、评估单位、产权单位配合和建设单位相关部门协调解决的问题及建议。

5.5 初步设计阶段风险工程设计文件的组成

5.5.1 自身风险工程

初步设计阶段，设计文件中应包含自身风险工程设计内容，给出特、一级风险工程清单，在对风险进行初步调研，收集相关资料的基础上，对设计方案进行技术经济比较，推荐在风险控制及造价控制方面均较优的方案。

初步设计文件中应重点突出以下内容：

1 说明书

1）风险工程情况介绍；

2）工程自身风险分析；

3）风险控制工程措施；

4）监控量测设计；

5）变形控制指标；

6）施工图设计阶段风险工程设计优化的方向和建议。

2 图纸

1）风险控制工程措施图；

2）施工步序图；

3）监控量测图。

初步阶段自身风险工程设计文件的组成及格式见附录 D "各设计阶段风险工程设计文件组成及格式表"之附表 D-1 "各设计阶段自身风险工程设计文件组成及格式表"。

5.5.2 环境风险工程

在初步设计阶段，设计文件中应包含环境风险工程设计内容，并形成特级、一级、二级和三级风险工程清单专册，在对风险工程进行充分调研及资料收集的基础上，对风险保护措施进行技术经济比较，确定具体的风险工程保护措施，进行环境保护专项设计。

对于识别出的特、一级及产权单位有特殊要求的其他等级环境风险工程应做风险工程专项设计，特殊要求时以专册的形式提供相对独立的风险工程设计。

环境风险工程专项设计的内容组成如下：

1　说明书

1）工程概况；

2）设计依据；

3）设计原则及设计标准；

4）方案设计审查意见及执行情况；

5）周边环境调查资料；

6）周边环境保护措施初步选定；

7）施工影响性预测（根据初勘地质资料、周边环境调查资料初步分析）；

8）监控量测设计；

9）变形控制指标；

10）施工图设计阶段风险工程设计优化的方向和建议。

2　图纸

1）总平面图；

2）周边环境与新建轨道交通工程的相对关系平、剖面图；

3）周边环境地质剖面图；

4）周边环境保护措施示意图；

5）施工步序图；

6）监控量测图。

初步设计阶段环境风险工程设计文件的组成及格式见附录 D "各设计阶段风险工程设计文件组成及格式表"之附表 D-2 "各设计阶段环境风险工程设计文件组成及格式表"。

5.6　施工图设计阶段风险工程设计

5.6.1　明挖法

1　自身风险工程设计要求

1）在初步设计确定的技术条件的基础上，根据详勘资料，进一步优化、细化设计，反映到施工图中。

2）根据自身风险工程特点指出关键风险点，要求施工单位针对各种可能的突发事故制定相应的应急预案。

2　环境风险工程设计要求

1）根据详勘地质资料和周边环境的详细调查结果进行施工影响性预测，提出基坑及周边环境的变形控制指标，细化周边环境的保护措施。具体风险控制指标见"轨道交通工程建设监控量测控制指标参考资料汇编"（见本书第 263 页）。

2）针对周边环境的监控量测进行详细的设计，如测点布置、监测频率等。

3）根据周边环境特点指出关键风险点，要求施工单位针对各种可能的突发事故时制定相应的应急预案。进行管线改移时，应在设计中分析管线改移，对附属结构施工影响。

3　常用风险控制或环境保护工程措施

1）支撑加强措施：为严格将基坑开挖引起的地层变形限制在需要的范围内，一般需采取支撑加强措施。如增加钢支撑的道数、提高预加轴力值、采用混凝土支撑等。

2）围护结构加强措施：当一般的围护结构设计（如钻孔桩、SMW 桩等）不能满足风险工程设计对围护结构刚度及止水性能的要求时，可采用更强的围护结构形式，如钻孔咬合桩、地下连续墙等。连续墙的槽段接头形式可根据需要采用十字钢板、工字钢、预制桩等受力性能和止水性能均较优越的接头形式。

3）坑外注浆：当基坑外地层有空洞，或为保护与基坑侧壁距离较近的建（构）筑物，可从地面或基坑内向坑外地层中注浆，以填充地层孔隙及空洞，或加固建（构）筑物地基，达到保护基坑稳定和限制建（构）筑物变形的目的。

5.6.2 矿山法

1 自身风险工程设计要求

1）在初步设计确定的技术条件的基础上，根据详勘资料，进一步优化、细化设计，反映到施工图中。

2）特大断面：对在开挖和浇注二衬过程中，支护体系受力转换复杂以及初、二衬交替受力的大断面或体型复杂的结构，应着重从洞室分割、开挖步序、初支和临时支撑的连接构造以及初支破除或二衬浇注过程中临时支撑的顶替与置换等方面优化设计，确保施工过程中围岩和支护体系的稳定以及结构受力可靠；

3）马头门：优先采用"先衬砌后开口"的原则或采取"加强初期支护强度并加设横向支撑再开设马头门"，提出确保马头门施工安全的结构措施和施工措施。

4）出入口或风道转弯段：提出出入口或风道转弯段的详细设计和施工要求。

5）变断面：着重从开挖步序、初支和临时支撑的连接构造以及临时支撑的顶替与置换方面优化设计，确保矿山法变断面的支护体系稳定与结构受力可靠。

6）明暗分界面：着重从明、暗挖施工步序等方面优化，确保结构和围岩的稳定。

7）根据自身风险工程特点指出关键风险点，要求施工单位针对各种可能的突发事故制定相应的应急预案。

2 环境风险工程设计要求

1）根据详勘地质资料和周边环境的详细调查结果对周边环境进行施工影响性预测，提出周边环境的变形控制指标和保护措施。具体控制指标见"轨道交通工程建设监控量测控制指标参考资料汇编"（见本书第 263 页）。

2）对于隧道拱部横穿或平行设置的污水管、有压水管和煤气管等由于渗漏和破坏可能引发灾难性后果的管线，应提出明确的防护措施和监控要求（包括施工前探明管线渗漏及管底土体的软化情况，对管内水体的引排、防渗或对管体的加固措施，施工中对管线附近掌子面渗漏情况的超前探测以及对管线变形和渗漏情况的全过程监控等）。

3）针对周边环境的监控量测进行详细的设计如测点布置、监测频率等。

4）根据周边环境特点指出关键风险点，要求施工单位针对各种可能的突发事故制定相应的应急预案。

3 常用风险控制或环境保护工程措施

1）超前地层加固：矿山法隧道近距离穿越桩基、地下管线等地下构筑物或重要道路前，可采用小导管注浆、长导管注浆等工法，对前方地层进行预加固，以加强地层的强度及刚度，降低隧道开挖造成的不利影响。超前地层加固措施可与大管棚等其他措施结合应用。

2）隔离桩：当矿山法隧道近距离侧向穿越房屋、大型地下构筑物等重要设施前，可在隧道与重要设施之间，从地面施作隔离桩，将隧道开挖引起的地层扰动及变形限制在隧道与隔离桩范围以内，保护周边的重要设施免受或少受隧道开挖的不利影响。

3）建（构）筑物加固或临时功能限制措施：在采用了所有可采用的施工辅助措施后，隧道施工仍然不能保证周边建（构）筑物的结构安全或正常使用时，可对该建（构）筑物采用结构加强措施或临时功能限制措施。如矿山法隧道下穿既有轨道交通车站或区间、侧向穿越立交桥桩基等，可采取既有隧道衬砌加固、桩基加固或托换、限速或管制交通等措施。

5.6.3　盾构法

1　自身风险工程设计要求

1）在初步设计确定的技术原则和技术方案的基础上（一般在不影响站位和车站纵断面的前提下，允许微调），根据详勘提供的地质资料，完成各项施工图设计。

2）明确施工管理要求，包括掌子面稳定控制，隧道线型控制、壁后注浆管理及接近施工管理等。

3）盾构始发、到达端头部位：着重考虑水、砂、压力同时存在情况下的加固工法选择、加固体尺寸、加固体强度、加固体渗透性，洞门破除、临时止水装置等的优化设计，确保始发和接收的安全。

4）联络通道：着重考虑联络通道部位加固工法选择、加固体尺寸、加固体强度、加固体渗透性，管片破除时的临时支撑的优化，确保整体的稳定。

5）根据自身风险工程特点指出关键风险点，要求施工单位针对各种可能的突发事故制定相应的应急预案。

2　环境风险工程设计要求

1）根据详勘地质资料和周边环境的详细调查结果对周边环境进行施工影响性预测，提出周边环境的变形控制指标和保护措施。具体控制指标见"轨道交通工程建设监控量测控制指标参考资料汇编"（见本书第 263 页）。

2）针对周边环境的监控量测进行详细的设计如测点布置、监测频率等。

3）根据周边环境特点指出关键风险点，要求施工单位针对各种可能的突发事故制定相应的应急预案。

3　常用风险控制或环境保护工程措施

1）地面加固措施：由于盾构设备的限制，很难从洞内对地层进行加固。所以，当盾构隧道近距离穿越桥桩、重要管线等设施，且在已采取加强盾尾同步注浆、衬背二次注浆等一般性施工措施后仍不能满足地层变形控制要求时，可提前在地面对需保护的设施周边地层进行加固，可有效地降低盾构施工对其的不利影响。

2）地层冻结：当地下水丰富，且隧道周边地层为粉细砂、粉土、砂卵石等渗透性地层时，盾构机掘进时的风险较大。特别是当隧道埋深也较大（或超浅），盾构机在上述地层中进行始发、接收或联络通道施工时，可考虑采用冻结法加固地层，以保证地层强度和止水性能的均一性，保证盾构区间关键节点的施工安全。

5.7　施工图设计阶段风险工程设计文件的组成

5.7.1　自身风险工程

在施工图设计阶段，设计文件中应包含自身风险工程设计内容，并形成特级、一级、二级和三级风险工程清单专册，在对风险工程进行充分调研及资料收集的基础上，提出具有实施性的结构自身风险工程设计方案。

施工图设计文件中应重点突出以下内容：

1 说明书

1）风险工程情况介绍；

2）初步设计审查意见及执行情况；

3）工程自身风险分析；

4）风险控制工程措施；

5）专项监控量测设计；

6）变形控制指标（必要时提出各施工步序的变形控制指标）。

2 图纸

1）风险控制工程措施图；

2）施工步序图；

3）监控量测图。

施工图阶段自身风险工程设计文件的组成及格式见附录D"各设计阶段风险工程设计文件组成及格式表"之附表D-1"各设计阶段自身风险工程设计文件组成及格式表"。

5.7.2 环境风险工程

在施工图设计阶段，设计文件中应包含环境风险工程设计内容，并形成特级、一级、二级和三级风险工程清单专册，在对风险工程进行充分调研及资料收集的基础上，进行施工图设计。

对于识别出的特、一级及产权单位有特殊要求的其他等级环境风险工程应做环境风险工程专项设计，特殊要求时以风险工程设计专册的形式提供相对独立的风险工程设计，一般应在施工图设计文件中以明确的形式包含安全风险设计的说明及图纸。

对于二级及二级以下环境风险工程，应在设计文件中以明确的形式包含安全风险设计的说明及图纸。

在施工图设计文件中应突出以下内容：

1 说明书

1）初步设计审查意见及执行情况；

2）周边环境调查资料；

3）风险工程变形预测和安全性评估（对特、一级及产权单位有特殊要求的环境风险工程，根据详勘地质资料、周边环境调查资料详细分析，包括施工影响性预测和施工附加影响分析）；

4）变形控制指标（关键工序变形控制指标）；

5）周边环境保护措施；

6）监控量测设计；

7）施工注意事项（应急预案）。

2 图纸

1）周边环境与新建轨道交通工程的相对关系平剖面图；

2）周边环境地质剖面图；

3）周边环境保护措施图；

4）施工步序图；

5）监控量测图。

5.7.3 环境风险工程专项设计的内容组成如下：

1 说明书

1）工程概况；

2）设计依据；

3）设计原则及设计标准；

4）初步设计审查意见及执行情况；

5）工程地质与水文地质；

6）周边环境调查资料；

7）风险工程变形预测和安全性评估（根据详勘地质资料、周边环境调查资料详细分析，包括施工影响性预测和施工附加影响分析）；

8）变形控制指标（包括各阶段变形控制指标）；

9）周边环境保护措施；

10）监控量测设计；

11）应急预案。

2 图纸

1）总平面图；

2）周边环境与新建轨道交通工程的相对关系平、剖面图；

3）周边环境地质剖面图；

4）周边环境保护措施图；

5）施工步序图；

6）监控量测图。

施工图阶段环境风险工程设计文件的组成及格式见附录 D "各设计阶段风险工程设计文件组成及格式表" 之附表 D-2 "各设计阶段环境风险工程设计文件组成及格式表"。

5.8　施工影响预测和附加影响分析

5.8.1　一般规定

施工影响预测与附加影响分析的目的是尽可能制定科学合理的风险控制指标，优化风险工程设计措施。

5.8.2　施工影响预测

在施工图设计阶段，对识别出的特、一级及产权单位有特殊要求的其他等级环境风险工程应进行施工影响预测。

以初步拟定的设计方案为基础，采用数值分析方法，充分考虑周边环境及轨道交通工程的结构特点、工法、施工步序、地质等因素，预测轨道交通工程施工对周边环境产生的附加变形值及影响范围。

5.8.3 施工附加影响分析

施工附加影响分析是指在施工影响预测的周边环境附加变形的基础上，针对不同类型周边环境和使用设备的特点，采用相应的计算程序和计算方法，分析评价该附加变形对其的不利影响，以确认其正常功能和安全性是否可接受。

对于不同类型的周边环境，施工附加影响分析的内容、方法均不相同，一般应以周边环境的现状检测及评估资料为基础，以与周边环境类型相对应的设计规范为依据，并结合周边环境产权单位的要求及意见，由周边环境的原设计单位或专业的设计或评估机构进行。

施工附加影响分析应在附加影响分析专题报告中给出明确的结论，以确定受轨道交通工程建设影响的周边环境的结构本身是否安全、使用功能可否保证。若结论为肯定，则应将该专题报告提供给地铁新线设计单位，作为该风险工程设计的依据；若以上结论为否定，则应对该风险工程采用优化设计或加强措施，重新进行施工影响预测及施工附加影响分析，直到可以得出肯定的结论。

为保证周边环境的正常功能，附加影响分析除应包括对周边环境的结构安全（含结构耐久性）影响分析外，尚应包括对周边环境重要功能性构件的安全影响分析。以既有轨道交通工程为例，新线轨道交通工程对其的施工附加影响分析应包括对既有轨道交通工程主体结构（如隧道结构）的安全影响分析和对道床结构的附加变形影响分析，以确保既有轨道交通工程的正常运营。

5.9 变形控制指标

5.9.1 自身风险工程

1 工程自身的变形控制指标的确定可参考相关规范和"轨道交通工程建设监控量测控制指标参考资料汇编"（见本书第263页）制定。

2 自身风险工程变形控制指标制定的程序如下：

1）风险工程分级；

2）根据规范要求初步制定监控量测变形控制指标；

3）在工程安全风险分级的基础上，参考"轨道交通工程建设监控量测控制指标参考资料汇编"进行综合分析和计算；

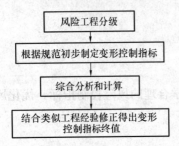

图5 自身风险工程监控量测变形控制指标制定流程图

4）结合类似工程经验修正得出工程结构和支护结构的变形控制指标。

自身风险工程监控量测变形控制指标制定流程见图5。

5.9.2 环境风险工程

1 对特、一级及产权单位有特殊要求的其他等级的周边环境，存在历史变形资料时，应根据已有变形值结合剩余变形能力制定变形控制指标；没有历史变形资料时，应对其进行现状评估，根据现状评估结果确定变形控制指标。

2 对特、一级及产权单位有特殊要求的环境风险工程的变形控制指标制定的程序一般如下：

1）调查历史变形资料；

2）进行现状评估；

3）进行施工影响预测和附加影响分析，得出施工引起的周边环境的附加变形，并对其附加影响进行分析；

4）当轨道交通工程施工引起的附加变形远远超过周边环境的剩余变形能力时，应对周边环境进行加固处理，重新进行变形控制指标的制定；

5）根据施工附加影响分析和现状评估资料，同时参考规范、类似工程经验，制定变形控制指标（含关键步序变形控制指标）。

特、一级及产权单位有特殊要求的环境风险工程变形控制指标制定流程见图6。

3 对二级及二级以下的环境风险工程，变形指标的制定可参考相关规范、规定及类似工程经验，给出变形控制指标。特殊的情况需要进行施工影响预测和施工附加影响分析参考特、一级及产权单位有特殊要求的环境风险工程变形控制指标的制定。

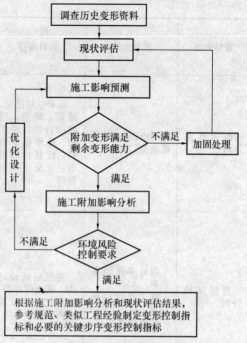

图6　特殊要求的环境风险工程变形控制指标制定流程图

附录A　各设计阶段风险工程设计基础资料需求表

附表 A-1　各设计阶段风险工程设计基础资料需求表

资料类型	资料来源	资料内容	资料深度要求		
			方案设计阶段	初步设计阶段	施工图设计阶段
地质资料	由勘察部门提供	对地层及地下水分布情况的描述	可研阶段地质资料或岩土工程初勘报告	岩土工程初勘报告或岩土工程详勘报告	岩土工程详勘报告及补充勘察报告
既有轨道交通线资料	设计单位档案资料 业主单位档案资料 档案馆资料	既有地铁结构、建筑、轨道、线路设计图、竣工图、维修保养资料、现状检测报告等	既有地铁结构的施工工法、结构类型等	既有地铁结构施工工法、结构类型； 既有地铁结构现状病害情况等	既有地铁结构的建设年代、施工工法、结构类型、结构配筋等； 既有地铁结构现状病害情况、裂缝分布等； 既有地铁结构及轨道变形控制值

续表

资料类型	资料来源	资料内容	资料深度要求		
			方案设计阶段	初步设计阶段	施工图设计阶段
既有铁路资料	测绘部门提供、铁路部门资料	既有铁路路基、涵洞、轨道、线路设计图、竣工图、维修保养资料、现状检测报告、安全评估报告等	铁路等级；铁路构筑物的施工工法、结构类型等	铁路的产权单位；铁路等级；铁路构筑物的施工工法、结构类型等	铁路的建设年代、产权单位；铁路等级、交通流量等；铁路构筑物的施工工法、结构类型、结构配筋等；轨道、道床及路基不均匀沉降量允许值
房屋结构资料	设计单位档案资料业主单位档案资料档案馆资料	房屋结构设计图、基础设计图、竣工图、现状检测资料等	房屋的层数、结构类型、用途等；房屋的地下室设计、基础形式	房屋的建设年代；房屋的层数、高度、结构类型、用途等；房屋的地下室设计、基础形式；房屋的现状使用情况等	房屋的建设年代、产权单位；房屋的层数、高度、结构类型、用途等；房屋的地下室设计、基础形式；房屋的现状使用情况、裂缝分布等；房屋整体沉降及不均匀沉降量允许值
管线资料	测绘部门提供、产权单位档案资料、管理单位档案资料、物探资料等	地下管线空间分布	管线类型、管径；管线在管网中的位置及重要性等	管线类型、管径、走向、数量等；管体材料等；管线的产权单位、在管网中的位置及重要性等	管线的建设年代、使用现状、病害情况等；管线类型、管径、走向、标高、数量等；管体材料、接头位置及构造、工作情况、检查井位置等；管线的产权单位、在管网中的位置及重要性等；管线不均匀沉降允许值及接头允许转角或张开量等
桥梁及基础资料	测绘部门提供、产权单位档案资料、管理单位档案资料、物探资料等	桥梁结构及基础设计	桥梁上部结构形式；桥梁基础类型	桥梁的产权单位；桥梁的使用现状等；桥梁上部结构形式、跨度、截面类型等；桥梁基础等	桥梁的建设年代、产权单位；桥梁的使用现状、病害情况等；桥梁上部结构形式、跨度、截面类型等；桥梁基础类型、基础设计参数、安全系数等；基础及上部结构允许沉降量
水体资料	测绘部门提供、河湖管理单位档案资料、物探资料等	河流、湖泊水文资料	河湖水面宽度、水深	河湖管理单位；水面宽度、水深；河床构造	河湖水文特点，管理单位；水面宽度、水深；河床构造、淤积程度、有无防渗；流速、流量、冲刷线、是否有防洪功能、是否有断流或导流条件等

资料类型	资料来源	资料内容	资料深度要求		
			方案设计阶段	初步设计阶段	施工图设计阶段
道路资料	测绘部门提供、交管部门	公路路面、路基资料	公路等级等；路面、路基类型；构筑物的施工工法、结构类型	公路等级等；路面、路基类型；构筑物的施工工法、结构类型等	公路等级、交通流量等；路面、路基类型；构筑物的施工工法、结构类型、结构配筋等；道路允许沉降量

附录 B　风险工程分级参考表

附表 B-1　不同工法应重点考虑的不良地质因素

工　法	工程地质因素	水文地质因素
明挖法	1. 围护结构背后的空洞； 2. 基坑范围内的软弱夹层	1. 地下水位较高，降水困难； 2. 上层滞水
矿山法	1. 结构范围有无含水粉细砂层； 2. 初支背后的空洞	1. 地下水位较高，降水困难； 2. 上层滞水，层间水
盾构法	1. 隧道范围有无大卵石层、漂石； 2. 空洞	始发、接收位置水、压力、砂同时存在

注：不良地质因素在风险分级时应给予考虑。

附表 B-2　自身风险工程分级参考表

自身风险工程	风险等级	级　别　调　整
地下四层或深度超过25m（含25m）的深基坑	一级	
双层矿山法车站、净跨超过15.5m的单层矿山法车站		
净跨超过14m的区间矿山法工程		
较长范围处于非常接近状态的并行或交叠盾构隧道		
地下三层或深度15～25m（含15m）的深基坑	二级	除4.2.2规定的情况外，对基坑平面复杂、偏压基坑等，风险等级一般可上调一级
较长范围处于接近状态的并行或交叠盾构隧道		参照4.2.2规定调整
不良地段的盾构区间的联络通道		
不良地段的盾构始发到达区段		
断面大于9m的矿山法工程		除4.2.2规定的情况外，对断面复杂、存在偏压、受力体系多次转换的暗挖工程，风险等级一般可上调一级

续表

自身风险工程	风险等级	级 别 调 整
地下二层或一层或深度 5～15m（含 5m）的基坑	三级	除 4.2.2 规定的情况外，对基坑平面复杂、偏压基坑等，风险等级一般可上调一级
断面小于 9m 的矿山法工程		除 4.2.2 规定的情况外，对断面复杂、存在偏压、受力体系多次转换的暗挖工程，风险等级一般可上调一级
较长范围处于较接近状态的并行或交叠盾构隧道		参照 4.2.2 规定调整
一般的盾构法区间		

注：当表中不能涵盖时，参考大体系进行分级。

附表 B-3   环境风险工程分级参考表

环境风险工程	新建轨道交通工程与周边环境相对关系	风险等级	备　注
矿山法下穿既有线（地铁、铁路）	下穿	特级	1. 显著影响区外一般可降低一级； 2. 线间距大于 12m 的单线矿山法隧道下穿时一般可降低一级
盾构法下穿既有线（地铁、铁路）	下穿	一级	线间距小于 12m 时可上调一级
矿山法、盾构法上穿既有线（地铁）	上穿		1. 线间距小于 2D 时可上调一级； 2. 矿山法断面大于 9m 时可上调一级
矿山法邻近既有线（地铁）	非常接近范围内（距离小于 0.5B）		其他邻近程度根据具体情况可降低一级
盾构法邻近既有线（地铁）	非常接近范围内（距离小于 0.3D）		其他邻近程度根据具体情况可降低一级
明挖法邻近既有线（地铁）	非常接近范围内（距离小于 0.7H）		其他邻近程度根据具体情况可降低一级
盾构、矿山、明挖邻近重要桥梁	邻近，强烈影响区（穿越距离小于 2.5D（D 为桩径），且破裂面影响桩长大于 1/2）		1. 盾构法可降低一级； 2. 其他邻近程度根据具体情况可降低一级
矿山法、盾构法下穿重要市政管线	下穿，强烈影响区		1. 盾构法可降低一级； 2. 强烈影响区外一般可降低一级
矿山法、盾构法下穿重要既有建（构）筑物	下穿，显著影响区		1. 盾构法可降低一级； 2. 其他影响区范围结合建筑物特点可进行调整
明挖法邻近重要既有建（构）筑物	邻近，强烈影响区（邻近距离小于 1.0H（H 坑深），且破裂面影响基础面积大于 1/2 或者地基压力扩散角在基坑范围内）		其他邻近程度降低一级
矿山法、盾构法下穿既有河流、湖泊	下穿		1. 盾构法一般可降低一级； 2. 具体还应根据河流、湖泊水量、水深等因素进行具体调整

环境风险工程	新建轨道交通工程与周边环境相对关系	风险等级	备　注
矿山法邻近既有线（地铁）	接近范围内（0.5B~1.5B）		其他邻近程度降低一级
盾构法邻近既有线（地铁）	接近范围内（0.3D~0.7D）		其他邻近程度降低一级
明挖法邻近既有线（地铁）	接近范围内（0.7H~1.0H）		其他邻近程度降低一级
盾构、矿山、明挖法邻近重要桥梁	邻近，显著影响区（穿越距离大于2.5D（D为桩径），且破裂面影响桩长小于1/2且大于1/3）	二级	1. 盾构法可降低一级； 2. 其他邻近程度根据具体情况可降低一级
盾构、矿山法下穿重要市政管线	下穿，显著影响区		1. 盾构法降低一级； 2. 一般影响区根据具体情况可降低一级
矿山法、盾构法下穿重要既有建（构）筑物	下穿，一般影响区		
明挖法邻近重要既有建（构）筑物	邻近，显著影响区（邻近距离大于1.0H（H为坑深），且破裂面影响基础面积小于1/2且大于1/3）		
盾构、暗挖、明挖邻近重要桥梁	邻近，显著影响区（穿越距离大于2.5D（D为桩径），且破裂面影响桩长小于1/3）		
盾构法、矿山法下穿一般市政管线	下穿，显著影响区		强烈影响区根据具体情况可上调一级
盾构法、矿山法下穿一般市政道路及其他市政基础设施的工程	下穿，显著影响区	三级	强烈影响区根据具体情况可上调一级
矿山法、盾构法、明挖法邻近一般既有建（构）筑物、重要市政道路的工程	邻近，显著影响区		强烈影响区根据具体情况可上调一级

注：1. 以上风险分级还需根据产权单位的特殊要求进行调整；

　　2. 以上风险分级还需根据4.3.3进行调整；

　　3. 当表中不能涵盖时参考大体系进行分级；

　　4. 表中的数值指标为暂定值，供参考值；

　　5. 除表中另指外，B为矿山法隧道毛洞宽度，D为新建隧道的外径，H为新建基坑深度。

附录 C 接近度与工程影响分区参考

环境风险工程分级时需要定量描述轨道交通工程与周边环境的接近程度或相互影响程度,为此,参照国内外相关规范或文献,提出了接近度和影响分区两个概念。

C.1 接近度

新建轨道交通工程施工将对周边环境及其自身产生不良影响,此时的施工称为接近施工。根据新建轨道交通工程的施工方法确定接近程度。

附表 C-1 施工方法与接近度

施 工 方 法	距　　　离	接 近 度
明挖法	$<0.7H$	非常接近
	$0.7H\sim1.0H$	接近
	$1.0H\sim2.0H$	较接近
	$>2.0H$	不接近
矿山法	$<0.5B$	非常接近
	$0.5B\sim1.5B$	接近
	$1.5B\sim2.5B$	较接近
	$>2.5B$	不接近
盾构法	$<0.3D$	非常接近
	$0.3D\sim0.7D$	接近
	$0.7D\sim1.0D$	较接近
	$>1.0D$	不接近

注：1. B 为矿山法隧道毛洞宽度, D 为新建隧道的外径, H 为新建基坑深度;

2. 新建隧道采用爆破法施工时,应另外研究爆破震动的影响;

3. 表中的数值指标为参考值。

C.2 工程影响分区

新建轨道交通工程与除既有轨道交通线外的其他环境条件(如建筑物、桥梁、管线、道路、水体)因体量和属性差异,其相对位置关系用工程影响区表示。根据基坑、隧道周围地质及环境受工程扰动的程度工程影响范围分为三个区:强烈影响区、显著影响区、一般影响区。深浅基坑和深浅埋隧道工程的影响分区如下。

C.2.1 浅基坑及浅埋隧道的施工影响分区:

1 基坑工程影响分区

附表 C-2 基坑周边影响分区表

受基坑影响程度分区	区 域 范 围
强烈影响区（Ⅰ）	基坑周边 $0.7H$ 范围内
显著影响区（Ⅱ）	基坑周边 $0.7H\sim1.0H$ 范围内
一般影响区（Ⅲ）	基坑周边 $1.0\sim2.0H$ 范围

注：1. H 为基坑开挖深度;

2. 本表适用于深度大于 5m、小于 35m 的基坑;

3. 表中的数值指标为参考值。

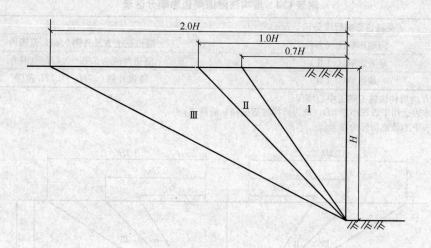

附图 C-1　基坑周边影响分区图

2　矿山法隧道工程影响分区

附表 C-3　矿山法浅埋隧道周边影响分区表

受隧道影响程度分区	区　域　范　围
强烈影响区（Ⅰ）	隧道正上方及外侧 $0.7H_i$ 范围内
显著影响区（Ⅱ）	隧道外侧 $0.7H_i \sim 1.0H_i$ 范围内
一般影响区（Ⅲ）	隧道外侧 $1.0H_i \sim 1.5H_i$ 范围

注：1. H_i 为矿山法施工隧道底板埋深；

　　2. 本表适用于埋深小于 $3B$（B 为矿山法隧道毛洞宽度）的浅埋隧道；

　　3. 表中的数值指标为参考值。

3　盾构法隧道工程影响分区

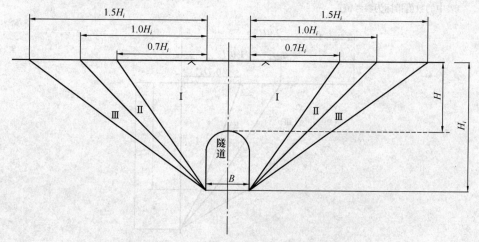

附图 C-2　矿山法浅埋隧道周边影响分区图

附表 C-4　盾构法隧道周边影响分区表

受隧道影响程度分区	区 域 范 围
强烈影响区（Ⅰ）	隧道正上方及外侧 $0.5H_i$ 范围内
显著影响区（Ⅱ）	隧道外侧 $0.5H_i \sim 0.7H_i$ 范围内
一般影响区（Ⅲ）	隧道外侧 $0.7H_i \sim 1.2H_i$ 范围

注：1. H_i 为盾构法施工隧道中心埋深；
　　2. 本表适用于埋深小于 $3D$（D 为盾构隧道洞径）的隧道；
　　3. 表中的数值指标为参考值。

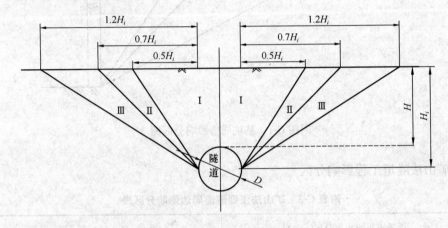

附图 C-3　盾构法隧道周边影响分区图

C.2.2　深基坑及深埋隧道的施工影响分区：

1　深基坑工程影响分区

附表 C-5　深基坑周边影响分区表

受基坑影响程度分区	区 域 范 围
强烈影响区（Ⅰ）	基坑周边 $0.7H^*$ 范围内及基坑深度范围内 35m 以下深度区域
显著影响区（Ⅱ）	基坑周边 $0.7H^* \sim 1.0H^*$ 范围内及 35m 以下深度区域
一般影响区（Ⅲ）	基坑周边 $1.0H^* \sim 2.0H^*$ 范围及 35m 以下深度区域

注：1. H^* 为基坑开挖深度内 35m 深度，H 为基坑深度；
　　2. 本表适用于深度大于 35m 的深基坑；大于 35m 的深基坑也可参照接近度概念；
　　3. 表中的数值指标为参考值。

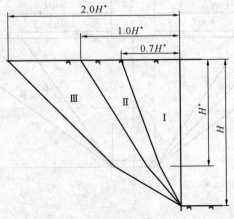

附图 C-4　深基坑周边影响分区图

2 深埋矿山法隧道工程影响分区

附表 C-6 深埋矿山法隧道周边影响分区表

受隧道影响程度分区	区域范围
强烈影响区（Ⅰ）	塌落区
显著影响区（Ⅱ）	塌落区深度以上和塌落区以上部分的 1/2 深度范围内
一般影响区（Ⅲ）	塌落区以上部分的 1/2 深度以上范围内

注：1. H 为矿山法施工隧道顶板埋深；

　　2. h^* 为矿山法施工隧道塌落拱高度；b^* 为天然拱的半跨度；f 为普氏系数；

　　3. 本表适用于埋深大于 $3B$（B 为矿山法隧道毛洞宽度）的深埋隧道，不能形成自然拱的隧道按浅埋隧道考虑；大于 $3D$ 的深埋隧道也可参照接近度概念；

　　4. 表中的数值指标为参考值。

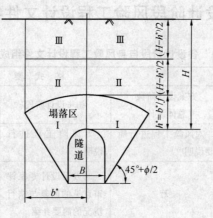

附图 C-5 深埋矿山法隧道周边影响分区图

3 深埋深埋盾构法隧道工程影响分区

附表 C-7 深埋盾构法隧道周边影响分区表

受隧道影响程度分区	区域范围
强烈影响区（Ⅰ）	盾构隧道塌落拱范围
显著影响区（Ⅱ）	盾构隧道开挖的有效深度与塌落拱范围内
一般影响区（Ⅲ）	盾构隧道有效高度和 $3D \sim 5D$ 深度范围内

注：1. H 为盾构法施工隧道顶板埋深；

　　2. h^* 为盾构法施工隧道塌落拱高度；b^* 为天然拱的半跨度；f 为普氏系数；

　　3. αh^* 为盾构隧道开挖的有效高度，α 有效影响高度系数，一般取 $\alpha = 2.0 \sim 2.5$；

　　4. 本表适用于埋深大于 $3D$（D 为盾构隧道洞径）的隧道，不能形成自然拱的隧道按浅埋隧道考虑；大于 $3D$ 时也可参照接近度概念；

　　5. 表中的数值指标为参考值。

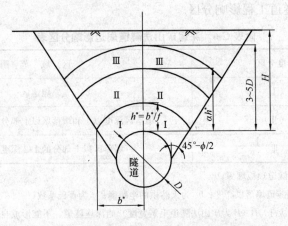

附图 C-6　深埋盾构法隧道周边影响分区图

附录 D　各设计阶段风险工程设计文件组成及格式表

附表 D-1　各设计阶段自身风险工程设计文件组成及格式表

项次	组成项目	格　式　要　求		
		方案设计阶段（总体设计）	初步设计阶段	施工图设计阶段
1	风险工程简介	对风险工程进行简要说明	对风险工程进行说明	对风险工程进行详细说明
2	专家审查意见及执行情况	无	对方案设计专家评审意见的回复与执行情况的简要介绍	对初步设计专家评审意见的回复与执行情况的具体介绍
3	工程自身风险分析	初步的环境调查与资料收集，对风险工程进行初步定级	初步的环境调查与资料收集，对风险工程进行定级	充分的环境现状调查，收集详细的图文资料，重新确认风险工程定级
4	变形控制指标	无	根据《北京城市轨道交通工程技术标准》及工程特点，提出变形的最大允许值	提出具体的变形控制指标（根据工法特点提出施工过程各阶段的变形控制值等）
5	风险控制的工程技术措施	结合地铁结构设计进行重、难点的识别和保护方案的制定	提出初步的风险控制工程技术措施	提出具体的风险控制工程技术措施，包括基坑支护、地层加固、结构加强等
6	专项监控量测设计	无	提出初步的监控量测项目	提出详细的专项监控量测设计，包括监控量测项目、监测频率、测点布置
7	下一步工作建议和风险工程设计优化方向	提出初步设计阶段风险工程设计优化方向和建议	提出施工图设计阶段风险工程专项设计优化方向和建议	提出施工注意事项和设备选型建议

附表 D-2　各设计阶段环境风险工程设计文件组成及格式表

项次	组成项目	格式要求		
		方案设计阶段	初步设计阶段	施工图设计阶段
1	风险工程简介	对重点风险工程进行说明	对重点风险工程进行说明	应对进行安全风险设计的所有风险工程分别进行说明
2	专家审查意见及执行情况	无	对方案设计专家评审意见的回复与执行情况介绍	对初步设计专家评审意见的回复与执行情况的介绍
3	周边环境调查	初步的环境调查与资料收集,对风险工程进行初步定级	初步的环境调查与资料收集,对风险工程进行初步定级	充分的环境现状调查,收集详细的图文资料,明确新建工程与风险工程构筑物的空间相对位置关系,重新确认风险工程定级
4	施工影响性预测	定性分析安全风险程度	定性分析与定量分析相结合,对风险工程设计方案进行技术经济比选,确保设计方案的安全风险水平可控确保方案具有可操作性满足风险工程的正常使用	以定量分析为主,进行详细的计算分析,和与施工过程相匹配的每一开挖过程的预测与控制,给出量化的预测变形指标,从风险工程保护角度,确保风险工程变形在允许值范围内,并在施工过程中进行信息化动态设计
5	环境安全风险评估结论	特殊要求时应包含	特殊要求时应包含	对特、一级及产权单位有特殊要求的其他等级环境风险工程应包含
6	变形控制指标	无	提出初步的变形控制指标	提出具体的变形控制指标(根据工法特点,施工各阶段变形允许值、变形预警值、报警值等)
7	风险工程保护措施	不单独提供	提出初步的工程技术措施和风险工程保护措施,包括基坑支护、洞内洞外加强措施、地层加固、结构加强、隔离措施等	细化风险工程保护措施,提出实施要求
8	专项监控量测设计	无	提出初步的监控量测项目和变形控制指标	进行详细的专项监控量测设计,包括监控量测项目、监测频率、测点布置
9	应急预案	无	无	考虑环境条件的复杂性及风险的不确定性,根据不同的施工方法提出关键风险点,要求施工单位相应的应急措施,从应急程序、救援物资储备、组织机构、联络渠道及技术措施等方面有针对性地制定应急预案
10	下一步工作建议和风险工程设计优化方向	从方案角度提出下一步工作建议和风险工程设计优化方向	从实施角度提出下一步工作建议和风险工程设计优化方向	从应急角度提出施工注意事项和设备选型建议

附录 E　风险工程分级清单报审表及分级审批汇总参考表（样表）

附表 E-1　初步设计阶段九号线风险工程分级报审表

设计标段：04标段

总体设计单位：北京城建设计研究总院

工点设计单位：

序号	风险工程名称	位置、范围	风险基本状况描述	风险工程等级				备注
				工点设计单位申报	总体设计单位初审	建设单位规划设计部复审	建设单位技术委员会终审	
1	军事博物馆站	K11＋927.850 ～ K12＋128.650	中部单层结构，两端双层结构的"端进式"暗挖车站，主体下穿既有线、邻近重要建筑物、下穿重要管线	特级				
1.1	自身风险工程							
1.1.1	车站北端双层暗挖车站主体	K12＋067.300 ～ K12＋128.300	车站总长度为200.8m，标准段宽度为22.4m，底板埋深为23.73m。车站形式拟采用中部分离岛式双层结构，两端双层三跨结构，"PBA"法施工	一级				
1.1.2	车站中间单层暗挖车站主体	K12＋041.300 ～ K12＋067.300	车站中间段长25.5m，拟采用双洞单拱直墙结构，CRD法施工，中间单洞每个洞净宽7.55m	三级				
1.1.3	车站南端双层暗挖车站主体	K11＋928.200 ～ K12＋041.300	车站总长度为200.8m，标准段宽度为22.4m，底板埋深为23.73m。车站形式拟采用中部分离岛式双层结构，两端双层三跨结构，"PBA"法施工	一级				
1.1.4	暗挖1号换乘通道	接3号出入口、在其东侧	换乘通道采用浅埋暗挖法施工，拱形结构，复合式衬砌	三级				
1.1.5	暗挖2号换乘通道	接4号出入口、在其东侧	换乘通道采用浅埋暗挖法施工，拱形结构，复合式衬砌	三级				

续表

序号	风险工程名称	位置、范围	风险基本状况描述	风险工程等级				备注
				工点设计单位申报	总体设计单位初审	建设单位规划设计部复审	建设单位技术委员会终审	
1.1.6	暗挖1号出入口	北端主体西侧 K12+091.350~K12+096.950	出入口暗挖结构净跨5m，衬砌采用复合式衬砌，台阶法开挖	三级				
1.1.7	暗挖2号出入口	南端主体北部西侧 K12+013.550~K12+020.050	出入口暗挖结构净跨6.5m，衬砌采用复合式衬砌，台阶法开挖	三级				
1.1.8	暗挖3号出入口	南端主体北部东侧 K12+022.610~K12+36.010	出入口暗挖结构净跨6.5m，衬砌采用复合式衬砌，台阶法开挖	三级				
1.1.9	暗挖5号出入口	南端主体南部东侧 K11+909.95.900~K11+957.8	出入口暗挖结构净跨6.5m，衬砌采用复合式衬砌，台阶法开挖	三级				
1.1.10	明挖4号出入口	北端主体东侧 K12+075.400~K12+081.900	出入口明挖结构内净宽度为4.5m，出入口明挖采用喷锚支护	三级				
1.1.11	1号单跨双层浅埋暗挖法通风亭	在车站的西南 K11+882.330~K11+938.700	单跨双层拱形结构，采用浅埋暗挖法施工，复合式衬砌，最大开挖跨度为13.9m，开挖高度正常段为8.5m，风道结构覆土约9.4m	二级				
1.1.12	2号单跨双层浅埋暗挖法通风亭	主体北端西北角 K12+117.700~K12+127.100	单跨双层拱形结构，采用浅埋暗挖法施工，复合式衬砌，最大开挖跨度为13.9m，开挖高度正常段为8.5m，风道结构覆土约9.4m	二级				

续表

序号	风险工程名称	位置、范围	风险基本状况描述	风险工程等级					备注
				工点设计单位申报	总体设计单位初审	建设单位设计部复审	建设单位规划设计部复审	建设单位技术委员会终审	
1.2	环境风险工程								
1.2.1	车站中间层暗挖车站主体下穿既有地铁1号线	K12+50.7~K12+61.3	主体结构下穿既有地铁1号线区间，既有区间结构为双跨单层矩形钢筋混凝土结构，顶板厚0.75m，底板厚0.7m，侧端厚0.7m。新建结构与既有结构紧贴	特级					
1.2.2	车站北端双层暗挖车站主体下穿既有管线	K12+059.6~K12+110.4	车站下穿2400×1250的热力方沟，主体结构顶板与沟底最小距离约5.6m；φ1950电力，主体结构与管底最小竖向距离1.3m；φ900雨水，主体结构与管底最小竖向距离5.3m；φ1200上水，主体结构顶板与管底最小竖向距离4.4m	一级					
1.2.3	车站南端双层暗挖车站主体下穿人防通道	K11+987~K11+989	车站南端主体结构下穿既有2000×2200人防通道，人防通道为内净空2×2.3（宽×高）。车站主体结构顶与人防通道结构底最小间距为0.8m。人防环境风险较低，定为二级	一级					
1.2.4	车站换乘通道在既有1号线底板开洞	K12+036~K12+074	既有1号线军博站为两端两层，中间单层三跨钢筋混凝土结构，9号线车站通过2条换乘通道连接到既有1号线底板下，开洞后接到站台层	特级					

续表

序号	风险工程名称	位置、范围	风险基本状况描述	风险工程等级				备注
				工点设计单位申报	总体设计单位初审	建设单位规划设计部复审	建设单位技术委员会终审	
1.2.5	南明挖2号换乘厅邻近既有地铁1号线的军博站	K12+029.4～K12+042.6	南换乘厅与既有1号线基本平行，换乘厅结构外缘与既有车站结构外皮最小水平距离为8m	一级				
1.2.6	南明挖2号换乘厅邻近中国铝业大楼	K11+994.2～K12+006.35	中国铝业大楼为地上11层，地下2层框架结构，箱形基础。1号明挖换乘厅结构外缘距离中国铝业大厦11层楼水平最小距离为17m	二级				
1.2.7	1号临时施工通道邻近既有地铁1号线区间结构	K12+028.65～K12+042.5	1号临时施工通道与既有线区间结构呈9度夹角，临时施工通道端头结构外缘与既有1号线区间结构外皮最小水平距离为3.5m	一级				
1.2.8	1号单跨双层暗挖风道过新华社宿舍楼及地下通道	在风道直线段，K11+899.5～K11+924.5	1号风道与新华社宿舍楼角部斜交，楼房地面4层砖混结构，条形基础。风道结构角部最小水平距离为1.5m；风道结构与宿舍楼过街道斜交，风道结构外缘过街道结构底板竖向距离约5m，风道结构覆土约8.5m	一级				

续表

序号	风险工程名称	位置、范围	风险基本状况描述	风险工程等级				备注
				工点设计单位申报	总体设计单位初审	建设单位规划设计部复审	建设单位技术委员会终审	
1.2.9	2号单跨双层暗挖风道邻近热力方沟	K12+108.15~K12+131.35	2号暗挖风道邻近2400×1250的热力方沟，风道结构外缘距离方沟最小水平距离为1.8m，风道结构覆土约8.5m	一级				
1.2.10	2号暗挖出入口下穿热力方沟	2号出入口转弯段K12+032~K12+040.0	2号出入口暗挖段下穿2100×1800的热力方沟，最小距离约5.3m	二级				
1.2.11	5号暗挖出入口邻近恩菲科技大厦	K11+927.850~K11+973.250	恩菲科技大厦为地上10层、地下1层框架结构，筏板基础。出入口与10层大楼呈10度夹角，暗挖段结构外缘距离10层大楼外缘最小水平距离4.1m	一级				
n	×××区间							

注：1. 风险基本状况描述应包含车站或区间各主体和附属工程的风险基本状况描述，如基坑深度、隧道断面大小、地质状况、工程环境描述（含环境特征及其与轨道工程关系）等。

2. 各级审核需要给出审核意见。

工点设计单位编制人：　复核：　建设单位审核时间：　审核时间：

时间：　年　月　日　总体设计单位审核时间：　年　月　日

申报时间：　年　月　日　总体设计单位技术委员会终审时间：　年　月　日　建设单位规划设计部复审：　年　月　日　建设单位技术委员会终审：

附表 E-2　初步设计阶段九号线特、一级风险工程分级审批汇总表

总体设计单位：北京城建设计研究总院

序号	风险工程名称	位置、范围	风险基本状况描述	风险工程等级	设计标段及工点设计单位	备注
1	军事博物馆站	K11+927.850~K12+128.650	中部单层结构，两端双层结构的"端进式"暗挖车站，主体下穿既有线，下穿重要管物，邻近重要建筑	特级	04/×××	
1.1	自身风险工程					
1.1.1	车站北端双层暗挖车站主体	K12+067.300~K12+128.300	车站总长度为200.8m，标准段宽度为22.4m，底板埋深为23.73m，用中部分离岛式双层结构，两端形式拟采车站双层三跨结构，"PBA"法施工	一级	04/×××	
1.1.2	车站南端双层暗挖车站主体	K11+928.200~K12+041.300	车站总长度为200.8m，标准段宽度为22.4m，底板埋深为23.73m，用中部分离岛式双层结构，两端形式拟采车站双层三跨结构，"PBA"法施工	一级	04/×××	
1.2	环境风险工程					
1.2.1	车站中间单层暗挖车站主体下穿既有地铁1号线	K12+50.7~K12+61.3	主体结构下穿既有地铁1号线区间，既有区间结构为双层矩形钢筋混凝土结构，顶板厚0.75m，底板厚0.7m，侧端厚0.7m。新建结构与既有结构有结构紧贴	特级	04/×××	
1.2.2	车站北端双层暗挖车站主体下穿管线	K12+059.6~K12+110.4	车站下穿2400×1250的热力方沟，方沟顶板与主体结构顶底距离为5.6m；φ1950电力，主体结构顶板与管底最小竖向距离1.3m；φ900雨水，主体结构顶板与管底最小竖向距离5.3m；φ1200上水，主体结构顶板与管底最小竖向距离4.4m	一级	04/×××	
1.2.3	车站南端双层暗挖车站主体下穿人防通道	K11+987~K11+989	车站南端主体结构下穿既有2000×2200人防通道，人防通道为内净空2m×2.3m（宽×高）。车站主体结构顶与人防通道结构底最小间距为0.8m。人防通道结构底风险环境较低，定为二级	一级	04/×××	

续表

序号	风险工程名称	位置、范围	风险基本状况描述	风险工程等级	设计标段及工点设计单位	备注
1.2.4	车站换乘通道在既有1号线底板开洞	K12+036 K12+074	既有1号线军博站为两端两层，中间单层三跨钢筋混凝土结构。9号线车站通过2条换乘通道连接到既有1号线军博站底板下，开洞后接到站台层	特级	04/×××	
1.2.5	南明挖2号换乘厅邻近既有地铁1号线的军博站	K12+029.4～K12+042.6	南换乘厅与既有1号线基本平行，换乘厅结构外缘与既有车站结构外皮最小水平距离为8m	一级	04/×××	
1.2.6	1号临时施工通道邻近既有地铁1号线区间结构	K12+028.65～K12+042.5	1号临时施工通道与既有线区间结构呈9度夹角，临时施工通道端头结构与既有1号线区间结构外皮最小水平距离为3.5m	一级	04/×××	
1.2.7	1号单跨双层暗挖风道过新华社宿舍楼及地下通道	在风道直线段，K11+899.5～K11+924.5	1号风道与新华社宿舍楼角部相交，楼房地面4层砖混结构，条形基础。风道结构外缘与宿舍楼角部最小水平距离为1.5m；风道结构外缘距过街道结构底板竖向距离约5m，风道结构覆土约8.5m	一级	04/×××	
1.2.8	5号暗挖出入口邻近恩菲科技大厦	K11+927.850～K11+973.250	恩菲科技大厦为地上10层，地下1层框架结构，筏板基础。出入口与大楼呈10度夹角，暗挖段结构外缘距离10层大楼外缘最小水平距离4.1m	一级	04/×××	
n	×××区间					

注：风险基本状况描述应包含各车站或区间各主体和附属工程的风险基本状况描述、如工法、断面大小、基坑深度、地质状况、工程环境描述（含环境特征及其与轨道工程关系）等。

总体设计单位编制人：　　复核：　　时间：　年　月　日　　建设单位规划设计部审批：　　时间：　年　月　日

附表 E-3 施工图设计阶段九号线风险工程分级报审表

设计标段：04 标段　　工点名称：军事博物馆站　　工点设计单位：　　总体设计单位：北京城建设计研究总院

序号	风险工程名称	位置、范围	风险基本状况描述	风险工程等级					备注
				工点设计单位申报	总体设计单位初审	建设单位项目管理公司复审	建设单位技术委员会终审		
1	自身风险工程								
1.1	车站北端双层暗挖车站主体								
1.1.1	车站北端双层暗挖车站主体标准段	K12+081.95～K12+128.300	北端双层暗挖车站主体标准段宽22.4m，双层三跨结构，断面高15.65m，底板埋深23.73m，共开8个导洞，先开挖下导洞后开挖上导洞，先开挖边导洞后开挖中导洞，边桩比底板深5.65m	一级				
1.1.2	车站北端双层暗挖车站主体加宽段	K12+067.300～K12+081.95	北端双层暗挖车站主体加宽段有23.6、22.8、25.9m三种断面，双层三跨结构，断面高15.65m，底板埋深23.73m	一级				
1.2	车站中间单层暗挖车站主体	K12+041.300～K12+067.300	车站中间段长25.5m，拟采用双洞单拱直墙结构，CRD法施工，中间单洞每个洞净宽7.55m，洞间净距3.6m	三级				
1.2.1	车站南端双层暗挖车站主体	K11+928.200～K12+041.300	车站总长度为200.8m，标准段宽度为22.4m，底板埋深深为23.73m。车站形式拟采用中部分离岛式双层结构，两端拟采双层三跨结构，"PBA"法施工	一级				

续表

序号	风险工程名称	位置、范围	风险基本状况描述	风险工程等级				备注
				工点设计单位申报	总体设计单位初审	建设单位项目管理公司复审	建设单位技术委员会终审	
1.2.2	车站南端双层暗挖车站主体标准段	K11＋995.860～K12＋027.400	北端双层暗挖车站主体标准段宽22.4m，双层三跨结构，断面高15.65m，底板埋深23.73m，共开8个导洞，先开挖下导洞后开挖上导洞，边开挖边导洞后开挖中导洞，桩比底板深5.65m。接2、3号出入口	一级				
1.2.3	车站南端双层暗挖车站主体加宽段	K11＋928.200～K12＋067.300，K12＋027.4～K12＋041.300	北端双层暗挖车站主体加宽段有23.6、22.8、25.9m三跨断面，双层三跨结构，断面高15.65m，底板埋深23.73m	一级				
1.3	1号浅埋暗挖法施工的换乘通道	接3号出入口，在其东侧长121.3m						
1.3.1	1号浅埋暗挖法施工的换乘通道与车站主体合建段	接主体，长1.8m		三级				
1.3.2	1号浅埋暗挖法施工的换乘通道CA段	接主体，长4.25m	浅埋暗挖法施工，拱形结构断面为4.3m×5.95m	三级				
1.3.3	1号浅埋暗挖法施工的换乘通道CB段	接CA段8.9m	浅埋暗挖法施工人防段拱形结构断面为6.7m×6.95m	三级				
1.3.4	1号浅埋暗挖法施工的换乘通道CC段	接CB段77.222m	浅埋暗挖法施工水平直线段拱形结构断面4.3m×5.6m	三级				

续表

序号	风险工程名称	位置、范围	风险基本状况描述	风险工程等级				备注
				工点设计单位申报	总体设计单位初审	建设单位项目管理公司复审	建设单位技术委员会终审	
1.4	2号浅埋暗挖施工换乘通道	接4号出入口，在其东侧	换乘通道采用浅埋暗挖法施工，拱形结构，复合式衬砌	三级				
1.n								
2	环境风险工程							
2.1	车站中间单层暗挖下穿既有地铁1号线							
2.1.1	车站中间单层暗挖段主体下穿既有地铁1号线直接下穿段	K12+50.7~K12+61.3	既有区间双跨单层矩形钢筋混凝土结构4.12m×5.5m断面，顶板厚0.75m，底板厚0.7m，侧墙厚0.7m，新建结构双洞单拱直墙结构，CRD法施工，中间单洞每个洞净宽7.55m，洞间净距3.6m	特级				
2.1.2	车站中间单层暗挖段主体下穿既有地铁1号线两侧段	K12+041.300~K12+50.7，K12+61.3~K12+067.300	新建结构双洞单拱直墙结构，CRD法施工，中间单洞每个洞净宽7.55m，洞间净距3.6m	一级				
2.2	车站北端双层暗挖主体下穿管线							
2.2.1	车站北端双层暗挖主体下穿热力方沟	K12+108.15~K12+128.65	热力管沟2400×1250，主体结构顶板与沟底最小竖向距离约5.6m，北端双层暗挖车站主体标准段宽22.4m，双层三跨结构，断面高15.65m，底板埋深23.73m	一级				

续表

序号	风险工程名称	位置、范围	风险基本状况描述	风险工程等级				备注
				工点设计单位申报	总体设计单位初审	建设单位项目管理公司复审	建设单位技术委员会终审	
2.2.2	车站北端双层暗挖下穿电力管线	K12+100.59～K12+128.65	电力管线直径φ1950，主体结构顶板与管顶距离最小竖向距离1.3m，北端双层暗挖车站主体标准段宽22.4m，双层三跨结构，断面高15.65m，底板埋深23.73m	一级				
2.2.3	车站北端双层暗挖下穿雨水管线	K12+88.28	φ900雨水，主体结构顶板与管底最小竖向距离5.3m，北端双层暗挖车站主体标准段宽22.4m，双层三跨结构，断面高15.65m，底板埋深23.73m	一级				
2.2.4	车站北端双层暗挖下穿上水管线	K12+17.85～K12+86.76	φ1200上水，主体结构顶板与管底最小竖向距离4.4m，北端双层暗挖车站主体标准段宽22.4m，双层三跨结构，断面高15.65m，底板埋深23.73m	一级				
2.3	车站南端主体下穿人防通道	K11+987～K11+989	车站南端主体结构下穿既有2000×2200人防通道，人防通道为内净空2m×2.3m（宽×高）。车站主体结构顶与人防通道结构底最小间距为0.8m	一级				

续表

序号	风险工程名称	位置、范围	风险基本状况描述	风险工程等级				备注
				工点设计单位申报	总体设计单位初审	建设单位项目管理公司复审	建设单位技术委员会会终审	
2.4	车站换乘通道在既有1号线底板开洞							
2.4.1	车站1号暗挖换乘通道在既有1号线底板开洞	K12+074	既有1号线军博站为两层两端、中间单层三跨钢筋混凝土结构。1号换乘通道浅埋暗挖法施工，拱形结构，复合式衬砌，连接到既有1号线军博站底板下，开洞后接到站台层	特级				
2.4.2	车站2号暗挖换乘通道在既有1号线底板开洞	K12+036	既有1号线军博站为两层两端、中间单层三跨钢筋混凝土结构。1号换乘通道浅埋暗挖法施工，拱形结构，复合式衬砌，连接到既有1号线军博站底板下，开洞后接到站台层	特级				
2.5	南明挖邻近既有地铁1号线的军博站							
2.n								

注：1. 风险基本状况描述应包含车站或区间工点的主体或附属工程的各风险区段工程的风险基本状况描述，如基坑深度、断面大小、地质状况、工程环境描述（含环境特征及其与轨道工程关系状况）等。
2. 各级审核需要给出审核意见。

工点设计单位编制人：　　　　　申报时间：　　年　月　日　　总体设计单位审核：　　　　　审核时间：　　年　月　日　　建设单位项目管理公司

复审：　　　　时间：　　年　月　日　　建设单位技术委员会会终审时间：　　年　月　日

复核：　　　　　　年　月　日

工点设计单位审核：

附表 E-4　施工图设计阶段九号线风险工程分级审批汇总表

设计标段：04标段　工点名称：军事博物馆站　工点设计单位：
设计标段：04标段　　　　　　　　　　　总体设计单位：北京城建设计研究总院

序号	风险工程名称	位置、范围	风险基本状况描述	风险工程等级	备注
1	自身风险工程				
1.1	车站北端双层暗挖车站主体				
1.1.1	车站北端双层暗挖车站主体标准段	K12+081.95~K12+128.300	北端双层暗挖车站主体标准段宽22.4m，双层三跨结构，断面高15.65m，底板埋深23.73m，共开8个导洞，先开挖下导洞后开挖上导洞，先开挖边导洞后开挖中导洞，边桩比底板深5.65m	一级	
1.1.2	车站北端双层暗挖车站主体加宽段	K12+067.300~K12+081.95	北端双层暗挖车站主体加宽段有23.6m，22.8m，25.9m三种断面，双层三跨结构，断面高15.65m，底板埋深23.73m	一级	
1.2	车站中间单层暗挖车站主体	K12+041.300~K12+067.300	车站中间段长25.5m，拟采用双洞单拱直墙结构，CRD法施工，中间单洞每个洞净宽7.55m，洞间净距3.6m	三级	
1.3	车站南端双层暗挖车站主体	K11+928.200~K12+041.300	车站总长度为200.8m，车站形式拟采用中部分离岛式分离双层结构，两端双层三跨结构，"PBA"法施工	一级	
1.3.1	车站南端双层暗挖车站主体标准段	K11+995.860~K12+027.400	南端双层暗挖车站主体标准段宽22.4m，双层三跨结构，断面高15.65m，底板埋深23.73m，共开8个导洞，先开挖下导洞后开挖上导洞，先开挖边导洞后开挖中导洞，边桩比底板深5.65m，接2，3号出入口	一级	
1.3.2	车站南端双层暗挖车站主体加宽段	K11+928.200~K12+067.300，K12+027.4~K12+041.300	南端双层暗挖车站主体加宽段有23.6m，22.8m，25.9m三种断面，双层三跨结构，断面高15.65m，底板埋深23.73m	一级	

续表

序号	风险工程名称	位置、范围	风险基本状况描述	风险工程等级	备注
1.4	1号浅埋暗挖施工的换乘通道	接3号出入口，在其东侧长121.3m			
1.4.1	1号浅埋暗挖施工的换乘通道与车站主体合建段	接主体，长1.8m		三级	
1.4.2	1号浅埋暗挖施工的换乘通道CA段	接主体，长4.25m	浅埋暗挖施法施工，拱形结构断面为4.3m×5.95m	三级	
1.4.3	1号浅埋暗挖施工的换乘通道CB段	接CA段8.9m	浅埋暗挖施法施工人防段拱形结构断面为6.7m×6.95m	三级	
1.5	2号浅埋暗挖施工换乘通道	接4号出入口，在其东侧	换乘通道采用浅埋暗挖法施工、拱形结构、复合式衬砌	三级	
1.n					
2	环境风险工程				
2.1	车站中间层暗挖车站主体下穿既有地铁1号线				
2.1.1	车站中间层暗挖主体段下穿既有地铁1号线直接1号线下穿段	K12+50.7～K12+61.3	既有区间双跨单层矩形钢筋混凝土结构4.12m×5.5m断面、顶板厚0.75m、底板厚0.7m、侧墙厚0.7m，新建结构双洞单拱直墙结构，CRD法施工，中间洞每个洞净宽7.55m，洞间净距3.6m	特级	

续表

序号	风险工程名称	位置、范围	风险基本状况描述	风险工程等级	备注
2.1.2	车站中间单层暗挖段主体下穿既有地铁1号线两侧段	K12+041.300～K12+50.7，K12+61.3～K12+067.300	新建结构双洞单拱直墙结构，CRD法施工，中间单洞每个洞净宽7.55m，洞间净距3.6m	一级	
2.2	车站北端双层暗挖线				
2.2.1	车站北端双层暗挖主体下穿热力方沟	K12+108.15～K12+128.65	热力管沟2400×1250，主体结构顶板与沟底最小竖向距离约5.6m，北端双层暗挖主体标准段宽22.4m，双层三跨结构，断面高15.65m，底板埋深23.73m	一级	
2.2.2	车站北端双层暗挖主体下穿电力管线	K12+100.59～K12+128.65	电力管线直径ϕ1950，主体结构顶板与管底最小竖向距离1.3m，北端双层暗挖主体标准段宽22.4m，双层三跨结构，断面高15.65m，底板埋深23.73m	一级	
2.2.3	车站北端双层暗挖主体下穿雨水管线	K12+88.28	ϕ900雨水，主体结构顶板与管底最小竖向距离5.3m，北端双层暗挖主体标准段宽22.4m，双层三跨结构，断面高15.65m，底板埋深23.73m	一级	
2.2.4	车站北端双层暗挖主体下穿上水管线	K12+17.85～K12+86.76	ϕ1200上水，主体结构顶板与管底最小竖向距离4.4m，北端双层暗挖主体标准段宽22.4m，双层三跨结构，断面高15.65m，底板埋深23.73m	一级	

续表

序号	风险工程名称	位置、范围	风险基本状况描述	风险工程等级	备注
2.3	车站南端双层暗挖车站主体下穿人防通道	K11+987～K11+989	车站南端主体结构下穿既有2000×2200人防通道，人防通道为内净空2m×2.3m（宽×高）。车站结构与人防通道道底最小间距为0.8m	一级	
2.4	车站换乘通道在既有1号线底板开洞				
2.4.1	车站1号暗挖换乘通道在既有1号线底板开洞	K12+074	既有1号线军博站为两端两层，中间单层三跨钢筋混凝土结构、拱形结构。1号线换乘通道浅埋暗挖施工，复合式衬砌，连接到既有1号线军博站底板下，开洞后接到站台层	特级	
2.4.2	车站2号暗挖换乘通道在既有1号线底板开洞	K12+036	既有1号线军博站为两端两层，中间单层三跨钢筋混凝土结构、拱形结构。1号线换乘通道浅埋暗挖施工，复合式衬砌，连接到既有1号线军博站底板下，开洞后接到站台层	特级	
2.5	南明挖2号换乘厅邻近既有地铁1号线的军博站				
2.n					

注：风险基本状况描述应包含车站主体或区间工点的主体或附属工程的各风险区段工程的风险基本状况描述，如基坑深度、断面大小、地质状况、工程环境描述（含环境特征及其与轨道工程关系状况）等。

总体设计单位编制人：　　　　复核：　　　　　　建设单位项目管理公司审批：

时间：　年　月　日　　时间：　年　月　日　　时间：　年　月　日

附录 F 风险工程分级清单报审过程意见记录表

附表 F-1 风险工程分级清单报审过程意见记录表

设计阶段		设计标段	
工点设计单位		总体设计单位	
风险工程特点			

风险描述与分析
签字： 年 月 日

总体设计单位对风险分级的意见：
签字： 年 月 日

建设单位规划设计部/项目管理公司对风险分级的意见：
签字或盖章： 年 月 日

建设单位技术委员会对风险分级的意见：
签字或盖章： 年 月 日

注：逐级报审过程中各单位填写的对风险工程分级的具体意见包括风险等级的改变、风险调级的原因等。

五

轨道交通工程建设周边环境安全性评估指南

目　　录

1　总　　则

1.0.1　为配合轨道交通工程建设安全风险管理工作，明确安全风险评估的目的、对象及责任主体，规范安全风险评估的程序、内容、成果格式及管理流程等，制定本指南。

1.0.2　本指南根据国家、行业和北京市的有关法规及相关规范、标准、规程和指南，结合轨道交通工程建设的实际情况而制定，其他地方可参考使用。除应符合本指南规定外，尚应符合国家、行业及地方有关标准的规定。

1.0.3　轨道交通工程建设的安全风险评估工作应体现"分阶段、分等级、分对象"的基本原则，即面向不同阶段、不同等级、不同对象分别开展安全风险评估工作，满足轨道交通工程建设的实际需要。

1.0.4　本指南所做的各种审查、评估、论证等作为设计单位环境风险工程设计优化的参考依据，同时制定施工过程中第三方监控量测控制指标，但评估工作不替代岩土工程勘察和环境调查单位、总体设计单位、工点设计单位、监理单位、施工单位、第三方监测单位等各相关参建单位的相关技术责任。

1.0.5　本指南针对新建轨道交通工程建设项目的土建工程的环境安全风险评估管理工作。

1.0.6　环境安全风险评估应贯穿轨道交通工程建设的工程设计、施工过程和工后各阶段。

2　基　本　规　定

2.1　一般要求

2.1.1　本指南主要为轨道交通工程建设的特、一级环境风险工程和有特殊要求（指产权单位或建设方有评估要求）的其他等级环境风险工程中的既有线地铁、既有桥梁、既有建筑物的安全风险评估提供技术指导。

2.1.2　本指南对既有线地铁、既有桥梁、既有建筑物的安全风险评估工作分别进行规定。

2.1.3　本指南依据环境风险工程评估实施各阶段（即现状评估阶段、施工过程评估阶段、工后评估阶段）的不同特点和要求，分别从评估目的、评估对象、评估程序、评估工作内容、评估方法、评估成果及格式、评估管理流程等方面对环境安全风险评估工作进行规范。

2.1.4　环境安全风险评估的责任主体包括安全风险工程现状评估单位、设计单位和相关专业评估单位、施工单位。现状评估单位和相关专业评估单位原则上由环境风险工程产权单位或建设方推荐，由有相应资质、经验和能力的专业评估机构承担。对于没有工程先例或现场情况特别复杂的某些特级环境风险工程，宜通过招投标确定安全风险评估单位。

2.1.5　现状评估阶段、施工过程评估阶段、工后评估阶段的评估工作原则上应由同一单位分阶段完成。

2.1.6　环境安全风险评估工作是为风险工程设计服务的，但施工及第三方监测的控制指标应由设计单位综合考虑产权单位的建议给出。

2.1.7　当整个结构或结构的一部分超过某一特定状态而不能满足设计规定的某一功能要

求时，则此特定状态称为该功能的极限状态。结构的极限状态可分为两类：

第一类为承载能力极限状态，这种极限状态对应于结构或构件达到最大承载能力或不适于继续承载的变形；

第二类为正常使用极限状态，这种极限状态对应于结构或结构构件达到正常使用或耐久性能的某项规定限值。

2.1.8 既有结构或其构件的剩余抗力指标分为承载能力极限状态剩余抗力指标（结构或其构件处于承载能力极限状态时抵抗破坏或变形的能力）和正常使用极限状态剩余抗力指标（结构或其构件处于正常使用极限状态时抵抗破坏或变形的能力）。

2.2 安全风险评估的目的

2.2.1 评价新建轨道交通工程施工对既有地铁、桥梁和建筑物结构及运营安全和正常使用状态的影响，为环境风险工程设计及优化提供参考。

2.2.2 为既有线地铁、既有桥梁、既有建筑物的结构加固及轨道防护设计提供参考。

2.3 安全风险评估的依据及标准

2.3.1 评估依据

1 国家、地方、行业规范、规程和技术规定。

2 岩土工程勘察报告、现状调查报告。

3 环境风险工程的原设计竣工文件及维护记录。

4 安全风险设计文件。

5 评估工作委托书或合同。

2.3.2 参考规范、规程及标准

1 轨道交通工程设计所采用的各种规范，包括各类结构设计规范、施工与验收规范、基坑支护设计规范、抗震设计规范等。

2 环境风险工程变形保护设计采用的各种规范，包括各类结构设计规范、基础设计规范、耐久性设计规范或规定等。

2.3.3 行业管理文件及规定

1 建设单位下发的管理文件及管理规定等。

2 环境风险工程产权单位提供的相关要求或规定等。

3 专家咨询及评审意见等。

3 现 状 评 估

3.1 一般规定

3.1.1 现状评估是指在环境调查的基础上，由建设单位委托现状评估单位对环境风险工程的现状进行进一步的调查和检测，并进行适当的计算分析，从而评估环境风险工程的剩余抗力指标（含剩余抗变形能力、剩余承载能力等）。

3.1.2 剩余抗力指标的确定原则上需要由环境风险工程的产权单位、原设计单位共同参

与确定。

3.1.3 现状评估在环境风险工程详细调查的基础上、重点调查完成之后进行。

3.1.4 现状评估单位对现状评估成果报告内容、现状评估结论及剩余抗力指标的确定负有相关技术责任。

3.2 现状评估的目的

3.2.1 为环境风险工程施工图设计服务。

3.2.2 为施工过程评估和工后评估提供参考。

3.2.3 为环境安全风险工程的安全责任界定提供依据。

3.3 现状评估的对象

3.3.1 现状评估的对象为轨道交通工程建设的特、一级环境风险工程和有特殊要求（指产权单位或建设方有评估要求）的其他等级环境风险工程中的既有线地铁、既有桥梁、既有建筑物。评估范围、对象的具体确定方法参考"轨道交通工程建设风险设计控制指南"（见本书第 109 页）。

3.3.2 现状评估对象的确定需由工点设计单位提出，总体设计单位核实，并上报建设单位项目管理公司审核、备案。

3.4 现状评估的程序

环境风险工程现状评估的程序如图 1 所示。

3.5 现状评估的工作内容

环境风险工程现状评估的工作内容包括现状调查、检测和结构安全性分析评估两个方面内容。

3.5.1 调查、检测内容

环境风险工程调查评估单位依据工点设计单位关于现状评估的内容要求（需上报建设单位项目管理公司审核、备案）和工程实际情况及环境风险工程的重要程度，分等级、分对象，确定现状调查、检测和评估的项目、内容及范围。现状调查、检测方案的制订可参考国家、行业相关规范、标准及当地有关规定，并综合考虑工程实际情况及环境风险工程的特点，其内容主要包括以下方面：

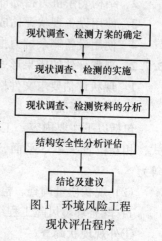

图 1　环境风险工程
现状评估程序

1 结构的外观：混凝土的表面情况（开裂、脱皮）、钢筋外露、渗漏情况。

2 混凝土内部情况：混凝土的强度、混凝土的密度、钢筋锈蚀、碳化深度、保护层厚度、碱骨料反应、氯离子含量等。

3 结构既有变形：沉降缝两侧差异沉降、结构既有倾斜、挠曲。

4 轨道结构调查：轨道线路平面及纵断面现状测量、轨道维修养护现状、轨枕及扣件的完好情况、钢轨扣件的调整情况、整体道床的裂缝情况等。

3.5.2 结构安全性分析评估内容

依据现状调查、检测成果，兼顾结构承载能力和正常使用要求，同时参考类似工程经验，现状评估单位对环境风险工程结构的剩余抗力指标进行分析和计算，从而得到现状评估成果文件。现状评估成果的内容应包括以下几个方面：

1 结构质量现状评估。

2 结构剩余抗力指标的评估。

3 使用设备现状评估。

4 使用设备剩余抗力指标的评估。

3.6 现状评估的方法

3.6.1 现状评估的方法包括现状调查、检测、必要的结构安全性计算分析、工程类比、模型试验、现场试验及专家经验。

3.6.2 计算分析的目的是为了求取结构的剩余抗力指标。现状评估单位应会同环境风险工程原设计单位、新建轨道交通工程工点设计单位分别以结构承载能力极限状态（以材料强度控制）和正常使用极限状态（以裂缝宽度控制）时的内力为判断标准，通过结构的预测变形曲线多次试算得出该状态结构抗变形能力指标。

3.7 现状评估的成果及格式

3.7.1 现状评估的成果包括：

1 结构质量现状评估成果。

2 结构剩余抗力指标评估成果。

3 使用设备现状评估成果。

4 使用设备剩余抗力指标评估。

3.7.2 现状评估的成果形式为：

1 现状评估要求文件格式

（1）工程概况

包括以下主要内容：工程名称、新建轨道工程结构形式、既有环境风险工程的结构形式、相互位置关系（平面、剖面）、相互位置关系图、关键部件的位置（沉降缝、桩基等）。

（2）现状质量调查、检测内容

1）既有环境风险工程结构

①外观现状调查。

②结构现状检测。

③工前沉降检测。

2）既有环境风险工程涉及的使用设备（轨道、电梯等）

①轨道线路平面及纵断面现状测量。

②轨道维修养护现状：轨距、水平、高低、平顺情况。

③轨枕及扣件的完好情况。

④钢轨扣件的调整情况。

（3）现状调查、检测范围

1）混凝土强度检测（抗压强度试验）的取芯试件组数建议。

2）混凝土保护层厚度和碳化深度的检测建议。

3）结构及轨道现状调查范围建议。

（4）结构剩余抗力指标评估结论

（5）使用设备剩余抗力指标评估

2 现状评估报告文件格式

（1）工程概况

（2）结构、使用设备质量现状评估成果

1）现状调查成果

除常规调查项目外，还应包括结构工前荷载效应（如工前沉降、工前受力状态等）调查成果、使用设备工前荷载效应（如工前变形、工前受力状态等）调查成果。

2）现状检测成果

现状检测成果格式见表1。

表1 现状检测成果格式

工程名称	
委托单位	
设计单位	
检测项目	
检测范围	
一、检测依据	
二、检测内容及方法	
三、检测结果	
检测仪器及设备：	
检测日期：	
参加检测人员：	
结构检测结论：	
主检人：_____	审核人：
校对人：_____	批准人：

3）结构剩余抗力指标评估成果

格式如下：

①评估范围。

②评估内容。

③评估依据。

④既有结构的现状评估。

a. 评估方法。

b. 计算假定。

c. 计算模型。

d. 计算参数选取。

e. 计算工况。

f. 计算结果分析。

⑤既有结构剩余抗力指标。

⑥特殊结构剩余抗力指标。

⑦建议。

4）使用设备剩余抗力指标评估。

5）现状评估结论。

3.8 现状评估的管理流程

3.8.1 环境风险工程现状评估的管理流程

1 轨道交通工程建设安全风险评估对象的确定应在初步设计完成后，由工点设计单位在综合考虑新建轨道交通工程与环境风险工程的相互位置关系、风险等级、重要程度及环境风险工程产权单位具体要求的基础上提出建议，并逐级报请总体设计单位和建设单位项目管理公司进行审核后，形成《安全风险评估项目清单》。

2 评估所属工程的工点设计单位应积极配合建设单位项目管理公司，及时向现状评估单位提供评估所需的基础资料和设计文件，并依据工程实际情况及环境风险工程的重要程度，分等级、分对象，确定现状调查、检测和评估的项目、内容及范围，提出正式的《现状评估内容及深度要求》，作为评估工作的依据。

3 现状评估单位应依据工点设计单位提出的评估内容及深度要求，确定现状调查、检测与评估的范围，并制定相应的《环境风险工程现状评估大纲》，报请环境风险工程产权单位和建设单位项目管理公司审核、备案，经批准后，进入现状调查、检测和评估阶段。

4 依据现状调查、检测成果，现状评估单位对环境风险工程的结构进行分析和计算，形成《环境风险工程现状评估报告》，报送总体设计单位、建设单位技术委员会或项目管理公司及环境风险工程产权单位，以专家评审会的形式进行审核，会议应邀请工程参建各方、环境风险工程产权单位及政府管理部门参加，会议形成会议纪要及专家意见。审查通过后，提交建设单位项目公司备案。

3.8.2 环境风险工程现状评估管理流程图如图 2 所示。

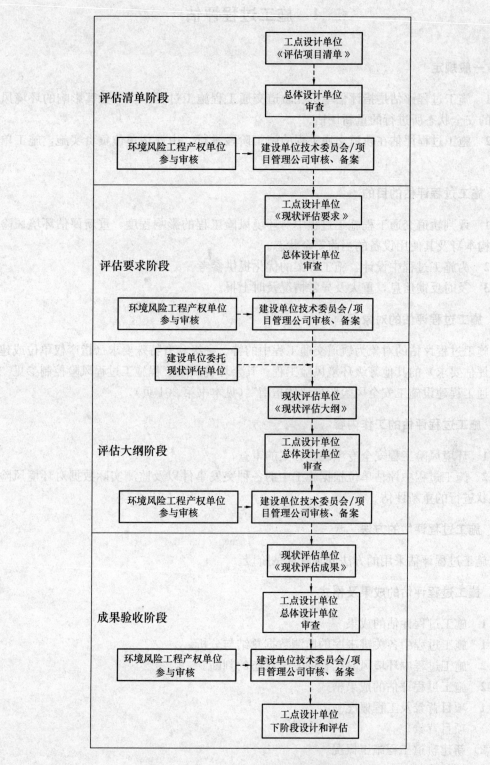

图 2　环境风险工程现状评估管理流程图

4 施工过程评估

4.1 一般规定

4.1.1 施工过程评估是指评估单位在轨道交通工程施工过程中，对受其影响的环境风险工程的安全状态所进行的重新评估。

4.1.2 施工过程评估在轨道交通工程的施工阶段进行，由评估单位负责实施，施工单位协助。

4.2 施工过程评估的目的

4.2.1 评判轨道交通工程施工过程中对环境风险工程的影响程度，重新评估环境风险工程结构本身及其使用设备的当前安全状态。

4.2.2 为施工过程中设计、施工方案的优化提供参考。

4.2.3 及时反馈信息，重大及异常情况及时上报。

4.3 施工过程评估的对象

施工过程评估的对象为轨道交通工程中的特、一级和有特殊要求（指产权单位或建设方有评估要求）的其他等级环境风险工程。其余环境风险工程施工过程风险控制参见"轨道交通工程建设施工安全风险监控评估指南"（见本书第 201 页）。

4.4 施工过程评估的工作内容

4.4.1 环境风险工程安全专项施工方案的审查；

4.4.2 施工过程中评估单位根据施工中的各种突发事件以及监测实际数据对环境风险工程现状进行的重新评估。

4.5 施工过程评估的方法

施工过程评估采用的方法同现状评估阶段。

4.6 施工过程评估的成果及格式

4.6.1 施工过程评估的成果
  1 施工过程中各关键工序的监测数据总结与分析。
  2 施工过程中环境风险工程的安全状态的判断。
4.6.2 施工过程评估的成果格式
  1 项目背景及工程概况
  1）项目背景。
  2）新建轨道工程施工概况。
  2 评估范围
  3 评估内容

4 评估依据

1）参照规范。

2）勘测、设计资料。

3）监测资料。

5 施工过程中的安全性评估

1）结构监测数据的总结。

2）使用设备监测数据的总结。

3）监测数据的分析。

4）环境风险工程的安全状态判断。

6 环境风险工程设计方案的实际效果评价

7 施工工艺和施工工序评价

8 建议

4.7 施工过程评估的管理流程

4.7.1 环境风险工程施工过程评估的管理流程

1 施工期准备阶段若发生涉及评估工程的补充勘察或环境补充调查，建设单位应及时向工点设计单位或相关专业评估单位提供最新的报告文件，工点设计单位或相关专业评估单位应根据补充勘察或环境补充调查成果对环境风险工程评估工作进行修改、补充或完善，以《环境风险工程施工过程评估报告——补充文件》的形式报送工程各管理部门和参建单位。

2 施工过程中，施工单位应严格按照"轨道交通工程建设风险工程设计控制指南"（见本书第109页）中的监控量测控制标准进行控制，并与第三方监测单位相互配合，对环境风险工程的安全状态进行实时跟踪，对监控量测数据和信息进行科学的分析和反馈，同时以《环境风险工程日常分析报告》的形式将环境风险工程监测数据及安全状态判定结果上报。

3 具体信息报送程序参见"轨道交通工程建设施工安全风险监控预警、消警及信息报送管理办法"（本书第339页）。

4 施工过程中，评估对象监控量测数据发生异常或预警情况时，施工单位和第三方监测单位协助评估单位应对环境风险工程的安全状态进行实时分析和判断，同时以《环境风险工程施工过程评估报告》的形式，报送总体设计单位、建设单位技术委员会或建设单位项目管理公司及环境风险工程产权单位，以专家评审会的形式进行审核，会议应邀请工程参建各方、环境风险工程产权单位及政府管理部门参加，会议形成会议纪要及专家意见。审查通过后，提交项目公司备案。

4.7.2 环境风险工程施工过程评估管理流程图如图3所示。

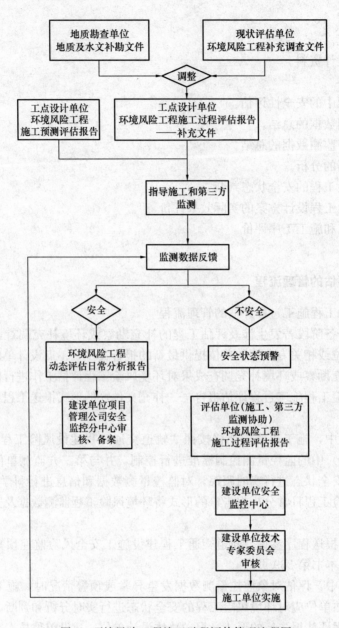

图 3 环境风险工程施工过程评估管理流程图

5 工 后 评 估

5.1 一般规定

5.1.1 工后评估是根据轨道交通工程施工后的实际情况，对受其施工影响的环境风险工程进行现状调查、检测和必要的分析评价，从而评估环境风险工程当前的安全状态。

5.1.2 工后评估一般情况下由建设单位组织有相应资质或经验的评估单位进行调查评估（原则上与现状评估阶段相同），施工单位协助。

5.1.3　工后评估在轨道交通工程的施工阶段后期、工程验收前且环境风险工程变形稳定后进行。

5.1.4　环境风险工程工后评估的对象由建设单位确定，并需充分征询环境风险工程产权单位、参建单位及政府相关管理部门的意见。

5.2　工后评估的目的

5.2.1　判断轨道交通工程施工后，环境风险工程的安全状态。

5.2.2　比较轨道交通工程施工前后，环境风险工程安全状态的变化情况。

5.2.3　判断轨道交通工程施工后，环境风险工程是否须采取加固措施，为工后恢复设计和施工处理提供依据。

5.3　工后评估的对象

　　受轨道交通工程建设影响的各类环境风险工程符合下列情况之一时，需进行工后评估：

5.3.1　当建设单位、其他参建单位环境风险工程产权单位及政府相关管理部门有工后评估要求时；

5.3.2　监测数据达到或超过控制指标时，且影响程度较大，降低了环境风险工程的正常使用功能时。

5.4　工后评估的程序

　　环境风险工程工后评估的程序见图 4。

5.5　工后评估的工作内容

5.5.1　依据既有线地铁、既有桥梁、既有建筑物的原设计相关规范、规程及现行相关规范、规程对既有线地铁、既有桥梁、既有建筑物进行全面的现状调查。

5.5.2　对新建轨道交通工程所有监测数据进行深入分析，结合工后现状调查成果，通过必要的计算分析，得出环境风险工程当前状态的安全系数。通过与原设计安全系数进行比较分析，评判环境风险工程工后修复的必要性。

5.5.3　对工后修复的技术可行性以及经济合理性做出分析和评价，从而提出加固修复的范围、内容及措施建议。

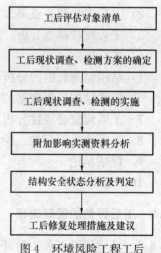

图 4　环境风险工程工后
评估流程图

5.6　工后评估的方法

5.6.1　工后评估的方法包括调查、检测以及必要的计算分析，具体同现状评估阶段。

5.6.2　提供环境风险工程结构受新建轨道交通工程施工影响后的安全状态的建议。

5.7　工后评估的成果及格式

5.7.1　工后评估的成果

　　环境风险工程工后评估的成果主要包括：

1 工后现状调查、检测成果。

2 工后修复的必要性判断。

3 工后修复可行性、经济合理性分析。

4 拟采取的加固措施建议。

5.7.2　工后评估的成果格式

　　成果格式主要包括：

1 项目背景及工程概况

1）项目背景。

2）新建轨道工程施工概况。

2 评估范围

3 评估内容

4 评估依据

1）参照规范。

2）勘测、设计资料。

3）监测资料。

5 工后现状调查成果及分析

1）工后现状调查项目。

2）工后现状调查成果。

3）工后现状调查分析。

6 工后评估

1）结构监测数据的分析。

2）特殊结构监测数据的分析。

7 工后修复必要性分析

8 工后修复可行性、经济合理性分析

9 评估结论

10　建议

5.8　工后评估的管理流程

5.8.1　环境风险工程工后评估的管理流程

　　工后评估的时机应选择在新建轨道交通工程施工完成后一定时间内进行，此时环境风险工程的变形应趋于稳定。

　　1 土建工程施工完成后，施工单位及第三方监测单位会同建设单位项目公司安全风险监控管理分中心、总体设计单位、工点设计单位对评估工程的监控量测数据和信息进行分析和判断，并综合考虑环境风险工程产权单位和政府相关管理部门的意见，确定环境风险工程是否需进行工后安全性评估，经项目公司汇总后以《环境风险工程工后评估清单》的形式报送建设单位项目管理公司审批并确定进行工后评估的对象。

　　2 工后安全风险评估之前需对环境风险工程进行工后现状调查，形成《环境风险工程工后调查报告》。

3 专业评估单位应以环境风险工程监控量测数据和《环境风险工程工后调查报告》为基础，结合原有评估成果（《环境风险工程现状评估报告》、《环境风险工程施工过程评估报告》）进行工后安全性评估，《环境风险工程工后评估报告》应逐级报送工点设计单位、总体设计单位、建设单位项目管理公司及环境风险工程产权单位，并以专家评审会的形式进行审核、备案。

4 经环境风险工程产权单位同意和专家评审后，工点施工单位负责组织和落实工后评估提出的结构恢复技术方案的设计和实施。

5.8.2 环境风险工程工后评估管理流程图如图 5 所示。

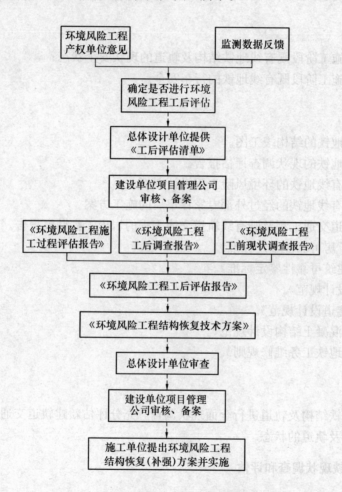

图 5 环境风险工程工后评估管理流程图

既有线地铁、既有桥梁、既有建筑物等三类环境风险工程安全风险评估各阶段的目的、对象、程序、工作内容、方法、成果、管理流程等参照附录 A "既有线地铁安全风险评估要点"、附录 B "既有桥梁安全风险评估要点"和附录 C "既有建筑物安全风险评估要点"进行。

附录 A　既有线地铁安全风险评估要点

既有线地铁指新建地铁线路施工前土建已修建完成的地铁线路。

A.1　评估范围

根据工程具体特点，结合目前的工程经验，由评估单位会同既有线地铁产权单位及工点设计单位共同确定。

A.2　评估目的

（1）评价各施工阶段既有线地铁结构及轨道的现状安全状态；

（2）评价各施工阶段既有线地铁的行车安全。

A.3　评估依据

（1）既有线地铁的结构竣工图。

（2）既有线地铁的现状调查评估报告。

（3）针对既有线地铁的环境风险工程设计图纸。

（4）针对既有线地铁的经过外部专家评审后的施工方案。

（5）新建轨道交通工程及既有线轨道交通工程的岩土工程勘察报告。

（6）《工业厂房可靠性鉴定标准》。

（7）《民用建筑可靠性鉴定标准》。

（8）《地铁设计规范》。

（9）《铁路隧道设计规范》。

（10）《钢筋混凝土结构设计规范》。

（11）《北京地铁工务维修规则》。

A.4　评估内容

对既有线地铁结构及轨道进行全面现状调查，充分评估新建轨道交通工程施工各阶段既有线地铁结构及轨道的状态。

A.5　既有线地铁现状调查和评估

A.5.1　既有线地铁现状调查与评估目的

1　判断既有线地铁结构的安全程度，对安全隐患进行及时治理，确保既有线地铁结构安全和运营安全。

2　通过对既有线地铁的检测以及计算分析，对既有线地铁当前的工作状态和抵抗附加变形能力做出评估，并给出既有线地铁结构的抗变形能力指标值。

3　为制定施工对既有线地铁的附加影响控制标准即设计、施工方案提供依据。

A.5.2　既有线地铁现状评估内容及范围

既有线地铁现状评估内容及范围包括：既有线地铁的结构、限界、线路、轨道和防水等方面调查、主体混凝土、道床混凝土外观及质量评估等，最终得出量化的既有线地铁抵抗附加变形和荷载的能力以及安全运营要求的其他条件。

A.5.3 既有线地铁现状调查内容

（1）原设计图和竣工图及历次加固和改造设计图、事故处理报告、竣工验收文件和检查观测记录。

（2）原始施工资料。

（3）既有线地铁的使用条件。

（4）根据已有的资料与实物进行初步核对、检查和分析。

（5）地层调查。

（6）车辆限界、设备限界和建筑限界的调查。

（7）线路的调查。

（8）轨道的调查。

A.5.4 既有线地铁现状检测和评估

（1）混凝土强度检测。

（2）衬砌厚度检测。

（3）混凝土保护层厚度及碳化深度检测。

（4）混凝土外观及裂缝检查。

（5）既有线地铁车站梁柱构件钢筋扫描检测。

（6）氯离子含量的检测和评价。

（7）碱含量的测试。

（8）钢筋锈蚀测试。

（9）结构极限承载能力评估。

（10）轨道结构现状评估。

（11）既有线地铁断面的允许净空变化。

（12）变形缝的调查与评估。

A.6 既有线地铁的施工中的影响评估

在施工单位严格执行环境风险工程设计提出的相应技术措施的前提下，评估单位根据施工中的各种突发事件以及监测实际数据对既有线地铁现状进行的重新评估。

A.7 既有线地铁的工后评估

遇下列情况之一时，应进行工后评估：

（1）当运营单位或产权单位有特殊要求时。

（2）实际施工监测超过给定控制值的。

（3）当新建轨道交通工程施工完成后，降低了既有线地铁的正常使用功能时。

（4）当新建轨道交通工程施工完成后，对既有线地铁的耐久性造成较严重损伤时。

工后评估的时机应选择在新建轨道交通工程施工完成后一定时间内进行，此时既有线地铁的变形应趋于稳定。

工后评估的内容包括：

（1）工后评估单位对既有线地铁进行全面的现状调查。

（2）对新建轨道交通工程所有监测数据进行深入分析，结合工后现状调查成果，得出既有线地铁当前状态的安全系数。通过与原设计安全系数进行比较分析，评判既有线地铁工后修复的必要性。

（3）对工后修复的技术可行性以及经济合理性做出分析和评价，从而提出加固修复的范围、内容及措施建议。

附录 B　既有桥梁安全风险评估要点

既有桥梁指新建地铁线路施工前土建已修建完成的轨道交通工程邻近的城市公路立交桥、跨河桥、人行过街天桥、城市铁路桥梁等。

B.1　评估范围

根据工程具体特点，结合目前的工程经验，由评估单位会同既有桥梁产权单位及工点设计单位共同确定。

B.2　评估目的

（1）评价各施工阶段既有桥梁（含城市铁路桥梁）结构及城市铁路桥梁轨道的现状安全状态。

（2）评价各施工阶段城市铁路桥梁的行车安全。

B.3　评估依据

（1）既有桥梁结构的竣工图。

（2）既有桥梁的现状调查评估报告。

（3）针对既有桥梁的环境风险工程设计图纸。

（4）针对既有桥梁的经过外部专家评审后的施工方案。

（5）新建轨道交通工程及既有桥梁工程的岩土工程勘察报告。

（6）《地铁设计规范》。

（7）《铁路隧道设计规范》。

（8）《铁路隧道设计规范》。

（9）《建筑结构荷载规范》。

（10）《钢筋混凝土结构设计规范》。

（11）《公路桥涵设计通用规范》。

（12）《公路钢筋混凝土及预应力混凝土桥涵设计规范》。

（13）《城市桥梁设计荷载标准》。

（14）《城市桥梁设计准则》。

（15）《城市人行天桥与人行地道技术规范》。

B.4　评估内容

对既有桥梁结构及轨道进行全面现状调查，充分评估新建轨道交通工程施工对既有桥梁的结构安全及轨道运营的影响，并对既有桥梁保护环境风险工程设计提出合理化的改进建议。

B.5　既有桥梁现状调查和评估

B.5.1　既有桥梁现状调查与评估目的

1　判断既有桥梁结构的安全程度，对安全隐患进行及时治理，确保既有桥梁结构安全和运营安全。

2　通过对既有桥梁的检测以及计算分析，对既有桥梁当前的工作状态和抵抗附加变形能力做出评估，并给出既有桥梁结构的抗变形能力指标值。

3　为制定施工对既有桥梁的附加影响控制标准即设计、施工方案提供依据。

B.5.2　既有桥梁现状评估内容及范围

既有桥梁现状评估内容及范围包括：既有桥梁调查、外观及质量评估、桩基工前沉降评估、桥梁结构抵抗附加变形能力与安全度、轨道和防水等方面，结合桥梁上部结构型式（简支梁或连续梁）以及桥梁结构主要构件（盖梁、主梁等）的承载能力，进行有关计算分析，最终得出量化的既有桥梁抵抗附加变形能力和极限承载能力，提出邻近桥梁墩台基础顺桥向和横桥向的极限差异沉降值，以及安全运营要求的其他条件。

选择评估的内容包括：桥梁静载试验结果评定、桥梁动载试验结果评定。

B.5.3　既有桥梁现状调查内容及成果

1　调查内容

（1）原设计图和竣工图及历次加固和改造设计图、事故处理报告、竣工验收文件和检查观测记录。

（2）原始施工资料、变更洽商记录、养护资料。

（3）咨询相关人员，如设计负责人、施工技术负责人、竣工资料整理时的制图人等。

（4）既有桥梁的使用条件。

（5）根据已有的资料与实物进行初步核对、检查和分析。

（6）地层调查。

（7）桥梁基本信息（包括桥梁的位置、宽度和长度；上部结构材料、型式和跨度；下部结构材料、型式和尺寸；承台材料、型式和尺寸；桩的材料、长度、直径和布置）。

（8）线路的调查。

（9）道的调查。

2　调查成果

（1）桥梁总平面图

显示桥梁上部结构与地铁结构在水平面上投影的相对位置关系，桥墩编号，承台在水平面上投影的形状和尺寸并注明其厚度和埋置深度，桩在水平面上投影的位置并注明其长度和直径。

必要时还可以附以邻近桥基统计表格，显示桥基的轴位、编号、规格（直径、长度、宽度)、基础底标高等。

（2）关键横断面图

显示横断面上桥桩和地铁结构之间的相对空间距离。

（3）纵断面图

显示桥梁桩基础在桥梁纵向的分布情况。

B.5.4　既有桥梁现状检测和评估

1　既有桥梁现状检测内容

（1）桥梁主体结构的裂缝状况

对所有裂缝均应检查，并测量裂缝的位置、方向及延伸长度以及主要裂缝的最大宽度和深度。

（2）桥梁主体结构的破损位置、形状、尺寸等

（3）桥梁附属结构（支座以及其他附属设施）的破损状况

（4）混凝土强度检测

混凝土强度检测可视现场情况采用回弹法或超声回弹综合法进行检测，必要时需取芯进行修整。

（5）混凝土碳化深度检测

（6）钢筋位置及混凝土保护层厚度检测

（7）钢筋应力

2　既有桥梁现状评估内容

（1）桥梁结构材料性能劣化情况评估。

（2）桥基既有沉降及相邻桥基的差异沉降、桥墩倾斜。

（3）桩基承载状态与安全度评估。

（4）桥梁结构承载能力及抗变形能力评估。

（5）轨道结构现状评估（针对城市铁路桥梁）。

B.6　既有桥梁在新建轨道交通工程施工中的影响评估

在施工单位严格执行环境风险工程设计提出的相应技术措施的前提下，评估单位根据施工中的各种突发事件以及监测实际数据对既有桥梁（含城市铁路桥梁）现状进行的重新评估。

B.7　既有桥梁的工后评估

遇下列情况之一时，应进行工后评估：

（1）当运营单位或者产权单位有特殊要求时。

（2）当监测数据达到或超过控制指标时，且影响程度较大，降低了环境风险工程的正常使用功能时。

工后评估的时机应选择在新建轨道交通工程施工阶段后期、工程验收前且既有桥梁的变形应趋于稳定。

工后评估的内容包括：

（1）工后评估单位对既有桥梁进行全面的现状调查。

（2）对新建轨道交通工程所有监测数据进行深入分析，结合工后现状调查成果，得出既有桥梁当前状态的安全系数。通过与原设计安全系数进行比较分析，评判既有桥梁工后修复的必要性。

（3）对工后修复的技术可行性以及经济合理性做出分析和评价，从而提出加固修复的范围、内容及措施建议。

附录 C 既有建筑物安全风险评估要点

既有建筑物是指新建轨道交通工程施工前已经施工完毕或正在使用的既有的各种工业与民用建筑物。

C.1 评估范围

根据工程具体特点，结合目前的工程经验，评估单位应根据新建工程与建筑基础的相对位置关系（平面位置、垂直关系、水平关系）、同时考虑新建工程的沉降槽、地基压力扩散角（参考《建筑地基基础设计规范》（GB 50007－2002）5.2 节规定及相关条文说明）、基础形式及埋深、上部结构形式、高度等关键要素和变形缝、主体高层与裙房结合处等关键部位综合确定评估范围，评估范围尽量全面，并能保证达到有效了解变差异沉降变形及建筑物倾斜的目的。

附表 C-1 地基压力扩散角

E_{S1}/E_{S2}	z/b	
	0.25	0.50
3	6°	23°
5	10°	25°
10	20°	30°

注：1 E_{S1} 为上层土压缩模量；E_{S2} 为下层土压缩模量；

2 $z/b<0.25$ 时取 $\theta=0°$，必要时，宜由试验确定；$z/b>0.50$ 时 θ 不变。

C.2 评估目的

（1）评价轨道交通工程施工附加变形对既有建筑物结构的影响。

（2）新建轨道交通工程施工完成后综合评价其对既有建筑物结构的影响。

（3）提出轨道交通工程施工的沉降控制指标。

（4）对既有建筑物保护环境风险工程设计提出合理化建议。

（5）为既有建筑物保护的工后修复及轨道防护提供依据。

C.3 评估依据

（1）既有建筑物结构的竣工图。

（2）既有建筑物的现状调查评估报告。

（3）针对既有建筑物的环境风险工程设计图纸。

（4）针对既有建筑物的经过外部专家评审后的施工方案。

（5）新建轨道交通工程及既有建筑物工程的岩土工程勘察报告。

（6）《地铁设计规范》。

（7）《铁路隧道设计规范》。

（8）《建筑结构荷载规范》。

（9）《混凝土强度检验评定标准》。

（10）《混凝土结构设计规范》。

（11）《混凝土结构耐久性评定标准》。

（12）《高层建筑混凝土结构技术规程》。

（13）《建筑结构抗震规范》。

（14）《钢结构设计规范》。

C.4 评估内容

对既有建筑物结构进行全面现状调查，充分评估新建轨道交通工程施工对既有建筑物的结构安全的影响，并对既有建筑物保护环境风险工程设计提出合理化的改进建议。

C.5 既有建筑物现状调查和评估

C.5.1 既有建筑物现状调查与评估目的

1 判断既有建筑物结构的安全程度，对安全隐患进行及时治理，确保既有建筑物结构安全。

2 通过对既有建筑物的调查、检测及计算分析，对既有建筑物当前的工作状态和抵抗附加变形能力做出评估，并给出既有建筑物结构的抗变形能力指标值。

3 为制定施工对既有建筑物附加影响控制标准及设计、施工方案提供依据。

C.5.2 既有建筑物现状评估内容及范围

既有建筑物现状评估内容及范围包括：既有建筑物的结构、限界和防水等方面调查、主体混凝土外观及质量评估等，最终得出量化的既有建筑物抵抗附加变形和荷载的能力。

C.5.3 既有建筑物现状调查内容

1 建筑概况：

包括建筑名称和用途，使用单位与管理单位；建筑平面、立面尺寸，层数、层高，底层标高，地下室情况，竣工时间。收集地质勘察报告、结构图、施工图、设计变更资料、已有调查结果等。

2 建筑结构：

承重结构型式、材料，附属结构情况，基本柱距/开间尺寸（m），结构布局与结构形式，圈梁、支撑布置等结构基本情况，基础的工作状态（老化、腐蚀）评价。

3 建筑现状：

裂缝开展宽度、刚度退化和碳化深度情况（采用进模态检测方法），是否危房或者有部分构件危险。

4 建筑与轨道交通工程结构空间位置关系，绘制建筑物平面、立面以及与轨道交通工程结构关系示意图，要求包含地质剖面、土层参数和地下水位。

　　5　建筑现有水平位移、沉降、差异沉降、倾斜与角扭。

C.5.4　既有建筑物现状检测内容

　　（1）混凝土强度检测。

　　（2）衬砌厚度检测。

　　（3）混凝土保护层厚度及碳化深度检测。

　　（4）混凝土外观及裂缝检查。

　　（5）碱含量的测试。

　　（6）钢筋锈蚀测试。

　　（7）结构极限承载能力评估。

　　（8）变形缝的调查与评估。

C.5.5　既有建筑物现状评估

　　根据上述对建筑上部结构和基础的现状外观、工作状态等检测和分析，对建筑的现状进行评估，推断建筑剩余寿命、剩余抗力、剩余允许变形和地基基础剩余允许承载力。

C.6　既有建筑物的施工中的影响评估

　　在施工单位严格执行环境风险工程设计提出的相应技术措施的前提下，评估单位根据施工中的各种突发事件以及监测实际数据对既有建筑物现状进行的重新评估。

C.7　既有建筑物的工后评估

C.7.1　遇下列情况之一时，应进行工后评估：

　　（1）当既有建筑物产权单位或建设方有特殊要求时。

　　（2）实际施工监测超过给定控制值的。

　　（3）当新建轨道交通工程施工完成后，降低了既有建筑物的正常使用功能时。

　　（4）当新建轨道交通工程施工完成后，对既有建筑物的耐久性造成较严重损伤时。

　　工后评估的时机应选择在新建轨道交通工程施工完成后一定时间内进行，此时既有建筑物的变形应趋于稳定。

C.7.2　工后评估的内容包括：

　　（1）工后评估单位对既有建筑物进行全面的现状调查。

　　（2）对新建轨道交通工程所有监测数据进行深入分析，结合工后现状调查成果，得出既有建筑物当前状态的安全系数。通过与原设计安全系数进行比较分析，评判既有建筑物工后修复的必要性。

　　（3）对工后修复的技术可行性以及经济合理性做出分析和评价，从而提出加固修复的范围、内容及措施建议。

六

轨道交通工程建设
第三方监测设计指南

目　录

1 总 则

1.0.1 为使轨道交通工程建设第三方监测设计标准化，并符合确保安全、技术先进、经济合理的原则，规范轨道交通工程建设第三方监测设计工作，制定本设计指南。

1.0.2 本指南主要依据《地铁工程监控量测技术规程》（DB11/490－2007）以及国家、地方有关规范、规程、技术标准制定。

1.0.3 本指南具体针对轨道交通工程建设第三方监测设计范围、监测内容、监测项目、布点原则、监测频率等进行了规范，其他内容参照有关规程执行。

1.0.4 本指南主要应用于施工图阶段，第三方监测设计工作应在完成岩土工程勘察、环境调查、施工图设计和环境风险工程分析评估的基础上，以施工设计文件为依据，依照本设计指南进行。

2 基 本 术 语

2.0.1 建（构）筑物变形监测

1 建（构）筑物沉降

轨道交通工程施工引起周围建筑物、构筑物沿垂直方向的位移。

2 建（构）筑物倾斜

轨道交通工程施工引起周围建筑物、构筑物变形而出现的顶部相对于底部沿竖直方向的角度改变。

3 建（构）筑物裂缝

轨道交通工程施工引起周围建筑物、构筑物过量差异沉降引起内力变化而导致其自身结构的开裂。

2.0.2 地下管线变形监测

1 地下管线沉降

轨道交通工程施工引起地下管线沿垂直方向的位移。

2 地下管线纵向差异沉降

轨道交通工程施工引起地下管线纵向相邻测点间的差异变形。

2.0.3 桥梁变形监测

1 桥梁墩台沉降

轨道交通工程施工引起桥梁墩台沿垂直方向的位移。

2 桥梁墩台横纵向差异沉降

轨道交通工程施工引起横向或纵向排列的相邻跨桥梁墩台间沿垂直方向不同的位移。

2.0.4 市政道路路面沉降

路面指市政道路表面部分，它是用一定级配的混合料铺筑于路基之上的单层或多层结构物。路面沉降即轨道交通工程施工扰动作用引起路面的垂直位移。

2.0.5 地表沉降（隆起）

轨道交通工程施工中地层的（应力）扰动区延伸至地表而引起的沉降（隆起）。

2.0.6　基坑围护结构体系监测

1　桩（墙）顶水平位移

基坑开挖时及开挖完成后，在周围土体及支撑体系的作用下围护桩（墙）顶部垂直于基坑边坡方向的水平位移。

2　桩（墙）体水平位移

基坑开挖时及开挖完成后，在周围土体及支撑体系的作用下围护桩（墙）体垂直于基坑边坡方向的水平位移。

3　支撑轴力

基坑开挖时及开挖完成后，水平支撑结构轴向受力情况。

4　锚杆（锚索、土钉）拉力

基坑开挖过程中，用于加固或锚固边坡的锚杆（锚索、土钉）轴向拉力情况。

2.0.7　现场安全巡视

基坑或隧道开挖过程中，对工程自身的开挖面土层性质及稳定性、降水效果，支护结构体系施作的及时性、渗水情况、开裂变形情况，对周边环境异常及开裂变形所进行的巡查与记录描述。

3　基　本　要　求

3.1　第三方监测目的

第三方监测的目的主要包括：

3.1.1　在土建施工过程中对周边环境和工程自身关键部位实施独立、公正的监测，基本掌握周边环境、围护结构体系和围岩的动态，验证施工方的监测数据，为建设、监理、设计、施工单位提供参考依据。

3.1.2　为建设管理单位对轨道交通工程建设风险管理提供支持，通过安全监测、安全巡视和安全状态预警，较全面地掌握各工点的施工安全控制程度，为信息管理平台提供基础数据，对施工过程实施全面监控和有效控制管理。

3.1.3　第三方监测作为独立的监测方，其监测数据和相关分析资料可成为处理风险事务和工程安全事故的重要参考依据。

3.1.4　积累资料和经验，为今后的同类工程设计提供类比依据。

3.2　第三方监测设计依据

轨道交通工程建设第三方监测设计依据主要包括：

1　《地铁工程监控量测技术规程》（DB 11/490 - 2007）。

2　国家、行业、地方的有关规范、规程。

3　施工图设计文件。

4　岩土工程详细勘察报告、水文地质报告及其他专项地质报告。

5　沿线环境调查报告。

6　风险工程专项评估及其设计资料。

7　工程周边地形图、管线图。

3.3　第三方监测设计流程

轨道交通工程建设第三方监测设计流程如下：

3.3.1　熟悉规范、设计文件、风险评估及勘察资料，明确第三方监测目的。

3.3.2　查阅施工图设计文件，分析工程特点，结合工程影响分区和安全等级，确定影响区域（强烈、显著影响区）及监测范围。

3.3.3　根据周边环境、围护结构体系对象划分，结合施工工法，分类确定具体的监测对象及监测项目。

3.3.4　分析具体的监测对象特点、与设计结构的空间关系，分析它们所在的影响区域，结合施工设计文件中监测点布置，进行监测点布设设计。

3.3.5　确定监测的频率及周期。

3.3.6　明确监测的精度及控制指标。

3.3.7　统计测点数量，计算监测工作量。

3.3.8　编写设计说明及设计图件。

3.3.9　设计审查，修改完善。

3.4　第三方监测设计文件内容及编写要求

3.4.1　第三方监测设计文件由设计说明和设计图纸两部分组成。

3.4.2　设计说明内容

第三方监测设计文件设计说明主要包括以下内容：

1　工程概况

工程概况主要包括以下内容：

1）工程地点。

2）工程周边环境情况，主要包括周围建（构）筑物、地下管线、市政道路等。

3）风险单元（包括工程自身风险和环境风险）的详细描述。

4）工程地质与水文地质条件，明确地质条件复杂程度。

5）结构设计及施工工艺概况，如基坑、隧道空间尺寸，开挖深度，上部覆土层厚度，开挖方法，围护结构形式、尺寸、嵌入深度以及支撑形式、截面尺寸和标高等设计参数。

2　监测设计依据

3　监测目的

4　监测范围

5　监测对象

6　监测项目

7　监测精度

8　监测方法

9　监控量测测点布设原则

10　各监测项目的监测周期和频率

11　监测控制指标（预警值、报警值、控制值）

12 监测注意事项和其他要求（监测重点项目、测点埋设及保护的要求等）。

13 信息反馈的要求。

14 工作量清单。

3.4.3 设计图纸组成与内容

监控量测设计图纸原则上按风险单元或风险工程成章成册，主要包括：

1 平面总图。

2 各监测项目测点布置平面图。

3 各监测项目测点布置剖面图。

4 基点、测点大样图。

4 第三方监测对象、项目及范围

4.1 一般规定

4.1.1 轨道交通工程建设第三方监测对象包括：基坑和隧道的周边环境、明（盖）挖法基坑及竖井的围护结构体系、各工法的开挖工作面。

4.1.2 轨道交通工程建设第三方监控量测项目以应测类（变形类）监测项目为主，选测类（应力类）监测项目为辅。

4.1.3 轨道交通工程建设第三方监测项目的选择应在监测对象确定的基础上，综合考虑工程地质条件与水文地质条件、工程规模与施工技术难点（围护结构形式、施工方法、埋深等）及周边环境条件等因素，同时兼顾经济性的要求。

4.1.4 遇到下列特殊情况，根据建设管理单位要求适当增大监测范围，并加密测点和监测频率：

1 当施工对地层有较大扰动时，应分析可能的影响程度，对监测范围合理调整。

2 复杂地质条件的轨道交通工程监测范围应适当加大。

3 需要考虑降水对环境影响时，应根据计算的地下水位降落漏斗确定监测范围。

4 地下工程施工期间发现异常情况，如严重的涌砂、漏水、冒水、围护结构或邻近建（构）筑物或地下管线严重变形等，应进行动态设计，及时调整监测范围。

4.2 第三方监测对象

4.2.1 周边环境第三方监测对象主要为工程周围地表、建（构）筑物、地下管线、城市道路、桥梁、既有地铁、铁路。

4.2.2 围护结构体系监测对象主要为明（盖）挖法施工基坑及竖井围护体系（围护桩墙、水平支撑、锚索、锚杆等）。

4.2.3 巡视对象主要为明挖基坑、矿山法施工隧道、盾构法施工隧道内部开挖工作面、围护结构体系及外部周边环境。

4.3 第三方监测项目

4.3.1 周边环境对象监测项目

  1 建（构）筑物沉降。

  2 建（构）筑物倾斜。

  3 桥梁墩柱（台）沉降及差异沉降。

  4 地下管线沉降及差异沉降。

  5 道路及地表沉降。

  6 既有地铁、铁路的结构沉降、道床（路基）沉降、轨道几何形位。

4.3.2 围护结构体系监测项目

  1 围护结构桩（墙）顶水平位移。

  2 围护结构桩（墙）体变形。

  3 支撑轴力。

  4 锚杆拉力。

4.3.3 现场安全巡视内容

  1 明挖法施工主要应巡视、评估以下内容：

  1）开挖面地质状况。土层性质及稳定性，包括土质性质及其变化情况、开挖面土体渗漏水情况及土体塌落情况；地下水控制效果，包括抽降水控制效果、降水井抽水出砂量、变化情形及持续时间、附近地面沉陷情况等。

  2）支护结构体系。支护体系施作的及时性；渗漏水情况，包括渗漏水量、是否伴有砂土颗粒、发生位置、发展趋势等；支护体系开裂、变形情况，包括桩顶与冠梁脱开现象，冠梁开裂范围、宽度与深度，桩间网喷护壁开裂情形等；支撑扭曲及偏斜程度、发生位置、发展趋势等；锚头脱落、松动或变形情形、混凝土腰梁开裂、腰梁与土体脱开情况、及发生位置；土钉墙面层开裂情况、发生位置、发展趋势等。

  3）周边环境。坑边超载，包括坑边荷载重量、类型、与坑缘距离、面积、位置等；地表积水及截排水措施，包括积水面积、深度、水量、位置、地面硬化完好程度、坡顶排水系统是否合理及通畅等；周边建（构）筑物变形及开裂、地表变形及开裂、管线沿线地面开裂、渗水、塌陷、管线检查井开裂及积水变化等情况。

  2 矿山法施工主要应巡视、评估以下内容：

  1）开挖面地质状况。土层性质及稳定性，包括土质性质及其变化情况、开挖面土体渗漏水情况及工作面坍塌情况；降水效果，包括抽降水控制效果、降水井抽水出砂量、变化情形及持续时间、附近地面沉陷情况等。

  2）支护结构体系。支护体系施作的及时性；渗漏水情况，包括渗漏水量、是否伴有砂土颗粒、发生位置、发展趋势等；支护体系开裂、变化情况，包括初期支护扭曲变形部位、变形程度、发展趋势、可能后果等；喷混凝土出现裂缝及剥离长度、位置、宽度、发展趋势、可能后果等；临时支撑脱开，包括发生位置、周边变化、可能后果等。

  3）周边环境。建（构）筑物变形及开裂情况、地表变形及开裂情况、管线沿线地面开裂、渗水、塌陷情况、管线检查井开裂及积水变化等情况。

  3 盾构法施工主要应巡视、评估以下内容：

  1）隧道内环境。包括盾构铰接密封情况；管片破损情况；管片错台情况及其趋势；渗漏水情况、盾尾漏浆情况等。

  2）周边环境。建（构）筑物变形、开裂情况；地表变形、开裂情况；管线沿线地面开裂、渗水、塌陷、跑浆及泡沫流失情况；管线检查井开裂及积水变化情况等。

4.4　第三方监测范围

4.4.1　周边环境对象的监测范围

1　建（构）筑物沉降、倾斜，桥梁墩柱（台）沉降及差异沉降监测项目监测范围取基坑或隧道结构边缘两侧各 $1.5H\sim2.0H$（H 为基坑或隧道开挖深度）范围。

2　地下管线仅对污水、雨水、上水、燃气等管线进行沉降及差异沉降监测，监测范围取基坑或隧道结构边缘两侧各 $1.0H$ 范围。

3　道路及地表沉降监测范围取基坑或隧道结构边缘两侧各 $1.0H$ 范围。

4　轨道交通工程既有线、铁路变形监测范围根据评估影响及轨道防护范围确定。

4.4.2　围护结构体系的监测范围

1　围护结构桩（墙）顶水平位移监测范围为主体基坑及附属结构四周的围护结构。

2　围护结构桩（墙）体变形监测范围为主体基坑四周的围护结构。

3　支撑轴力监测范围为主体结构的每层支撑。

4　锚杆拉力监测范围为主体基坑的每层锚杆。

4.4.3　现场安全巡视范围

1　明挖基坑、矿山法施工隧道、盾构法施工隧道周边 $2.0H$ 影响范围之内的外部周边环境对象。

2　明挖基坑全部开挖面及支护体系，矿山法施工隧道开挖面 5 倍洞径范围内的支护结构，盾构法施工 5 倍洞径范围内的管片结构。

5　第三方监测布点原则

5.1　一般规定

5.1.1　第三方监测设计布点基本要求

1　测点要综合考虑周边环境与围护结构体系情况进行优化布设，一般首先选取影响范围内的建（构）筑物、桥梁进行监测点布设，其次布设地下管线监测点，再布设市政道路监测点，结合建（构）筑物、桥梁、地下管线和道路监测点的情况布设地表监测点，然后结合周边环境情况及围护结构情况布设围护结构桩（墙）顶水平位移、桩（墙）体变形测点和支撑轴力、锚杆拉力测点。

2　测点应与施工监测同点布置。

3　周边环境、围护结构体系测点应尽量布置在同一断面内。

4　测点布置于能够反映施工影响的典型部位，能够切实反映出工程安全状态。

5　地铁既有线、铁路变形监测布点根据评估影响及轨道防护提出的要求布置，对既有结构、道床、轨道均应进行监测布点。

5.1.2　监测点埋设要求

1　周围环境测点由施工单位埋设，第三方监测单位使用施工单位布设的监测点，在施工监测前，要与施工单位协调，保证测点布设满足要求，并做到与施工单位同点监测、并尽量同期采集初始值。

    2 围护结构桩（墙）顶水平位移、围护结构桩（墙）体变形、支撑轴力测点由施工单位埋设，原则上对支撑轴力、锚杆拉力，第三方监测单位只测定初始值，之后根据现场情况决定是否进行监测。

5.2 周边环境监测布点原则

5.2.1 明（盖）挖法、矿山法车站监测布点原则

    明（盖）挖法、矿山法车站监测布点原则见表1。

表1　明（盖）挖法、矿山法车站监测布点原则

监测项目	工　法	明（盖）挖法	矿山法
建（构）筑物沉降	布点部位	建筑物的四角、拐角处及沿外墙；高低悬殊或新旧建（构）筑物连接处、伸缩缝、沉降缝和不同埋深基础的两侧；框架（排架）结构的主要柱基或纵横轴线上；受堆载和震动显著的部位，基础下有暗沟、防空洞处	
	布点间距	建筑物四角，沿外墙每10～20m处或每隔2～3根柱基上	
建（构）筑物倾斜	布点部位	在重要的高层、高耸建（构）筑物上垂直于基坑或隧道方向的结构顶部及底部	
	布点间距	同一断面顶部及底部各设置1个测点	
桥梁墩柱沉降及差异沉降	布点部位	桥梁墩柱上	
	布点间距	影响范围内每个墩柱上设1点	
地下管线沉降及差异沉降	布点部位	测点宜布置在管线的接头处，或者对位移变化敏感的部位，隧道下穿范围内布置在管线管顶，其他情况布置在管线对应地表	
	布点间距	1倍开挖深度范围内测点间距5～20m，1～2倍开挖深度范围内测点间距20～30m	
道路及地表沉降	布点部位	明挖基坑四周	导洞上方、拐角处
	布点间距	沿基坑边设2排沉降测点，排距3m，点距20m，明（盖）挖车站设置2个横断面，每侧横断面上3～5个点	沿导洞开挖方向，每个导洞上方每30～50m设1点，暗挖车站设置2个横断面，横断面点间距5～10m

    注：既有铁路、地铁按评估及轨道防护设计要求布置监测点。

5.2.2 明挖法、矿山法、盾构法区间监测布点原则

    明挖法、矿山法、盾构法区间监测布点原则见表2。

表2　明挖法、矿山法、盾构法区间监测布点原则

监测项目	工　法	明挖法	矿山法	盾构法
建（构）筑物沉降	布点部位	建筑物的四角、拐角处及沿外墙；高低悬殊或新旧建（构）筑物连接处、伸缩缝、沉降缝和不同埋深基础的两侧；框架（排架）结构的主要柱基或纵横轴线上；受堆荷和震动显著的部位，基础下有暗沟、防空洞处		
	布点间距	建筑物四角，沿外墙每10～20m处或每隔2～3根柱基上		

监测项目 工法		明挖法	矿山法	盾构法
建（构）筑物倾斜	布点部位	在重要的高层、高耸建（构）筑物上垂直于基坑或隧道方向的结构顶部及底部		
	布点间距	同一断面顶部及底部各设置 1 个测点		
桥梁墩柱沉降及差异沉降	布点部位	桥梁墩柱上		
	布点间距	影响范围内每个墩柱上设 1 点		
地下管线沉降及差异沉降	布点部位	测点宜布置在管线的接头处，或者对位移变化敏感的部位，区间下穿范围内布置在管线管顶，其他范围布置在地表		
	布点间距	1 倍开挖深度范围内测点间距 5～20m，1～2 倍开挖深度范围内测点间距 20～30m		
道路及地表沉降	布点部位	明挖基坑两侧	矿山法隧洞上方	盾构隧道上方
	布点间距	沿坑边设 2 排沉降测点，排距 3m，点距 20m，每个区间设置 2～6 个横断面，每个横断面 3～5 个点	沿隧洞开挖方向每 30～50m 设 1 点，区间设置 1～2 个横断面，横断面点距 5～10m，点数 3～7 个由密到疏布设	盾构始发端、到达端 100m 范围内沿开挖方向每 10～30m 设 1 点，其他位置每 30～50m 设 1 点，区间设置 1～2 个横断面，横断面点距 5～10m，点数 3～7 个由密到疏布设

注：既有铁路、地铁按评估及轨道防护设计要求布置监测点。

5.3 围护结构体系监测布点原则

明（盖）挖法施工围护结构体系监测布点原则见表 3。

表 3 明（盖）挖法施工围护结构体系监测布点原则

监测项目 工法		明（盖）挖法
围护结构桩（墙）顶水平位移	布点部位	基坑四周围护桩（墙）顶
	布点间距	沿基坑四周围护结构顶每 20m 布置 1 点
围护结构桩（墙）体变形	布点部位	基坑四周围护桩（墙）体内
	布点间距	沿基坑长边围护结构桩（墙）每 40m 布置 1 个监测孔，在基坑短边中点各布 1 个监测孔
支撑轴力	布点部位	基坑内钢支撑端部，混凝土支撑中部
	布点间距	沿主体基坑长边支撑体系每 40m 布置 1 点，在同一竖直面内每道支撑均应布设测点
锚杆拉力	布点部位	锚杆端部
	布点间距	沿主体基坑长边支撑体系每 40m 布置 1 点，在同一竖直面内每支锚杆（土钉）均应布设测点

5.4 现场安全巡视原则

5.4.1 明挖基坑、矿山法施工隧道、盾构法施工隧道开挖过程中，对外部 $2.0H$ 范围周边地表开裂、地表隆沉、建（构）筑物、桥梁、既有地铁、铁路结构的裂缝、倾斜、隆沉等状况的观察和记录。

5.4.2 明挖基坑、矿山法及盾构法施工的隧道自身的现场安全巡视原则见本部分4.3.3"现场安全巡视内容"。

6 第三方监测频率及周期

6.1 周围环境第三方监测频率

6.1.1 明（盖）挖法基坑周围环境监测频率

明（盖）挖法基坑周边环境监测频率见表4。

表4 明（盖）挖法基坑周边环境监测频率

施 工 状 况		监 测 频 率
基坑开挖期间	$H \leqslant 5m$	1次/3天
	$5m < H \leqslant 10m$	1次/2天
	$H > 10m$	1次/天
基坑开挖完成以后	1～7 天	1次/天
	7～15 天	1次/2天
	15～30 天	1次/3天
	30 天以后	1次/周
	经数据分析确认达到基本稳定后	1次/月

注：H 为基坑开挖深度。

6.1.2 矿山法施工隧道周围环境监测频率

矿山法施工隧道周围环境监测频率见表5。

表5 矿山法施工隧道周边环境监测频率

施 工 状 况	监 测 频 率
当开挖面到监测断面前后的距离 $L \leqslant 2B$ 时	1次/天
当开挖面到监测断面前后的距离 $2B < L \leqslant 5B$ 时	1次/2天
当开挖面到监测断面前后的距离 $L > 5B$ 时	1次/周
基本稳定后	1次/1月

注：B 为隧道直径或跨度；L 为开挖面与监测点的水平距离。

6.1.3 盾构法施工隧道周围环境监测频率见表6。

表6 盾构法施工隧道周边环境监测频率

施 工 状 况	监 测 频 率
掘进面距监测断面前后≤20m 时	1次/天
掘进面距监测断面前后≤50m 时	1次/2天
掘进面距监测断面前后>50m 时	1次/周
根据数据分析确定沉降基本稳定后	1次/月

6.1.4 地铁既有线、铁路变形监测根据评估影响及轨道防护提出的要求频率进行监测。

6.2 围护结构体系第三方监测频率

6.2.1 基坑围护结构体系监测频率
基坑围护结构体系监测频率见表7。

表7 基坑围护结构体系监测频率

施 工 状 况		监 测 频 率
基坑开挖期间	$H \leqslant 5m$	1次/7天
	$5m < H \leqslant 10m$	1次/3天
	$H > 10m$	1次/2天
基坑开挖完成以后	1~7天	1次/2天
	7~15天	1次/3天
	15~30天	1次/7天
	经数据分析确认达到基本稳定后	1次/月

6.3 现场安全巡视频率

6.3.1 明挖基坑、矿山法施工隧道、盾构法施工隧道开挖过程中，对外部周边环境至少每天进行1次巡视。

6.3.2 对开挖面地质状况、支护体系至少每天巡视1次，特殊情况加密巡视频率。

6.4 第三方监测工作量

根据以上监测频率确定的原则，对正常情况下各监测项目不同工法监测次数进行了估算，监测次数参考表8。

表8 正常情况下各监测项目监测工作量

类 别		监测项目或巡视对象	工法及部位	次 数	备 注
现场监测	周边环境	建（构）筑物沉降、桥梁墩柱（台）沉降及差异沉降、地下管线沉降及差异沉降、道路及地表沉降	明（盖）挖车站	约110次	
			暗挖车站	约100次	
			矿山法区间	约50次	
			盾构法区间	约40次	
			明挖区间	约50次	
	围护结构体系	围护结构桩（墙）顶水平位移、围护结构桩（墙）体变形	明（盖）挖车站	约60次	
		支撑轴力、锚杆拉力		暂定1次，据工程实际调整	
现场巡视	周边环境、开挖面、围（支）护结构体系	建（构）筑物、桥梁、地下管线、道路地表、开挖面地质、围（支）护结构体系	明（盖）挖车站	约110次	20m深基坑
			暗挖车站	约160次	
			矿山法区间	约200次	600m区间
			盾构法区间	约60次	600m区间
			明挖区间	约50次	10m深基坑

附录 现场安全巡视表

附表1 施工过程第三方监测单位现场巡视表

编号 _____

线路名称		合同段		工点名称	
风险工程名称（级别）		风险单元名称（级别）		第三方监测单位	
施工部位		天气		安全状态评价（正常、黄色、橙色、红色预警）	
巡视内容	存在问题的描述	原因分析	可能导致后果		处置措施建议
专业工程师		_____年_____月_____日	项目技术负责人	_____年_____月_____日	

备注：1. 本表由第三方监测单位采用。
2. 适用于明挖法施工。
3. 主要巡视内容包括：1）开挖面地质状况：土层性质及稳定性、降水效果和其他情况；2）支护结构体系：支护体系施作时性、渗漏水情况、支护体系开裂、变形变化和其他情况；3）周边环境：坑边超载、地表积水及截水排水措施、建（构）筑物变形及开裂情况、地表变形及开裂情况、管线沿线地面开裂、渗水、塌陷情况、管线检查井开裂及积水变化和其他情况。

施工过程第三方监测单位现场巡视表（续一）

编号____

线路名称		合同段		工点名称		编号
风险工程名称（级别）		风险单元名称（级别）		第三方监测单位		
施工部位		天气		安全状态评价（正常、黄色、橙色、红色预警）		

巡视内容	存在问题的描述	原因分析	可能导致后果	处置措施建议

专业工程师	___年___月___日	项目技术负责人	___年___月___日

备注：1. 本表由第三方监测单位采用。
2. 适用于矿山法施工。
3. 主要巡视内容包括：1）开挖面地质状况：土层性质及稳定性、降水效果和其他情况；2）支护结构体系：支护体系施作及时性、渗漏水情况、支护体系开裂变化和其他情况；3）周边环境：建（构）筑物变形及开裂情况、地表变形及开裂情况、渗水、塌陷情况、管线沿线地面开裂及积水变化和其他情况。

施工过程第三方监测单位现场巡视表（续二）

编号 _____

线路名称		合同段		工点名称	
风险工程名称（级别）		风险单元名称（级别）		第三方监测单位	
施工部位		天气		安全状态评价（正常、黄色、橙色、红色预警）	
巡视内容	存在问题的描述	原因分析		可能导致后果	处置措施建议
专业工程师			年 月 日	项目技术负责人	年 月 日

备注：1. 本表由第三方监测单位采用。

2. 适用于盾构法施工。

3. 主要巡视内容包括：1）隧道内：铰接密封、管片破损、管片错台、管片间渗漏水、盾尾漏浆状况及其他情况；2）周边环境：建（构）筑物变形及开裂情况、地表变形及开裂情况、管线沿线地面开裂、渗水、塌陷情况、跑浆及泡沫流失、管线检查并开裂及积水变化和其他情况。

七

轨道交通工程建设施工
安全风险监控评估指南

目 录

1 总 则

1.0.1 为有效预防、预控轨道交通工程建设施工阶段的安全风险，强化施工安全风险的过程控制和管理工作，并作为轨道交通工程建设安全风险技术管理体系总论（以下简称"体系总论"）的技术支持性文件和重要组成部分，制定本指南。

1.0.2 本指南是根据国家、行业、北京市相关法律、法规和工程建设标准，并结合轨道交通工程建设的特点和实际情况而制定，其他地区可参考使用。

1.0.3 本指南为信息管理平台更好地实现施工安全风险评估、预警和信息管理奠定基础。

1.0.4 针对轨道交通工程建设中采用明挖法、矿山法及盾构法施工的工程自身和周边环境，本指南规范了其施工安全风险评估和巡视预警的方法、原则、内容、程序和相关要求。

1.0.5 本指南适用于轨道交通工程建设的地下工程土建施工安全风险评估、控制和管理工作，亦可供其他类似工程的施工安全风险评估参考。

2 基 本 规 定

2.1 安全风险因素

2.1.1 安全风险因素是导致安全风险事件发生、发展的潜在原因。

2.1.2 轨道交通工程建设中施工安全风险因素一般包括地质因素、环境因素、工法工艺设计因素、施工工艺及设备因素和施工组织管理因素等。

    1 地质因素主要指影响工程施工安全的工程地质、水文地质条件，如空洞、漂石、滞水等。

    2 环境因素主要指地面建（构）筑物、文物古建、古树、既有轨道交通、桥桩、地下管线、地下建（构）筑物、地下障碍物、道路、绿地、地表与地下水体等。

    3 工法工艺设计因素主要指工法方案、工艺方案、环境保护措施及地下水控制工艺方案等的选择。

    4 施工工艺及设备因素主要指施工工艺方法、设备类型及施工参数等。

    5 施工组织管理因素主要指施工部署、施工准备、安全风险组织机构及专业人员配置、安全风险管理体系建立等。

2.2 安全风险事件

2.2.1 安全风险事件是指工程施工中发生、可能影响到工程自身及环境安全的偶然性事件，一般由地质、环境、设计、施工工艺设备和施工组织管理等方面的安全风险因素导致，主要包括工程自身安全风险事件和环境安全风险事件。

2.2.2 轨道交通工程建设中采用明挖法、矿山法及盾构法施工时常见的安全风险事件参见附表 D-1。

2.3 施工安全风险评估阶段划分

2.3.1 施工安全风险评估分为施工准备期安全风险识别与评估，施工过程安全风险监控、评估与预警，施工后安全风险评估。

2.3.2 本指南只针对施工准备期安全风险识别与评估、施工过程安全风险监控、评估与预警展开，施工后安全风险评估主要对工程影响范围内的周边环境进行评估，具体参见"轨道交通工程建设周边环境安全性评估指南"（见本书第 159 页）。

2.4 施工准备期安全风险识别与评估

施工准备期应进行岩土工程勘察及环境调查资料分析、现场实地地质踏勘、环境核查及地下空洞普查，识别易出现安全风险的部位和引起安全风险事件的安全风险因素，并评价安全风险事件发生可能性和严重程度。各工法从以下四个方面进行评估：

  1 地质、环境安全风险识别与分析。

  2 设计方案实施安全风险识别与分析。

  3 施工方案安全性评估。

  4 施工组织合理性评估。

2.5 施工过程安全风险监控、评估与预警

2.5.1 施工过程安全风险监控、评估与预警是指在施工过程中通过对安全风险事件或安全风险因素的监测、巡视，对可能或已经发生的工程自身安全风险事件和环境安全风险事件进行分析、评估和预警级别的判定，主要从以下几个方面进行监控、评估与预警：

  1 开挖面地质状况监控、评估与预警。

  2 支护结构体系监控、评估与预警。

  3 周边环境监控、评估与预警。

  4 施工工艺及设备监控、评估与预警。

  5 施工组织管理及作业状况监控、评估与预警。

2.5.2 施工过程安全风险监控是指施工过程中对可能存在的安全风险因素和可能发生的安全风险事件进行全过程动态监测及巡视。

  1 施工监测的对象、项目、方法、频率及相关要求参见《地铁工程监控量测技术规程》（DB11/490－2007）；第三方监测的对象、项目、方法、频率及相关要求参见体系"轨道交通工程建设第三方监测设计指南"（见本书第 184 页）。

  2 施工过程安全风险巡视方法主要有观察、拍照、描述等，必要时辅以量测、素描和摄像。

2.5.3 施工过程安全风险评估与预警是指施工过程中对安全风险监控结果出现的异常情况进行分析评估，当异常情况可能引起工程自身或周边环境安全风险事件时，分析安全风险事件发生的可能性和后果严重程度，并据此启动警戒预报，分为监测预警、巡视预警和综合预警，均采用黄色、橙色、红色三级预警（参见本书第 3 页"轨道交通工程建设安全风险技术管理体系总论"）。

2.6 施工安全风险监控的管理

2.6.1 施工准备期

1 职责

1）施工单位负责分析岩土工程勘察及环境调查资料，进行现场实地地质踏勘、环境核查及空洞普查，在此基础上进行地质、环境安全风险识别与分析；并认真组织对设计文件的学习，识别、分析设计方案中涉及的安全风险处置措施实施的重点、难点及可能的安全风险。

2）监理单位负责监督施工单位对设计文件的学习情况、地质踏勘、环境核查和空洞普查工作及其结果的分析情况，并结合专项安全施工组织设计评审对施工方案的安全性和施工组织的合理性进行评估，指出存在的主要问题，提出处理措施建议。

2 管理流程

1）施工单位在进场后分析岩土工程勘察及环境调查资料，组织对设计文件的学习，进行现场实地地质踏勘、环境核查及空洞普查，在此基础上进行地质、环境和设计方案实施安全风险识别与分析，并填报施工单位安全风险评估表（附表 E-1）。

2）施工单位安全风险评估表应由施工单位项目总工签字，经监理单位项目总监、审核、签认后反馈给施工单位，由施工单位报送建设单位项目管理公司，并通过信息平台报送监控管理分中心，当现场实际地质、环境情况与勘察报告或环境调查报告有出入时，应书面报送监理单位，并由监理单位按相关规定处理。

3）当特、一级和有特殊要求（指产权单位或建设单位有评估要求）的其他等级环境风险工程地质、环境条件发生重大改变时，工点设计单位或专业评估单位应根据变更设计文件对前期特殊工程环境评估报告进行修改、补充或完善，以《环境风险工程施工影响预测评估报告—补充文件》形式报送工程各管理部门和参建单位。

4）施工单位根据施工图设计及变更设计文件编制专项安全施工组织设计，组织专家进行评审，经企业技术负责人签字后报监理单位审核。

5）监理单位在审核专项安全施工组织设计时，进行施工方案安全性评估表和施工组织合理性评估，并填写监理单位安全风险评估表（附表 E-2），经项目总监签字后，通过信息平台报送监控管理分中心，施工单位根据监理单位审核意见完善修改专项安全施工组织设计。

6）监理单位按照"体系总论"的要求组织专项安全施工组织设计评审，并形成评审意见，施工单位根据评审意见完善修改专项安全施工组织设计，经企业技术负责人签字并报监理单位审核后方可实施。

7）施工准备期安全风险评估管理流程图见附图 A-1。

2.6.2 施工过程

1 职责

1）施工单位应对施工现场开挖面地质状况、支护结构体系及周边环境进行巡视，根据巡视信息，参见施工巡视预警参考表（附表 F-4）进行评估和判定预警状态，并填写施工单位现场安全巡视表（附表 F-1）。

2）监理单位应对施工现场开挖面地质状况、支护结构体系、周边环境、施工工艺及设备、施工组织管理及作业状况进行巡视，根据巡视信息，参见施工巡视预警参考表（附表 F-4）进行评估和判定预警状态，并填写监理单位现场安全巡视表（附表 F-2）。

3）第三方监测单位应对施工现场开挖面地质状况、支护结构体系及周边环境进行巡视，根据巡视信息，参见施工巡视预警参考表（附表 F-4）进行评估和判定预警状态，并填写第三方监测单位施工现场安全巡视表（附表 F-3）。

4）勘察单位负责施工过程出现新的地质问题或工程险情时的地质鉴定或处置工作。

5）对特、一级和有特殊要求（指产权单位或建设单位有评估要求）的其他等级环境风险工程，施工单位与第三方监测单位除应填报监测预警表和巡视预警表外，尚应辅以环境风险工程设计方案的实际效果、施工工艺和施工工序评价及过程恢复措施的建议。

2　评估频率

1）施工单位、监理单位在基坑开挖期间、基坑开挖后不同时间段及主体结构施工期间或隧道开挖掌子面前后不同距离对开挖面地质、支护结构、周边环境、施工工艺及设备的巡视频率不同，对施工组织管理及作业状况应每月巡视、评估一次，具体巡视项目的巡视频率参见施工过程巡视频率表（附表 F-5）。

2）第三方监测单位的巡视频率应与监控量测频率保持一致；每周汇总施工单位、监理单位的巡视、评估信息，对全线在施各标段（或工点）的安全状况进行评估，编制评估周报；对全线各标段（或工点）施工单位、监理单位的监控管理工作进行监督、检查和评价，编制全线工程建设施工安全风险监控管理月报。

3）在关键工序、关键时期及关键部位，应增大巡视、评估频率。

4）当监控量测或巡视出现预警时，应增大巡视、评估频率。

3　管理流程

1）监控信息正常情况下，应在每周四通过信息平台和书面报送以周报形式报送监控管理分中心和设计单位。

2）当监控出现预警时，应通过信息平台、电话或短信以快报的形式及时报送监控管理分中心和设计单位。

3）特、一级和有特殊要求（指产权单位或建设单位有评估要求）的其他等级环境风险工程施工过程评估管理流程见附图 B-1。

4）监控、评估信息的具体报送及预警程序参照"轨道交通工程建设施工安全风险监控预警、消警及信息报送管理办法"、"轨道交通工程建设施工安全风险监控综合预警的响应管理办法"、"轨道交通工程建设施工安全风险监控报送内容管理办法"（见本书第 337页、第 347 页、第 353 页）。

3　明挖法施工安全风险监控评估

3.1　一般规定

3.1.1　轨道交通工程建设明挖法施工一般包括围护结构施作、土方开挖、支撑体系施作、基坑降水等过程。

3.1.2　明挖法安全风险评估主要适用于桩加内支撑支护、桩加锚杆（索）支护、土钉墙支护及自然放坡等方法开挖的轨道交通车站、区间及其他附属结构。

3.1.3 明挖法施工准备期安全风险评估主要包括以下四个方面内容：

1 明挖法地质、环境安全风险识别与分析：在认真分析岩土工程勘察与环境调查资料、地质踏勘、环境核查及空洞普查的基础上，对地质、环境安全风险因素和地下水难以控制等地质条件复杂、紧邻地下管线等环境条件复杂的部位进行识别，分析可能带来的安全风险。

2 明挖法设计方案实施安全风险识别与分析：在认真学习设计文件的基础上，结合自身的经验及认识，对基坑支护体系、环境保护措施、地下水控制工艺等实施的重、难点及可能的安全风险进行识别与分析。

3 明挖法施工方案安全性评估：在周边地质与环境条件核查的基础上，评估地质及环境条件对围护结构、支（锚）结构、地下水控制、土方开挖等施工方案的影响，并预测施工方案对周边环境可能产生的影响，对成孔、成桩和注浆设备的适应性及开挖、支护施工步骤和参数的可行性进行论证。

4 明挖法施工组织合理性评估：评估明挖法施工组织设计的合理性、针对性，主要包括施工部署、施工准备、安全风险管理体系建立等方面。

3.1.4 明挖法施工过程安全风险监控、评估与预警主要包括以下四个方面内容：

1 明挖法施工开挖面地质状况监控、评估与预警：对基坑内的地质变化、边坡土体稳定性进行监控、评估与预警。

2 明挖法支护结构体系监控、评估与预警：对基坑支护结构变形及稳定性进行监控、评估与预警。

3 明挖法施工周边环境监控、评估与预警：对基坑周边堆载、积水及建（构）筑物、管线、地面开裂变形情况进行监控、评估与预警。

4 明挖法施工工艺监控、评估与预警：对开挖、围护、支撑、注浆及降水等施工参数是否满足设计进行监控、评估与预警。

5 明挖法施工组织管理及作业状况监控、评估与预警：对明挖法施工人员、设备、应急物资等资源到位情况，安全保护措施落实情况，设计文件落实情况，施工组织设计及施工专项方案落实情况，违章作业情况及安全风险管理体系运行情况进行监控、评估与预警。

3.1.5 在支撑拆卸等关键工序，在开挖结束后至底板施作之前、冬（或雨）季、因特殊原因导致工程停滞等关键时期，或在阳角、明暗挖结合、变断面等易出现安全风险的部位，应增大巡视频率。

3.2 施工准备期

3.2.1 地质、环境安全风险识别与分析

明挖法地质、环境安全风险识别与分析主要包括以下内容：

1）地质安全风险因素识别与分析：主要识别不良地层、地下水、地下空洞等地质安全风险因素，分析地质因素对施工的影响及可能带来的安全风险。

2）环境安全风险因素识别与分析：主要识别地面环境、地下环境等环境安全风险因素，分析工程施工、环境的相互影响及可能带来的安全风险。

3）地质条件复杂和环境条件复杂部位的识别：

①地质条件复杂的部位：包括地下水难以控制处、土质软弱处等。

②环境条件复杂的部位：包括紧邻古迹或建筑物处、周边建（构）筑物荷载差异较大处、紧邻地下重要管线处、紧邻地下污水管线处、紧邻水源处、邻近施工等。

3.2.2 设计方案实施安全风险识别与分析

明挖法设计方案实施安全风险识别与分析主要包括以下内容：

1 施工工艺：主要对支护工艺、开挖工艺、辅助工法工艺等实施的重、难点及可能的安全风险进行识别与分析。

2 受力条件复杂部位：主要对基坑阳角处、明暗挖结合处、支（锚）与护壁（墙面）联结处、坑内分区开挖时无围护坡面、不同支护体系转换处、车站主体与出入口或风道接口处、围护结构不连续处等部位进行识别，分析工法工艺方案实施重、难点及可能的安全风险。

3 环境保护措施：主要对地面建（构）筑物、桥桩、地下建（构）筑物、地下管线等保护措施实施的重、难点及可能的安全风险进行识别与分析。

4 地下水控制：主要对地下水控制方案、降水或堵水工艺方法及施工参数等实施的重、难点及可能的安全风险进行识别与分析。

3.2.3 施工方案安全性评估

明挖法施工方案安全性评估主要包括以下内容：

1 地质、环境因素对明挖法施工工艺的影响评估

1）地质因素对成孔及成桩（锚、土钉）工艺的影响评估：主要对工程地质、水文地质条件导致钻进困难、塌孔、缩孔、串孔、漏浆、孔内涌水涌砂、握裹力不足等安全风险事件发生可能性及严重程度进行评估。

2）环境因素对成孔及成桩（锚、土钉）工艺的影响评估：主要对地下障碍物、地下管线、空洞、地表水体等导致钻进难、漏浆、孔内涌水涌砂、握裹力不足等安全风险事件发生可能性及严重程度进行评估。

3）地质、环境等因素对土方开挖顺序的影响评估：分析地质条件、环境条件、季节条件及施工能力等因素对土方分区、段、层开挖顺序的影响，并对开挖导致的安全风险事件发生可能性及严重程度进行评估。

4）地质、环境因素对降水施工的影响评估：主要对地质条件导致降水井质量不好、出砂量过大、出水量不足等安全风险事件的发生可能性及严重程度进行评估。

2 设备适应性评估

1）围护桩（或锚杆、土钉）成孔设备适应性评估。

2）注浆设备适应性评估。

3）基坑降水设备适应性评估。

3 施工对环境的影响评估

1）成孔、成桩等施工工艺因素对环境的影响评估：主要对成孔、成桩施工产生的振动、塌孔、缩孔等引起周围环境破坏等安全风险事件发生可能性及严重程度进行评估。

2）锚杆（土钉）施工工艺对环境的影响评估：主要对钻进时水土流失、注浆压力失控引起周边地下构筑物或地下管线破损等安全风险事件发生可能性及严重程度进行评估。

3）地下水控制对地质、环境的影响评估：主要对地下水控制能力不足引起土质含水量过大、形成边坡空洞及降水引起周边建筑物或地面沉降等安全风险事件发生可能性及严重程度进行评估。

4）土方开挖对土体自稳、支护体系稳定及周边环境的影响评估：主要对土体分区、分段、分层开挖方案引起土体失稳、支护体系损坏及周边环境破坏等安全风险事件发生可能性及严重程度进行评估。

3.2.4 施工组织合理性评估

明挖法施工组织合理性评估主要包括以下内容：

1 施工部署：主要对施工场地布置、施工顺序安排、施工队伍任务划分等合理性进行评估。

1）施工场地布置：包括基坑周围场地地面硬化范围、质量，排水系统布置，塔吊、车道、生活设施场地布置，混凝土搅拌场地布置，土、水泥、石料等临时材料的堆放场地布置等。

2）施工总体方案：包括施工顺序安排、施工队伍任务划分等。

①施工顺序安排：与紧邻的其他明挖工程之间施工顺序的安排，明暗挖工程施工顺序的安排，围护结构施作、土方开挖、支（锚）施作、土钉施作、喷射混凝土施作之间的施工顺序安排，各围护桩钻孔顺序安排，土方分段、分区、分层开挖顺序安排，土钉支护时土方开挖有无跳段安排等。

②施工队伍任务划分：包括围护桩施作队伍、土方开挖队伍、支（锚）施作队伍、喷射混凝土施作队伍、主体结构施作队伍等之间的交接，以及各队伍内部钻孔班、钢筋班、混凝土班、机电班等工班之间的交接等。

3）组织机构：包括项目经理部构成情况，项目领导班子（项目经理、主管生产副经理、总工等）从事轨道交通工程明挖法施工经历等。

4）人员配备：包括管理人员、技术人员、安全人员、各工种配备人员所具备的轨道交通工程明挖法施工经历。

2 施工准备：主要对技术准备、施工现场准备及抢险物资准备等是否落实施工组织设计进行评估。

1）技术准备：包括地质核查、空洞核查、管线及地下障碍物核查，废弃管线及地下障碍物处理措施、需要保护管线的保护措施、地面建（构）筑物的核查及保护措施、冬雨期施工措施、监控量测措施、交通导改方案的编制等。

2）施工现场准备：包括项目经理部组建完成情况、施工队伍到位情况，废弃管线及地下障碍物处理、需要保护管线的保护、地面建（构）筑物及地下构筑物的保护、塔吊设备场地硬化、交通导改、大型设备进场等。

3）抢险物资准备：包括方木、编织袋、工字钢、钢管、钢板、引水管等抢险物资及发电机、水泵等设备的储备和管理。

3 安全风险管理体系：主要对安全风险组织机构、专职安全风险管理人员配置、安全生产管理制度、安全生产监督管理措施、安全生产教育情况等是否责任明晰、满足施工组织设计要求进行评估。

3.3 施工过程

3.3.1 开挖面地质状况监控、评估与预警

明挖法施工开挖面地质状况主要应巡视、评估以下内容：

1 土层性质及稳定性：

1）土质性质及其变化情况

土质密实度、湿度、颜色等性质，分布情况，与地质勘察及踏勘结果和设计条件的差异情况。

2）开挖面土体渗漏水情况

渗漏水量、气味、颜色、是否伴有砂土颗粒、发生位置、发展趋势等。

3）土体塌落

塌落位置、塌落体大小、发展趋势、塌落原因等。

2 地下水控制效果

堵水效果或抽降水控制效果、降水井抽水出砂量、变化情形及持续时间、附近地面沉陷情况等。

3.3.2 支护结构体系监控、评估与预警

1 支护体系施作及时性情况

2 支护体系渗漏水情况

渗漏水量、气味、颜色、是否伴有砂土颗粒、发生位置、发展趋势等。

3 支护体系开裂、变形变化情况

1）桩顶与冠梁脱开现象，冠梁开裂范围、宽度与深度，桩间网喷护壁开裂情形等。

2）支撑扭曲及偏斜程度、发生位置、发展趋势等。

3）锚头脱落、松动或变形情形、混凝土腰梁开裂、腰梁与土体脱开情况及发生位置。

4）土钉墙面层开裂情况、发生位置、发展趋势等。

4 支护体系施工质量缺陷

1）围护桩身有无夹泥、断桩、缩径及偏斜现象，桩身夹泥范围、断桩、缩径程度、偏斜程度等。

2）支撑装配整体完好性、支撑与围檩连接是否符合规定、围檩与桩身密贴情况、支撑体系破损情况等。

3.3.3 周边环境监控、评估与预警

明挖法施工周边环境主要巡视、评估以下内容：

1 坑边超载

坑边荷载重量、类型、与坑缘距离、面积、位置等。

2 地表积水

积水面积、深度、水量、位置、地面硬化完好程度、坡顶排水系统是否合理及通畅等。

3 周边建（构）筑物、管线、地面开裂、变形等情况参见第6节周边环境巡视内容。

3.3.4 施工工艺监控、评估与预警

明挖法施工工艺主要应巡视、评估以下内容：

1　开挖坡度

观察开挖坡度施工参数，与设计进行对比，是否符合原设计坡度、有无出现直坡、逆坡及出现范围等。

2　开挖面暴露时间

观察实际暴露时间是否满足施工图设计或施工组织设计要求。

3　施工工序

成桩（支撑、锚杆、土钉）、土方开挖及支撑架设、拆除等是否满足施工组织设计要求。

4　基坑超挖

超挖深度、超挖部位等。

3.3.5　施工组织管理及作业状况监控、评估与预警

明挖法施工组织管理及作业状况主要应巡视、评估以下内容：

1　人员、设备、应急物资等资源到位情况

是否按照施工准备期施工组织要求组织人员、设备、应急物资等资源到位。

2　安全保护措施落实情况

作业人员安全防护用品、设施、文明施工等情况。

3　设计文件落实情况

1）围护桩施作：包括钻孔、钢筋笼制作、混凝土灌注等是否满足设计。

2）支撑安装与拆卸：包括支撑加工、立柱及围檩施作、支撑拼装、施加预应力、支撑拆卸及冬雨期施工是否满足设计要求。

3）锚杆施作：包括钻孔定位、清孔、杆体组装、安放、制浆、注浆、预应力张拉、锁定等是否满足设计。

4）混凝土护壁施作：包括钢筋网片加工、安设、混凝土喷射与养护等是否满足设计。

5）土钉墙支护施作：包括土钉安设、注浆、钢筋网绑扎、混凝土喷射与养护、施加预应力等的熟练程度及各道工序的施作时机是否满足设计。

4　施工组织设计及施工专项方案落实情况

支护结构施作、土方开挖、运输、桩间土开挖及边坡修整、冬雨期施工等是否满足施工组织设计及施工专项方案要求。

5　违章作业情况

基坑成孔、成桩（锚）、土方开挖、支撑、降水等工序、工艺、工种是否遵守操作规程。

6　安全风险管理指南运行情况

施工单位项目部执行大指南的情况及效果等。

4　矿山法施工安全风险监控评估

4.1　一般规定

4.1.1　轨道交通工程建设矿山法（浅埋暗挖法）施工，其过程一般包括超前支护、开挖、初期支护、二次衬砌、背后注浆等。

4.1.2 矿山法安全风险评估主要适用于轨道交通车站、区间及其他附属结构的施工方法，包括：全断面法、正台阶法、上半断面临时封闭正台阶法、正台阶环形开挖法、单侧壁导坑正台阶法、双侧壁导坑法（眼镜工法）、中隔墙法（CD 法、CRD 法）、中洞法、侧洞法、柱洞法、洞桩法等。

4.1.3 矿山法施工准备期的安全风险评估主要包括以下四个方面内容：

1 矿山法地质、环境安全风险识别与分析：在认真分析岩土工程勘察与环境调查资料、地质踏勘、环境核查及空洞普查的基础上，对地质、环境安全风险因素和上覆松散填土等地质条件复杂、下穿地下管线等环境条件复杂的部位进行识别，分析可能带来的安全风险。

2 矿山法设计方案实施安全风险识别与分析：在认真学习设计文件的基础上，对超前支护施工工艺、支护体系施工工艺、环境保护措施及降水工艺等实施的重、难点及可能的安全风险进行识别与分析。

3 矿山法施工方案安全性评估：在地质、环境条件核查的基础上，进行地质、环境与施工工艺及设备适应性评估。

4 矿山法施工组织合理性评估：对矿山法施工单位的组织管理进行评估，包括施工部署、施工准备、安全风险管理体系。

4.1.4 矿山法施工过程的安全风险评估与预警范围一般为洞内隧道工作面 2～3 倍洞径，主要包括以下内容：

1 矿山法施工开挖面地质状况监控、评估与预警：对工作面的地质变化、土体稳定性进行监控、评估与预警。

2 矿山法支护结构体系监控、评估与预警：对支护结构变形及稳定性进行监控、评估与预警。

3 矿山法施工周边环境监控、评估与预警：对周边建（构）筑物、管线、地面开裂变形情况进行监控、评估与预警。

4 矿山法施工工艺监控、评估与预警：对矿山法施工工艺参数、设备进行监控和预警，并确定主要参数的控制准则，控制范围和预警范围。

5 矿山法施工组织管理及作业状况监控、评估与预警：对矿山法施工人员、设备、应急物资等资源到位情况，安全保护措施落实情况，设计文件落实情况，施工组织设计及施工专项方案落实情况，违章作业情况及安全风险管理体系运行情况进行监控、评估与预警。

4.1.5 在临时支撑安装拆除、工序转换等特殊施工工序，或断面变化、复杂大跨、联络通道等关键部位，应增大巡视频率。

4.2 施工准备期

4.2.1 地质、环境安全风险识别与分析

矿山法地质、环境安全风险识别与分析主要包括以下内容：

1）地质安全风险因素识别与分析：主要识别不良地层、地下水、地下空洞等地质安全风险因素，分析地质因素对施工的影响及可能带来的安全风险。

2）环境安全风险因素识别与分析：主要识别地面环境、地下环境等环境安全风险因素，分析工程施工、环境的相互影响及可能带来的安全风险。

3）矿山法易出现安全风险的部位识别主要包括以下内容：

①地质条件复杂部位：包括地下水难以控制处、土质软弱处等。

②环境条件复杂部位：包括紧邻古迹或建筑物处、周边建（构）筑物荷载差异较大处、紧邻地下重要管线处、紧邻地下污水管线处、紧邻水源处、邻近施工等。

4.2.2 设计方案实施安全风险识别与分析

矿山法设计方案实施安全风险识别与分析主要包括以下内容：

1 施工工艺：主要对超前支护工艺、初期支护工艺、其他临时支护工艺、开挖工序等实施的重、难点及可能的安全风险进行识别与分析。

2 受力复杂部位：主要对特大断面、马头门、变断面、陡坡段、出入口、明暗法结合处、施工工序转换等受力复杂部位进行识别，分析工法工艺方案实施重、难点及可能的安全风险。

3 环境保护措施：主要对地面建（构）筑物、桥桩、地下建（构）筑物、地下管线等保护措施实施的重、难点及可能的安全风险进行识别与分析。

4 降水设计：主要对降水方案、工艺参数等实施的重、难点及可能的安全风险进行识别与分析。

4.2.3 施工方案安全性评估

矿山法施工方案安全性评估主要包括以下内容：

1 地质、环境因素变化对矿山法施工工艺参数及设备适应性评估

1）地质因素变化对超前支护、开挖支护及设备影响评估：主要对工程地质、水文地质、空洞等导致地层加固、超前支护施作困难、工作面开挖涌水、坍塌等安全风险事件发生的可能性及严重程度进行评估。

2）环境因素变化对超前支护、开挖支护及其设备影响评估：主要对邻近工程、地下障碍物、地下管线、地表水体等导致超前支护施作困难、效果不明显、工作面开挖漏水、漏砂、坍塌、破坏管线等安全风险事件发生的可能性及严重程度进行评估。

3）易出现安全风险部位对超前支护、开挖支护及其设备影响评估：主要对易出现安全风险部位导致超前管棚钻进困难、工作面坍塌、支护结构失稳等安全风险事件发生的可能性及严重程度进行评估。

2 施工工艺及设备对地质、环境影响评估

1）地层加固及超前支护施工工艺及设备对环境影响评估：主要对施工工艺及设备引起地层扰动、空洞、周边建筑物振动、施工噪声、浆液污染、地下管线破坏、地下建（构）筑物破坏等安全风险事件发生的可能性及严重程度进行评估。

2）开挖支护工艺及设备对地质、环境影响评估：主要对开挖方法、开挖进尺、台阶长度、台阶坡度、初期支护结构施作、临时支撑、小导管注浆等工艺及设备引起地层扰动、地下水、空洞、地面沉降、塌陷、地下管线破损等安全风险事件发生的可能性及严重程度进行评估。

3）降水施工及设备对地质环境影响评估：主要对降水施工引起地面沉降、建（构）筑物沉降、降水不到位、工作面渗漏水等安全风险事件发生的可能性及严重程度进行评估。

4.2.4 施工组织合理性评估

矿山法施工组织合理性评估主要包括以下内容：

1 施工部署：主要对施工场地布置、施工任务划分、施工顺序、施工总体方案、"四新"技术、组织机构等的合理性进行评估。

1）施工场地布置：包括施工设施布置、临时设施布置、临时材料（弃渣、钢筋、砂、石料）堆放布置、构件及钢筋加工场地等，是否按照矿山法施工场地布置原则在布置在施工影响区以外、不干扰其他施工等。

2）施工总体方案：包括施工工艺流程、单项工程施工方法、施工顺序等。

3）组织机构：包括项目经理部构成情况，项目领导班子（项目经理、主管生产副经理、总工等）从事轨道交通工程矿山法施工经历等。

4）人员配备：包括管理人员、技术人员、安全员、各工种配备人员所具备的轨道交通工程矿山法施工经历。

2 施工准备：主要对技术准备、施工现场准备及抢险物资准备等是否落实进行评估。

1）技术准备：包括地质核查、环境调查、设计文件分析、实施性施工组织设计完成质量等。

2）施工现场准备：包括项目经理部组建完成情况、施工队伍到位，大型设备进场，施工、临时设施完成情况，主要材料、设备准备、环境保护等。

3）抢险物资准备：包括抢险物资储备、抢险物资储备管理制度等。

3 安全风险管理体系：主要对安全风险组织机构、专职安全管理人员配置、安全生产管理制度、安全生产监督管理措施、安全生产教育情况等是否责任明晰、满足施工组织设计要求进行评估。

4 施工机械选择：应考虑净化装置、内燃机械进洞有害气体对施工人员的伤害以及是否采取除尘措施，通风设施是否完备，能否满足风量需求等。

4.3 施工过程

4.3.1 开挖面地质状况监控、评估与预警

矿山法施工开挖面地质状况主要应巡视、评估以下内容：

1 土层性质及稳定性：

1）土质性质及其变化情况

土质密实度、湿度、颜色等性质、分布情况，与地质勘察及踏勘结果和设计条件的差异情况。

2）开挖面土体渗漏水情况

渗漏水量、气味、颜色、是否伴有砂土颗粒、发生位置、发展趋势等。

3）工作面坍塌

坍塌位置、坍塌体大小、发展趋势、塌落原因等。

2 降水效果

抽降水控制效果、降水井井位、出水量及含砂量、变化情形及持续时间、附近地面沉陷情况等。

4.3.2　支护结构体系监控、评估与预警

矿山法施工支护结构体系主要应巡视、评估以下内容：

1　支护体系施作及时性情况

2　渗漏水情况

渗漏水量、水质、颜色、气味、是否伴有砂土颗粒、发生位置、发展趋势等。

3　支护体系开裂、变形变化情况

1）初期支护扭曲变形部位、变形程度、发展趋势、可能后果等。

2）喷混凝土出现裂缝及剥离长度、位置、宽度、发展趋势、可能后果等。

3）临时支撑脱开：包括发生位置、周边变化、可能后果等。

4　支护体系施工质量缺陷

1）初期支护施工缺陷：包括拱架架设缺陷、挂网、喷混凝土施工缺陷。

2）拱架架设缺陷：观察格栅节点连接情况、拱架材料、拱架间距，拼装是否在允许误差内，挂网、纵向连接筋焊接是否符合要求。

3）挂网、喷混凝土施工缺陷：钢筋网铺设，喷混凝土工艺流程、一次喷射厚度、网喷支护隧道轮廓尺寸允许偏差等。

4）临时支撑安装拆除缺陷：临时支撑材料、安装时机、螺栓连接、焊接、挂网、连接筋焊接、钢筋结点连接、喷混凝土不符合规定；拆除时机、拆除范围、后续工序等。

5）下台阶及仰拱施工缺陷：是否紧跟工作面等。

6）特殊断面缺陷：包括特大断面、易出现安全风险部位支护结构出现施工缺陷的位置、发展趋势、可能后果等。

5　支护体系拱背回填情况

拱背是否存在空洞，空洞有无回填，回填所用材料是否符合要求，回填是否密实等。

4.3.3　周边环境监控、评估与预警

矿山法施工周边环境主要应巡视、评估内容参见第6章周边环境巡视内容。

4.3.4　施工工艺监控、评估与预警

矿山法施工工艺主要应巡视、评估以下内容：

1　工作面暴露时间：包括工作面暴露时间、初期支护施作时间等。

2　开挖进尺要求：观察每次开挖进尺，对于多步开挖，应观察每一步开挖进尺、各步工作面之间的距离。

3　超挖：观察超挖位置、超挖数量等。

4　超前支护施工参数是否符合设计要求。包括小导管的布设、注浆压力、注浆材料、注浆量、施工工艺等。

5　背后注浆施作：观察背后注浆管的布设、注浆压力、注浆材料、注浆量、施工工艺等。

6　特殊断面施作：包括地层加固措施、超前支护、开挖方法、开挖进尺、初期支护、喷混凝土、临时支撑等是否符合要求。

7　施工工序：施工工序是否符合施工组织设计要求。

4.3.5　施工组织管理及作业状况监控、评估与预警

矿山法施工组织管理及作业状况主要应巡视、评估以下内容：

1 人员、设备、应急物资等资源到位情况

是否按照施工准备期施工组织要求组织人员、设备、应急物资等资源到位。

2 安全保护措施落实情况

作业人员安全防护用品、设施、文明施工等情况。

3 设计文件落实情况

1）超前支护施作：包括钻孔、管棚打设、注浆等工序是否满足设计。

2）开挖支护施作：开挖、运输、拱架架设、挂网、喷混凝土等是否满足设计。

3）交叉施工工序是否满足设计。

4 施工组织设计及施工专项方案落实情况

土方开挖、出碴、支护结构施作、超前支护施作、注浆、降水等是否满足施工组织设计及施工专项方案要求。

5 违章作业情况

土方开挖、支护结构施作、超前支护施作、临时支撑安装及拆卸、注浆、降水等工序、工艺、工种是否遵守操作规程。

6 安全风险管理体系运行情况

施工单位项目部执行安全风险管理体系的情况及效果等。

5 盾构法施工安全风险监控评估

5.1 一般规定

5.1.1 轨道交通工程建设盾构法施工一般包括盾构整体筹划、组装调试、盾构始发、盾构隧道掘进、盾构到达、盾构解体吊出等过程。

5.1.2 盾构法安全风险评估主要适用于北京地区采用土压平衡盾构开挖的区间隧道，也可供采用泥水平衡盾构和敞开式盾构等开挖的区间隧道安全风险评估参考。

5.1.3 盾构法施工准备期的安全风险评估主要包括以下四个方面内容：

1 盾构区间隧道组段划分：主要对地质、环境条件进行安全风险评估并对隧道穿越的地层进行综合安全风险组段划分。

2 盾构法加固设计方案实施安全风险识别与分析：主要对盾构始发/到达端头加固设计方案的实施重难点、区间联络通道和/或泵房等区间构筑物的位置、加固设计方案的实施重难点及可能的安全风险进行分析，区间联络通道暗挖部分将在矿山法中进行。

3 盾构及其重要配套设备适应性评估：主要根据隧道穿越的地层情况对盾构及其重要配套设备进行评估，包括可能的换刀地点选择、换刀方案等。

4 盾构法施工组织合理性评估：主要对盾构施工组织设计进行评估，包括施工组织、专项方案、应急预案、人员队伍和环境适应性等方面。

5.1.4 盾构法施工过程的安全风险评估主要包括以下六个方面内容：

1 盾构始发/到达、联络通道等施工评估：主要对盾构施工中最容易出现安全风险事故的工序——始发和到达的施工、区间联络通道和/或泵房等区间构筑物与区间隧道连接处的管片破除施工等进行安全风险评估。

2 盾构施工现场监控、评估与预警：对不能实时监控的盾构施工情况，通过现场巡视方法对这些安全风险事件进行评估。

3 盾构法施工周边环境监控、评估与预警：对周边建（构）筑物、管线、地面开裂变形情况进行监控、评估与预警。

4 盾构施工参数监控、评估与预警，对盾构施工参数进行实时的监控和预警，并确定主要施工参数的控制准则，控制范围和预警范围。

5 换刀施工评估：对正常的换刀施工，突发性的刀盘和/或刀具维修和更换方案与施工进行安全与风险评估。

6 盾构法施工组织管理及作业状况监控、评估与预警：对盾构法施工人员、设备、应急物资等资源到位情况，安全保护措施落实情况，设计文件落实情况，施工组织设计及施工专项方案落实情况，违章作业情况及安全风险管理体系运行情况进行监控、评估与预警。同时对盾构施工的管理与协调能力、管理人员和组织、管理人员的经验与素质、对盾构施工队伍的掌控水平和紧急情况的处理能力、隧道内施工队伍及盾构操作能力进行评估。

5.2　施工准备期

5.2.1　盾构区间隧道组段划分

1 盾构施工参数的合理选取和控制是有效减少和避免盾构施工安全风险的必要措施。建立适宜不同工程地质条件、水文地质条件、地层环境条件和其他特殊条件下盾构施工参数控制标准和/或控制范围，实现盾构施工的规范化和施工管理的标准化，对有效控制盾构施工安全风险是非常有必要的。

2 盾构施工参数必须根据项目环境条件（包括地面和地下建筑物、构筑物等）和工程、水文地质条件来确定。盾构施工过程中穿越的地层及其工程地质、水文地质条件并非一成不变，当项目环境条件或工程地质、水文地质条件发生变化时，盾构施工参数也必须相应调整，因此必须根据盾构施工过程中的工程、水文地质条件、地面和地下环境条件以及隧道埋深等因素对盾构法施工的区间隧道进行组段划分，确定适宜各个组段的盾构施工参数控制标准和/或控制范围。组段划分是进行盾构法隧道施工安全风险评估的重要工作和首要内容。

3 盾构法施工的区间隧道组段划分主要基于以下两点：

1）盾构隧道穿越的土层性质：盾构施工参数确定的基本原则，首先是依据盾构开挖的地层情况。

2）盾构施工环境条件的组合影响：除考虑盾构隧道穿越的地层情况外，还须充分考虑盾构施工环境条件的组合效应，亦即盾构隧道上方地层情况及是否有重要管线，盾构隧道上方地面和地下建（构）筑物存在与否，盾构隧道下方地下建（构）筑物存在与否，地面沉降控制要求，盾构隧道穿越特殊地层条件，如巨型漂石、水体下穿越等，都会影响到盾构区间组段的划分。

4 综合考虑项目初勘资料、详勘资料和补勘资料中盾构隧道穿越的地层特性，对盾构施工区间隧道进行组段划分如下：

A段：盾构穿越的地层为黏土、粉质黏土、黏质粉土和粉土以及这四种土层组成的复合地层。

B段：盾构穿越的地层为砂层，包括粉砂、细砂、中砂和粗砂。

C段：盾构穿越的地层为砾石（卵石）层。

D段：盾构穿越的地层为土与砂的复合土层。

E段：盾构穿越的地层为土、砂、砾石（卵石）的复合地层。

F段：盾构穿越的地层为土岩混合地层。

5 进行盾构施工环境的组合安全风险因素划分时主要考虑以下四点因素：

1）隧道的埋深。

2）地面和地下环境条件（建筑基础、管线、既有轨道线路）。

3）特殊地质情况（漂石、隧道上方有河流等水体）。

4）盾构穿越地ң的上覆土层性质。

6 盾构施工环境组合安全风险因素分为以下三级：

Ⅰ级：盾构下穿或上穿既有轨道线路，或下穿或者临近重要建（构）筑物，或下穿重要市政管线和河流工程，或土层中有漂石、孤石等特殊地质情况，或隧道埋深小于9m的浅埋隧道，或以上两种及以上情况的组合。

Ⅱ级：隧道埋深大于9m，或隧道上方地层中有一般的市政管线，或隧道临近或者下穿一般建筑物，或下穿重要市政道路，或地层中的不良地质情况对盾构施工影响较小并没有特殊地质情况。

Ⅲ级：隧道埋深大于13m，或隧道上方地层中没有管线或者只有对沉降不敏感的管线（如电力管线、电信管线、广播管线等）且管线埋深较浅，或隧道与建筑物基础和重要市政道路距离较远，或地层中无不良地质情况等特殊地质情况。

7 盾构施工区间隧道组段的综合划分是在盾构穿越土层组段划分的基础上按照盾构施工环境的组合安全风险级别对各个组段进行更详细的划分，将A、B、C等六个土层组段划分为 A_I、A_{II}、A_{III}、B_I、B_{II}、B_{III}、C_I、C_{II}、C_{III}、…F_I、F_{II}、F_{III} 等18个组段，即将每个土层组段按照盾构施工环境安全风险级别划分为Ⅰ、Ⅱ、Ⅲ三个组段。盾构施工区间隧道组段的综合划分见图1所示。对任何一个盾构区间隧道而言，都是由以上18种组段中的一种或几种组段组合而成。

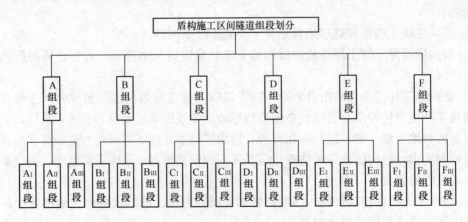

图1 盾构施工区间隧道组段综合划分示意图

5.2.2 加固设计方案安全风险识别与分析

1 加固设计方案安全风险识别与分析主要对盾构始发/到达端头加固方案、区间联络通道和/或泵房等区间构筑物的位置、加固方案实施的重、难点及可能的安全风险进行评估。

2 盾构始发/到达端头、区间联络通道和/或泵房等区间构筑物加固的目的：

1）减少拆除围护结构（地下连续墙或围护桩等）、隧道管片时震动对土体的扰动影响：盾构始发和到达前拆除围护结构、进行联络通道和/或泵房等区间构筑物施工前的管片破除时会对地层有较大的扰动，这些扰动对地层稳定极为不利。地层加固的一个重要作用就是增加土层的稳定性，防止拆除围护结构时扰动对土体稳定的影响。

2）在满足相关规范要求的前提下，根据地质和环境条件的变化，适当调整联络通道和/或泵房等区间构筑物的位置，是减少或根除联络通道和/或泵房等区间构筑物施工安全风险的有效措施。

3）盾构进入洞门前地层能够长时间稳定：盾构始发前拆除围护结构会使开挖面土体处于暴露状态且持续时间较长，围护结构拆除后盾构需要一定时间才能进入洞门至开挖面，地层加固一定要确保地层能够在一定时间内保持稳定。

4）连接处的土体稳定性：联络通道和/或泵房等区间构筑物与隧道连接处管片的破除需要一定时间，管片破除方法和无法完全封闭的土体初期支护均对该处施工安全带来不利影响，该处土体需在一定时间内自稳。

5）减小土体的渗透系数，防止发生突水、涌水和涌砂事故：土体的渗透性是影响地层稳定的重要因素，地层加固既提高地层土体的强度，也降低该土体的渗透系数；单纯提高土体强度而不减小土体的渗透系数，地下水的作用可能诱发生突水、涌水、涌砂和塌方等事故，严重影响盾构始发和到达、区间联络通道和/或泵房等区间构筑物施工的安全。

6）防止土压建立期间引起的过大地面沉降或坍塌：盾构进入洞门后在一定的掘进距离长度内土舱压力较小，不足以维持开挖面压力的稳定，地层加固必须确保盾构在土压建立前开挖面不会因为压力不足而引起地面过大沉降或坍塌。

3 盾构始发/到达端头加固设计评估的主要内容如下：

1）加固后土体强度，如加固土体的 C、Φ 值、单轴抗压强度等。

2）加固范围，主要考虑纵向加固长度 L、加固宽度 B、上方加固高度 H_1 和下方加固高度 H_2。

3）加固后土体的渗透性，主要评估指标为土体的渗透系数 K。

4）设计采用的加固方法。

4 盾构区间联络通道和/或泵房等区间构筑物加固设计评估的主要内容如下：

1）加固后土体强度，如加固土体的 C、Φ 值、单轴抗压强度等。

2）加固范围，如隧道加固长度 L，加固宽度 B、上方加固高度 H_1 和下方加固高度 H_2。

3）加固后土体的渗透性，主要评估指标为土体的渗透系数 K。

4）设计采用的加固方法。

5）拆除管片的形式（混凝土管片、钢管片或其他）与管片拆除期间区间隧道的安全性。

5 联络通道和/或泵房等区间构筑物暗挖施工的安全风险评估工作将在暗挖法中进行评估。

5.2.3 盾构及其重要配套设备的适应性评估

1 盾构区间隧道施工中，盾构隧道穿越的地层复杂多变，一台盾构不可能做到对任何地层条件都适宜，每台盾构都有一个最佳的适宜范围。盾构及重要配套设备的适应性评估主要根据项目工程地质、水文地质条件和地面状况、地层分层情况和设计要求以及施工中可能遇到的各种安全风险因素对选定的盾构及重要配套设备进行评估。

2 在进行组段划分时已经考虑了项目的工程地质、水文地质条件和地面状况、地层分层情况和施工中可能遇到的各种安全风险因素，因此盾构及重要配套设备的适应性评估只需结合该项目的组段划分情况进行适应性评估即可。

3 盾构及其重要配套设备适应性评估的主要内容如下：

1）刀盘型式和刀具布置与地层条件的适应性、可能的换刀地点和换刀方案。

2）盾构推力和刀盘扭矩与地层条件的适应性。

3）螺旋输送机设计与地层条件的适应性（弃渣状态和施工进度要求等）。

4）注浆设备的适应性评价。

5）皮带传送设备的适应性评价。

6）泡沫设备的适应性评价。

7）油脂设备的适应性评价。

5.2.4 施工组织合理性评估

1 盾构施工组织设计应全面考虑拟建工程的各种具体施工条件，确定合理的施工方案、施工顺序、应急方法和人员组织，合理统筹安排施工进度，在施工准备期应该对盾构施工组织设计进行评估，以减小施工阶段盾构施工出现安全风险事件的可能性。

2 施工组织设计评估的主要内容如下：

1）施工前工程地质和水文地质条件调查情况。

2）施工环境调查情况，主要包括各类管线、建筑物、构筑物、地下基础和其他施工环境的调查情况。

3）换刀地点的选择和换刀方案的确定。

4）工期安排和施工场地布置情况。

5）施工组织机构、施工队伍、人员安排情况。

6）施工组织设计、专项施工方案和应急施工预案情况。

5.3 施工过程

5.3.1 盾构始发/到达施工评估

盾构始发/到达施工评估的主要内容如下：

1 洞门和围护结构评价。

2 洞门防水措施评价。

3 端头加固效果评价。

4 始发/接收架和反力架评价。

5.3.2 联络通道和/或泵房等区间构筑物与盾构隧道连接处施工评估

联络通道和/或泵房等区间构筑物与盾构隧道连接处施工评估内容如下：

1 管片形式（普通管片、特殊管片）与拆除方法的适应性。

2 实际地层加固效果。

3 连接处的未拆除管片与初期支护的连接施工。

5.3.3 施工现场监控、评估与预警

1 现场施工状况，例如盾构铰接密封、管片破损、管片错台和管片间渗漏水情况等，采用现场巡视评估方法来对这些安全风险因素进行评估。

2 施工现场评估的主要内容有以下五个方面：

1）盾构铰接密封情况。

2）管片破损情况。

3）管片错台情况及其趋势。

4）管片渗漏水情况。

5）盾尾漏浆状况。

6）盾构施工测量基点情况核查（由施工单位和指定复核单位进行复核并及时上报监控中心）。

5.3.4 周边环境监控、评估与预警

盾构法施工周边环境应巡视、评估的主要内容参见本部分第 6 节周边环境巡视内容。

5.3.5 换刀施工的监控、评估与预警

换刀施工（包括刀盘的检修和刀具的更换等）评估主要内容如下：

1 正常换刀地点地质与环境条件的再确认。

2 常压换刀或带压换刀及其控制方案与参数。

3 突发性刀盘检修与刀具更换方案、实施条件与危险性预测。

5.3.6 盾构施工参数监控、评估与预警

1 盾构施工参数的评估需要建立适合不同组段的施工参数的控制准则和控制范围，主要考虑以下几点：

1）不同组段控制土压力参数的选取及其控制准则和控制范围：根据上覆土层的性质和地下水情况计算主动土压力 E_a、被动土压力 E_p 和静止土压力 E_0，$E_a < E_0 < E_p$。土压力的控制范围应该在 $E_a \sim E_p$ 之间，或根据隧道埋深计算地应力后乘以水平应力系数。

2）不同组段盾构推进刀盘扭矩和总推力的控制范围：盾构在砂层、卵砾石层和砂、卵石复合地层中刀盘扭矩和总推力偏大。总推力必须根据隧道的埋深、土舱内的土压、盾壳与土之间的摩擦力、盾尾与管片间的摩擦力和后配套设备所需的牵引力来综合考虑，或者根据经验公式：$F = P \frac{\pi}{4} D^2$（kN），P 为单位开挖面积所需的推力，通常取 0.6～1.2MPa，D 为盾构刀盘直径。刀盘扭矩必须根据刀盘切削土体所需的转矩、刀盘自重产生的阻力矩、密封装置对主轴承的阻力矩、刀盘周边的摩擦阻力矩和搅拌装置对土体的搅拌转矩来综合考虑，也可以根据经验公式：$T = \alpha \cdot D^3$（kN·m）来确定，α 的取值范围为 8～23，D 为盾构刀盘直径。

3）不同组段盾构推进速度、刀盘转速和贯入度参数控制范围：盾构在砂层、卵砾石层和砂、卵石复合地层中施工时，为减小磨损，应该采用低转速、高贯入度等措施，对于对沉降要求严格的组段，应该采用匀速推进。

4）不同组段同步注浆压力参数的选取及其控制准则和控制范围：同步注浆压力根据隧道的埋深来确定，例如：隧道埋深为 H 处水土压力为 P，同步注浆压力应该控制在 $1.2P\sim2.0P$ 之间，但是同步注浆压力不能超过 0.45MPa（4.5bar）。当盾构穿越地段对沉降要求严格的组段时，应该适当增加注浆压力和增大注浆量，减少地表沉降。

5）不同组段同步注浆量控制范围及其准则：同步注浆量应根据盾构外径与管片内径之间空隙的体积 V 来确定。例如盾构外径 6.25m，管片外径 6.0m，每环管片长度 1.2m，$V=\pi/4\times(6.25^2-6^2)\times1.2=2.88\text{m}^3$。每环的同步注浆量一般控制在 $1.2V\sim1.8V$，对于砂层、卵石层和砂、卵石复合地层同步注浆量要偏大一些，对于沉降控制较严格的组段也应该适当增加同步注浆量，减少地表沉降。

6）不同组段二次补浆压力、补浆量和补浆频率参数的推荐范围：二次补浆压力一般控制在隧道埋深处水土压力 $+0.05\text{MPa}$，每次补浆量一般控制在 0.7m^3 以下，补浆频率宜在管片脱出盾尾 $6\sim8$ 环时进行，$5\sim10$ 环为一组。

7）推进油缸伸缩组数控制指标（指管片安装时）：管片安装时，推进油缸同时收回的最大组数为 2 组（仅在安装封顶块时），一般情况下为 1 组。

8）不同组段的盾构姿态和滚动角的控制范围：盾构姿态横向偏移最大允许值为 50mm，竖向偏移最大允许值为 25mm。转动角允许值在 $-5°\sim5°$ 之间。

考虑不同组段的具体特点，推荐主要盾构施工参数的控制范围见附表 F-4-3 所示，表中盾构施工参数为北京轨道交通建设盾构区间隧道不同组段的控制范围，仅供参考。

2 盾构施工中主要控制参数如土压力、刀盘扭矩、总推力、推进速度、刀盘转速、贯入度、同步注浆压力和同步注浆量要按照附表 F-4-3 中的控制范围严格控制，当这八种参数数值超过或者低于控制范围时需要进行预警，具体预警准则如下：

1）黄色预警：以上八种参数数值在 $1.0\sim1.1$ 倍的控制范围最大值之间，或者在 $0.9\sim1.0$ 倍的控制范围最小值之间。

2）橙色预警：以上八种参数数值在 $1.1\sim1.2$ 倍的控制范围最大值之间，或者在 $0.8\sim0.9$ 倍的控制范围最小值之间。

3）红色预警：以上八种参数数值大于 1.2 倍的控制范围最大值，或者小于 0.8 倍的控制范围最小值。

3 盾构姿态和转动角的预警准则如下：

1）黄色报警：

①曲线半径大于 500m 时：盾构水平偏差在 $40\sim45\text{mm}$，竖向偏差在 $20\sim23\text{mm}$，转动角在 $-4°\sim-3°$ 或 $3°\sim4°$。

②曲线半径小于 500m 时：盾构水平偏差在 $70\sim75\text{mm}$，竖向偏差在 $20\sim23\text{mm}$，转动角在 $-4°\sim-3°$ 或 $3°\sim4°$。

2）橙色报警：

①曲线半径大于 500m 时：盾构水平偏差在 $45\sim50\text{mm}$，竖向偏差在 $23\sim25\text{mm}$，转动角在 $-5°\sim-4°$ 或 $4°\sim5°$。

②曲线半径小于 500m 时：盾构水平偏差在 $75\sim80\text{mm}$，竖向偏差在 $23\sim25\text{mm}$，转动角在 $-5°\sim-4°$ 或 $4°\sim5°$。

3）红色报警：

①曲线半径大于 500m 时：盾构水平偏差大于 50mm，竖向偏差大于 25mm，转动角小于－5°或大于 5°。

②曲线半径小于 500m 时：盾构水平偏差大于 80mm，竖向偏差大于 25mm，转动角小于－5°或大于 5°。

5.3.7　施工组织管理及作业状况监控、评估与预警

盾构法施工组织管理及作业状况主要应巡视、评估以下内容：

1　人员、设备、应急物资等资源到位情况

是否按照施工准备期施工组织要求组织人员、设备、应急物资等资源到位。

2　安全保护措施落实情况

作业人员安全防护用品、设施、文明施工等情况。

3　设计文件落实情况

1）始发和到达的端头加固是否按照设计的方法、工艺进行了正常施工作业。

2）区间联络通道位置和管片的特殊性（如果有的话）是否按照要求进行了准备和预留。

3）是否严格按照设计要求进行了隧道线路各种参数的核算、录入（如果需要的话）及其核查。

4　违章作业情况

盾构施工的全过程，包括从地面准备、垂直与水平运输、盾构施工操作、管片装卸与安装、螺栓紧箍、注浆过程等是否符合相关规程、规定等。

5　安全风险管理体系运行情况

施工单位项目部执行安全风险管理体系的情况及效果等。

6　施工组织管理状况评估的主要内容有下列六个方面：

1）施工单位的现场管理与协调能力。

2）施工单位在施工现场对盾构施工的监控情况。

3）施工单位对盾构施工出现突发安全风险事件和紧急情况的处理能力。

4）施工单位人员组织机构合理性。

5）施工单位管理人员素质。

6）施工单位对隧道施工队伍的管理情况。

7　隧道内施工队伍的作业水平和盾构操作能力评估，主要包括以下八个方面：

1）隧道内盾构施工作业人员的以往盾构施工经历。

2）盾构操作人员对盾构设备的把控水平和能力。

3）管片安装人员的操作熟练程度（包括管片安装机和连接螺栓的操作和安装等）。

4）对各种注浆、注脂和膨润土注射设备的操作熟练程度。

5）对自动导向系统的操作熟练程度、联系测量工作的频率和方式。

6）隧道内盾构作业人员对盾构设备出现紧急情况时的应急处理能力，如漏浆、盾尾密封、铰接密封及其紧急密封等。

7）盾构及其相关设备维护保养人员的工作水平和能力。

8）盾构施工队伍的井上下联系作业安排。

6 施工过程周边环境监控、评估与预警

6.1 一般规定

6.1.1 轨道交通工程建设中周边环境主要有建（构）筑物、桥梁、既有线（铁路）、道路（地面）、河流湖泊、地下管线等。

6.1.2 施工过程周边环境监控、评估分为一般工程环境过程评估和特殊工程环境过程评估：

1 一般工程环境过程评估是根据国家、行业、当地有关规范、规程和设计阶段确定的监控量测控制指标值，判别施工过程中监测点的预警状态，或根据周边环境巡视发现安全隐患或不安全状态而进行预警。

2 特殊工程环境过程评估是根据前期特殊工程环境现状评估、施工影响预测及附加影响分析定出的监测控制指标判别监测点的预警状态，或根据周边环境巡视发现安全隐患或不安全状态而进行预警，并综合分析每道工序实际监测数据、预测监测最终变形值，结合巡视信息，修正前期评估得到的控制指标，具体技术程序图见附图 C-1。

6.1.3 轨道交通工程施工过程中应对明挖基坑、矿山法隧道、盾构法隧道周边 $2.0H$ 影响范围内的环境进行巡视。

6.2 周边环境巡视、评估

6.2.1 施工现场周边建（构）筑物主要应巡视、评估以下内容：

1 建构（筑）物开裂、剥落：包括裂缝宽度、深度、数量、走向、剥落体大小、发生位置、发展趋势等。

2 地下室渗水：包括渗漏水量、发生位置、发展趋势等。

6.2.2 施工现场周边桥梁主要应巡视、评估墩台或梁体开裂、剥落情况，包括裂缝宽度、深度、数量、走向、剥落体大小、发生位置、发展趋势等。

6.2.3 施工现场周边既有线（铁路）主要应巡视、评估以下内容：

1 结构开裂、剥落：包括裂缝宽度、深度、数量、走向、剥落体大小、发生位置、发展趋势等。

2 结构渗水：包括渗漏水量、发生位置、发展趋势等。

3 道床结构开裂：包括裂缝宽度、深度、数量、走向、发生位置、发展趋势等。

4 变形缝开合及错台：包括变形缝的扩展和闭合大小、变形缝处结构有无错开、位置、发展趋势等。

6.2.4 施工现场周边道路（地面）主要应巡视、评估以下内容：

1 地面开裂：包括裂缝宽度、深度、数量、走向、发生位置、发展趋势等。

2 地面沉陷、隆起：包括沉陷深度、隆起高度、面积、位置、距墩台的距离、距基坑（或隧道）的距离、发展趋势等。

3 地面冒浆/泡沫：包括出现范围、冒浆/泡沫量、种类、发生位置、发展趋势等。

6.2.5 施工现场周边河流湖泊主要应巡视、评估以下内容：

1 水面漩涡、气泡：包括水面有无出现漩涡、水泡、出现范围、发生位置、发展趋势等；

2 堤坡开裂：包括裂缝宽度、深度、数量、走向、位置、发展趋势等。

6.2.6 施工现场周边地下管线主要应巡视、评估以下内容：

1 管体或接口破损、渗漏：包括位置、管线材质、尺寸、类型、破损程度、渗漏情况、发展趋势等；

2 检查井等附属设施的开裂及进水：包括裂缝宽度、深度、数量、走向、位置、发展趋势、井内水量等。

6.2.7 施工现场周边邻近施工情况主要应巡视、评估邻近在施工程项目规模、结构、位置、进度，与轨道交通工程水平距离、垂直距离等。

7 附 录

附录 A 施工准备期安全风险评估管理流程

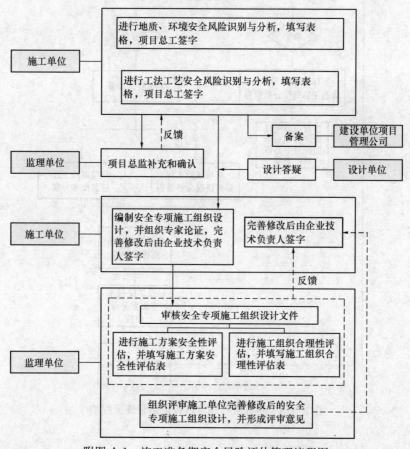

附图 A-1 施工准备期安全风险评估管理流程图

附录 B 特殊工程环境过程评估管理流程

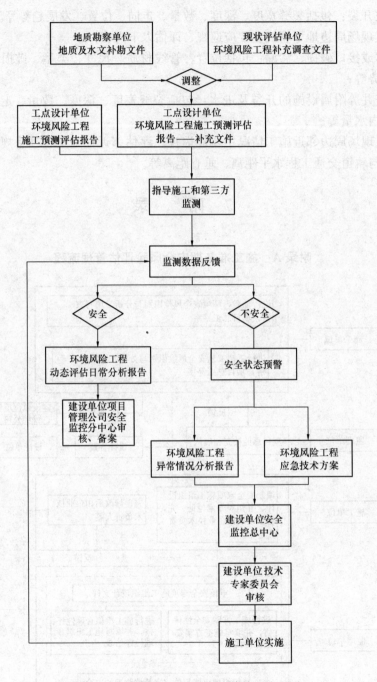

附图 B-1 特殊工程环境过程评估管理流程图

附录 C　特殊工程环境过程评估技术程序

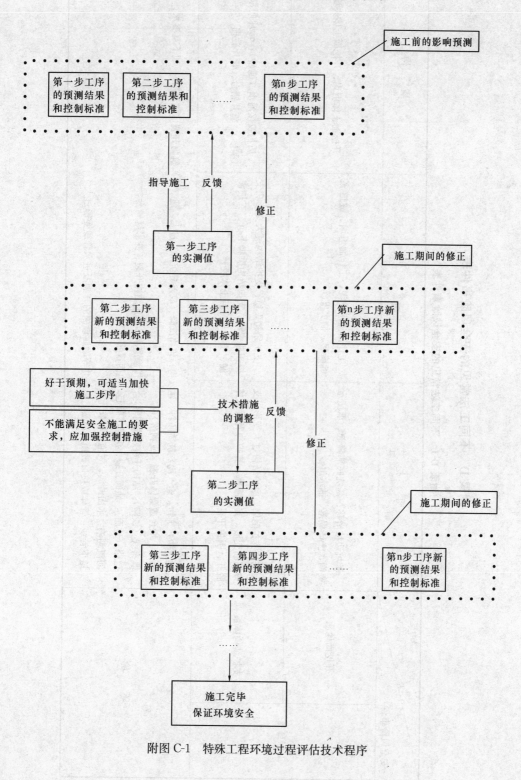

附图 C-1　特殊工程环境过程评估技术程序

附录 D 不同工法常见的安全风险事件表

附表 D-1 不同工法常见的安全风险事件

工法 安全风险事件		明 挖	矿 山	盾 构
工程自身	开挖面地质	基坑边坡滑移、基坑底部隆起、承压水突涌、土体塌落、抽水出砂	工作面突泥突涌、工作面坍塌、隧道底部隆起、抽水出砂	开挖面土体坍塌、开挖面土体失稳
	支护结构体系	基坑支护倒塌、围护结构过大变形、支撑扭曲变形、支护渗漏、支护与背后土体脱开、围护开裂	支护结构失稳、支护结构过大变形、支撑扭曲变形、支护结构拱脚下沉、支护结构拱脚土体脱开、支护与背后土体脱开	盾构较接涌水（涌砂）、管片间漏水（漏砂）、管片错台、管片破损
环 境		建（构）筑物：建（构）筑物倾斜、建（构）筑物开裂（或剥落）、地下室渗水； 桥梁：墩台或梁体开裂（或剥落）； 既有线（铁路）：结构开裂（或剥落）、结构渗漏、道床结构开裂、变形错台； 道路（地面）：地面开裂、沉陷、隆起、地面冒浆； 河流湖泊：水面漩涡、气泡、堤坡开裂； 地下管线：管体或接口破损、渗漏、检查井等附属设施的开裂及进水管线变形过大		

附录 E　施工准备期安全风险评估表

附表 E-1　施工单位安全风险评估表

附表 E-1-1　施工准备期施工单位安全风险评估表 (一)

编号：_____

线路名称			合同段		工点名称	
风险工程名称 (级别)				施工单位		
评估内容		存在问题的描述		可能产生的安全风险事件		处置措施建议
地质安全风险识别与分析						
环境安全风险识别与分析						
设计方案实施安全风险识别与分析						
其　他						
专业工程师				项目总工		___年___月___日
监理单位建议				项目总监签字		___年___月___日

备注：1. 本表由施工单位采用。
　　　2. 适用于明挖法或矿山法施工。

229

附表 E-1-2　施工准备期施工单位安全风险评估表（二）

编号：_____

线路名称		合同段		工点名称	
风险工程名称（级别）		施工单位			
评估内容	存在问题的描述		可能产生的安全风险事件	处置措施建议	
盾构始发/到达端头加固设计方案实施安全风险识别与分析					
区间联络通道和/或泵房等区间构筑物加固设计方案实施安全风险识别与分析					
其　他					
专业工程师		项目总工		项目总监签字	
		___年___月___日		___年___月___日	
监理单位建议					

备注：1. 本表由施工单位采用。
　　　2. 适用于盾构法施工。

附表 E-2 监理单位安全风险评估表

附表 E-2-1 施工准备期监理单位安全风险评估表 (一)

编号：_____

线路名称		合同段		工点名称	
风险工程名称 (级别)		施工单位			
评估内容	存在问题的描述		可能产生的安全风险事件	处置措施建议	
施工方案安全性评估					
施工组织合理性评估					
其 他					
监理工程师		___年___月___日	项目总监	___年___月___日	

备注：1. 本表由监理单位采用。
   2. 适用于明挖法或矿山法施工。

231

附表 E-2-2 施工准备期监理单位安全风险评估表（二）

编号：_____

线路名称		合同段		工点名称	
风险工程名称（级别）			施工单位		
盾构型式		盾构刀盘型式		盾构制造商	
评估内容	存在问题的描述		可能产生的安全风险事件		处置措施建议
盾构及其重要配套设备适应性评估					
施工组织合理性评估					
其　他					
监理工程师		___年___月___日	项目总监		___年___月___日

备注：1. 本表由监理单位采用。
　　　2. 适用于盾构法施工。

附录 F 施工过程安全风险评估表

附表 F-1 施工单位施工现场安全巡视表

附表 F-1-1 施工过程施工单位现场巡视表（一）

编号：＿＿＿＿

线路名称		合同段		工点名称	
风险工程名称（级别）		风险单元名称（级别）		施工单位	
施工部位		天气			
巡视内容	存在问题的描述	原因分析	可能导致后果	安全状态评价 （正常、黄色、 橙色、红色预警）	处置措施建议
专业工程师			项目总工		＿＿年＿月＿日
监理工程师					＿＿年＿月＿日

备注：1. 本表由施工单位采用。
2. 适用于明挖法施工。
3. 主要巡视内容包括：1）开挖面地质状况：土层性质及稳定性、地下水控制效果和其他情况；2）支护结构体系：渗漏水情况、支护体系开裂、变形变化和其他情况；3）周边环境：坑边超载、地表积水及截排水措施、地表变形及开裂情况、建（构）筑物变形及开裂情况、管线沿线地面开裂、渗水、塌陷情况、管线检查井开裂及积水变化和其他情况。

附表 F-1-2　施工过程施工单位现场巡视表（二）

编号：_____

线路名称		合同段		工点名称	
风险工程名称（级别）		风险单元名称（级别）			
施工部位		天气		施工单位	
巡视内容	存在问题的描述	原因分析	可能导致后果	安全状态评价（正常、黄色、橙色、红色预警）	处置措施建议
专业工程师			项目总工		___年___月___日
监理工程师					___年___月___日

备注：1. 本表由施工单位采用。
2. 适用于矿山法施工。
3. 主要巡视内容包括：1）开挖面地质状况：土层性质及稳定性、降水效果和其他情况；2）支护结构体系：支护体系开裂、变形变化和其他情况；地表变形及开裂情况、管线沿线地面开裂、渗水、塌陷情况、管线检查井开裂及积水变化和其他情况；3）周边环境：建（构）筑物变形及开裂、地表变形及开裂及积水变化和其他情况。

附表 F-1-3 施工过程施工单位现场巡视表（三）

编号：_____

线路名称		合同段		工点名称	
风险工程名称（级别）		风险单元名称（级别）		施工单位	
施工部位		天气			
巡视内容	存在问题的描述	原因分析	可能导致后果	安全状态评价（正常、黄色、橙色、红色预警）	处置措施建议
专业工程师		___年___月___日	项目总工		___年___月___日
监理工程师		___年___月___日			___年___月___日

备注：1. 本表由施工单位采用。

2. 适用于盾构法施工。

3. 主要巡视内容包括：1）铰接密封、管片破损、管片错台、管片同渗漏水、盾尾漏浆状况及其他情况；2）周边环境：建（构）筑物变形及开裂情况，地表变形及开裂情况、管线沿线地面开裂、渗水、塌陷情况、跑浆及泡泡冻流失，管线检查井开裂及积水变化和其他情况。

235

附表 F-1-4　施工过程施工单位安全风险评估表（一）

编号：_____

线路名称		合同段		工点名称	
风险工程名称（级别）		施工单位			
评估内容	存在问题的描述	可能产生的安全风险事件		处置措施建议	
专业工程师		项目总工		___年___月___日	
监理工程师				___年___月___日	

备注：1. 本表由施工单位采用。
　　　2. 适用于盾构法施工盾构始发/到达安全风险评估。
　　　3. 主要评估内容包括：洞门结构、围护结构、洞门防水措施、端头加固效果、始发架和反力架及其他。

附表 F-1-5 施工过程施工单位安全风险评估表 (二)

编号：_____

线路名称		合同段		工点名称	
风险工程名称（级别）		施工单位			
评估内容	存在问题的描述	可能产生的安全风险事件		处置措施建议	

专业工程师 _____年___月___日　　项目总工 _____年___月___日

监理工程师 _____年___月___日

备注：1. 本表由施工单位采用。

2. 适用于盾构法区间联络通道和/或采采房等构筑物施工安全风险评估。

3. 主要评估内容包括：拆除管片型式、拆除方法、连接处施工期的结构稳定性、加固效果、连接处的防水措施及其他。

附表 F-1-6 施工过程施工单位安全风险评估表（三）

编号：＿＿＿

线路名称		合同段		工点名称	
风险工程名称（级别）		风险单元名称（级别）			
施工部位		施工单位			
评估内容	存在问题的描述	可能产生的安全风险事件		处置措施建议	
专业工程师		项目总工		＿年＿月＿日	
监理工程师		＿年＿月＿日			

备注：1. 本表由施工单位采用。

2. 适用于盾构法区间盾构换刀施工安全风险评估。

3. 主要评估内容包括：正常换刀地点的地质与环境条件确认、突发性换刀地质与环境条件、换刀方案与地层和环境条件的适应性（正常和突发）、换刀施工控制性参数指标及其控制方式、突发性换刀可能引起的地层与环境问题及其他。

附表 F-2 监理单位施工现场安全巡视表

附表 F-2-1 施工过程监理单位现场巡视表（一）

编号：____

线路名称		合同段		工点名称	
风险工程名称（级别）		风险单元名称（级别）		监理单位	
施工部位		天气			
巡视内容	存在问题的描述	原因分析	可能导致后果	安全状态评价（正常、黄色、橙色、红色预警）	处置措施建议
监理工程师		年__月__日		项目总监（代表）	年__月__日

备注：1. 本表由监理单位采用。
2. 适用于明挖法施工。
3. 主要巡视内容包括：1）开挖面地质状况：土层性质状况、地下水控制效果及稳定性，支护结构体系：支护体系施作及时性，渗漏水情况，支护体系开裂、变形变化、管线沿线地面开裂、渗水、塌陷情况及其他情况；2）支护体系施工质量缺陷和其他情况；3）周边环境：坑边超载、地表积水及截排水措施，建（构）筑物变形及开裂情况、地表变形及开裂情况，管线检查井开裂及积水变化和其他情况；4）施工工艺：开挖坡度、施工工序、基坑超挖及其他情况。

附表 F-2-2　施工过程监理单位现场巡视表（二）

编号：_____

线路名称		合同段		工点名称	
风险工程名称（级别）		风险单元名称（级别）			
施工部位		天气		监理单位	
巡视内容	存在问题的描述	原因分析	可能导致后果	安全状态评价（正常、黄色、橙色、红色预警）	处置措施建议
监理工程师		项目总监（代表）			
	___年___月___日				___年___月___日

备注：1. 本表由监理单位采用。
　　　2. 适用于矿山法施工。
　　　3. 主要巡视内容包括：1) 开挖面地质状况：土层性质及稳定性、降水效果和其他情况；2) 支护结构体系：支护体系施作及时性、渗漏水情况、支护体系开裂、变形变化、支护体系施工质量缺陷、支护体系拱背回填情况和其他情况；3) 周边环境：建（构）筑物变形及开裂情况、地表变形及开裂情况、管线沿线地面开裂、渗水、塌陷情况、管线检查井开裂及积水变化和其他情况；4) 施工工艺：开挖进尺、施工工序、超挖、背后注浆及其他情况。

附表 F-2-3　施工过程监理单位现场巡视表（三）

编号：_____

线路名称		合同段		工点名称	
风险工程名称（级别）		风险单元名称（级别）			
施工部位		天气		监理单位	
巡视内容	存在问题的描述	原因分析	可能导致后果	安全状态评价（正常、黄色、橙色、红色预警）	处置措施建议

监理工程师　　　　_____年____月____日　　　　项目总监（代表）　　　　_____年____月____日

备注：1. 本表由监理单位采用。
2. 适用于盾构法施工。
3. 主要巡视内容包括：1）铰接密封、管片错台、管片破损、管片间渗水、管片间渗漏水、盾尾漏浆状况及其他情况；2）周边环境：建（构）筑物变形及开裂情况、地表变形及开裂、管线沿线地面开裂、渗水、塌陷情况、跑浆及泡沫流失、管线检查井开裂及积水变化和其他情况。

附表 F-2-4　施工过程监理单位安全风险评估表（一）

编号：_____

线路名称		合同段		工点名称	
风险工程名称（级别）		监理单位			
评估内容	存在问题的描述	可能产生的安全风险事件		处置措施建议	
监理工程师		___年___月___日	项目总监（代表）		___年___月___日

备注：1. 本表由监理单位采用。

　　　2. 适用于盾构法施工盾构始发/到达安全风险评估。

　　　3. 主要评估内容包括：洞门结构、围护结构、洞门防水措施、端头加固效果、始发架和反力架及其他。

附表 F-2-5 施工过程监理单位安全风险评估表 (二)

编号：_____

线路名称		合同段		工点名称	
风险工程名称（级别）		监理单位			
评估内容	存在问题的描述	可能产生的安全风险事件		处置措施建议	

监理工程师   年__月__日   项目总监（代表）   年__月__日

备注：1. 本表由监理单位采用。
2. 适用于盾构法区间联络通道和/或泵房等构筑物施工安全风险评估。
3. 主要评估内容包括：拆除管片型式、拆除方法、连接处施工期的结构稳定性、加固效果、连接处的防水措施及其他。

243

附表 F-2-6　施工过程监理单位安全风险评估表（三）

编号：_____

线路名称		合同段		工点名称	
风险工程名称（级别）		风险单元名称（级别）			
施工部位		监理单位			
评估内容	存在问题的描述		可能产生的安全风险事件		处置措施建议
监理工程师		____年__月__日	项目总监（代表）		____年__月__日

备注：1. 本表由监理单位采用。
　　　2. 适用于盾构法区间换刀施工安全风险评估。
　　　3. 主要评估内容包括：正常换刀地质点的地质与环境条件确认、突发性换刀地质条件与环境条件、换刀方案与地层和环境条件的适应性（正常和突发）、换刀施工控制性参数指标及其控制方式、突发性换刀可能引起的地层与环境问题及其他。

附表 F-2-7　施工过程监理单位安全风险评估表（四）

编号：_____

线路名称		合同段		工点名称	
风险工程名称（级别）			风险单元名称（级别）		
施工部位			监理单位		
评估内容	存在问题的描述			处置措施建议	
监理工程师			项目总监（代表）		
年　月　日			年　月　日		

备注：1. 本表由监理单位采用。

2. 适用于明挖法、矿山法及盾构法施工时施工单位施工组织管理状况评价。

3. 主要评估内容包括：人员、设备、应急物资等资源到位情况，安全保护措施落实情况，设计文件落实，施工组织设计及施工专项方案落实，违章作业，安全风险管理体系运行及其他情况。

附表 F-3　第三方监测单位施工现场安全巡视表

附表 F-3-1　施工过程第三方监测单位现场巡视表（一）

编号：_____

线路名称		合同段		工点名称	
风险工程名称（级别）		风险单元名称（级别）		第三方监测单位	
施工部位		天气			
巡视内容	存在问题的描述	原因分析	可能导致后果	安全状态评价（正常、黄色、橙色、红色预警）	处置措施建议
专业工程师			项目技术负责人		
___年___月___日			___年___月___日		

备注：1. 本表由第三方监测单位采用。

2. 适用于明挖法施工。

3. 主要巡视内容包括：1) 开挖面地质状况：土层性质及稳定性、地下水控制效果和其他情况；2) 支护结构体系：支护体系施作及时性、渗漏水情况、支护体系开裂、变形变化和其他情况；3) 周边环境：坑边超载、地表积水及截排水措施、管线沿线地面开裂、渗水、塌陷情况、管线检查并开裂及变形变化和其他情况。

附表 F-3-2 施工过程第三方监测单位现场巡视表（二）

编号：____

线路名称		合同段		工点名称	
风险工程名称（级别）		风险单元名称（级别）			
施工部位		天气		第三方监测单位	
巡视内容	存在问题的描述	原因分析	可能导致后果	安全状态评价（正常、黄色、橙色、红色预警）	处置措施建议
专业工程师	___年___月___日			项目技术负责人	___年___月___日

备注：1. 本表由第三方监测单位采用。
2. 适用于矿山法施工。
3. 主要巡视内容包括：1）开挖面地质状况：土层性质及稳定性，降水效果和其他情况；2）支护结构体系：支护体系施作及时性，渗漏水情况，支护体系开裂、变形变化和其他情况；3）周边环境：建（构）筑物变形及开裂情况，地表变形及开裂情况，渗水、塌陷情况，管线沿线地面开裂及开裂情况，管线检查并开裂及积水变化和其他情况。

附表 F-3-3　施工过程第三方监测单位现场巡视表（三）

编号：＿＿＿＿＿＿

线路名称		合同段		工点名称	
风险工程名称（级别）		风险单元名称（级别）			
施工部位		天气		第三方监测单位	
巡视内容	存在问题的描述	原因分析	可能导致后果	安全状态评价（正常、黄色、橙色、红色预警）	处置措施建议
专业工程师		项目技术负责人		＿＿年＿月＿日	

备注：1. 本表由第三方监测单位采用。

2. 适用于盾构法施工。

3. 主要巡视内容包括：1）隧道内：铰接密封、管片破损、管片错台、管片间渗漏水、盾尾漏浆状况及其他情况；2）周边环境：建构筑物变形及开裂情况，地表变形及开裂情况、管线沿线地面开裂、渗水、塌陷情况、跑浆及泡沫流失，管线检查并开裂积水变化和其他情况。

附表 F-4　施工巡视预警参考表

附表 F-4-1　明挖法施工巡视预警参考表

巡视内容		巡视状况描述	安全状态评价		
			黄色预警	橙色预警	红色预警
降水工程	降水效果及状态	水中含砂量高，井周地面产生塌陷		★	
		排水系统（包括管沟、管道）堵塞、渗漏严重	★		
		各种原因造成抽水停止，地下水位升至作业面以上		★	
冠梁	冠梁变形	较多数量的支护桩桩头混凝土混浆、夹泥、劈裂	★		
		较多支护桩受力钢筋在冠梁中的锚固长度不够	★		
		冠梁混凝土开裂、较多冠梁与支护桩顶面夹泥	★		
围护桩	桩体施工质量	连续多根桩产生缩颈（桩径小于钢筋笼直径）、夹泥、断桩		★	
		安全风险较高部位（如阴角、明暗挖结合等关键部位）出现断桩，严重夹泥，须凿除		★	
		连续多根桩侵入主体结构，侵入尺寸超过桩体受力钢筋保护层厚度，须凿除		★	
	桩加内撑（锚杆、桩）间土稳定及渗漏	桩间土坍塌、桩后出现空洞（已稳定）	★		
		桩间土坍塌、桩后出现空洞（未稳定）			★
		锚杆锚固锚固体强度未达到设计要求进行拉拔		★	
		锚杆未拉拔、即进行下层土开挖		★	
土方开挖与边坡稳定	放坡加土钉支护、开挖面及边坡稳定	桩间涌水、含砂量较高	★		
		桩间涌水、含砂量高、地面局部产生沉陷		★	
		边坡坡度超出设计坡度过大	★		
		开挖面暴露时间过长、局部土体出现剥落、开裂	★		
		开挖面暴露时间过长、局部土体出现塌滑现象且有扩大趋势		★	
		层间滞留水未采取疏排措施	★		
		边坡渗水、形成水流、处置措施不当或不及时，造成较大面积坍塌		★	
		边坡涌水、处置措施不当，造成局部滑坡，严重影响围护体系的稳定			★

续表

巡视内容		巡视状况描述	安全状态评价		
			黄色预警	橙色预警	红色预警
支护结构体系	支座及支撑	支撑支座安装不符合有关标准或要求	★		
		支撑目视可见变形、移位		★	
		支撑架设后不及时预加轴力、轴力值未达到设计预加值		★	
		支撑固定不稳定或支座松动	★		
		支撑支点面积小，引起应力集中，支撑点承压能力低	★		
		多道支撑预加轴力后产生较大卸载，未进行调整	★		
		支撑支座处的围檩与支护桩之间存在土夹层，影响支撑效力		★	
		基坑内设置运土坡道，影响部分支撑及时架设，坡道范围内影响2道支撑架设的	★		
		围檩与网喷混凝土面的缝隙未用细骨料混凝土填充密实	★		
	支护体系变形	较大范围的支护桩向基坑向偏移，围檩与支护桩预加力前未用细骨料混凝土夹层较厚使支撑受力状态受影响		★	
		土方开挖到位不能及时架设支撑，同一开挖区段同一横剖面内存在2道支撑未架设	★		
		阳角、明暗挖结合等关键部位支护与背后土体出现土体脱开，暂无扩大情形	★		
		阳角、明暗挖结合等关键部位支护与背后土体出现脱开，且有扩大情形		★	
	工序	工序不符合施工组织设计，可能引起土体、支护体系出现较大的位移	★		
		工序不符合施工组织设计，可能影响工程和周边环境的安全性		★	
	超挖与超载	靠近围护侧，局部超挖超过1m，其他位置大范围内超挖超过1m	★		
		靠近围护侧，大范围内超挖超过1m，一定程度上影响支护结构或周围土体的稳定	★		
		基坑边长期有重型设备作业，未采取加固措施	★		
		基坑周边区单位面积荷载超设计值10kPa	★		
		基坑强烈影响区单位面积荷载超设计值20kPa		★	
	地表积水	排水不畅通，强烈影响区大面积积水	★		
		地面硬化不完善或基坑边设明排水水沟、地表水直接下渗	★		
		截排水系统不完善或基坑出边坡向倒坡、地表水向基坑内回流	★		
		雨期施工，防洪措施不得当、设施不健全		★	

附表 F-4-2　矿山法施工巡视预警参考表

巡视内容		巡视状况描述	安全状态评价		
			黄色预警	橙色预警	红色预警
开挖面土层性质及稳定性状况		工作面未按设计要求临时封闭	★		
		工作面掉块、开裂；拱顶少量漏砂		★	
		坍塌			★
渗漏水情况		工作面渗水	★		
		工作面小股涌水		★	
		工作面小股涌砂		★	
		工作面大股涌水，且含砂			★
超前支护	超前导管长度及打设步距	小导管长度、打设墙距未满足设计要求	★		
	超前导管横向分布范围	未满足设计要求		★	
	超前导管施工数量	未满足设计要求		★	
	注浆加固	注浆效果未达到设计或施工方案的预期效果			★
		未按设计或施工方案要求注浆	★		
土方开挖	开挖进尺	>（格栅间距+20cm）	★		
	环形留核心土	核心土形状未满足设计要求	★		
	施工台阶长度	未满足设计要求（1~1.5D）	★		
	施工台阶坡度	垂直	★		
		反坡（或开挖时反坡开挖）			★
	多部开挖各部工作面距离	未按设计要求		★	
	超挖和小塌方回填	未按规定回填处理			★
初期支护	架设纵向间距	超前设计值 50~100mm	★		
		超前设计值 100~250mm		★	
		超前设计值>250mm			★
	格栅拱脚悬空	2榀悬空		★	
		>2榀悬空			★

续表

巡视内容		巡视状况描述	安全状态评价		
			黄色预警	橙色预警	红色预警
初期支护	钢格栅或钢架连接	接头螺栓连接未满足设计要求		★	
		接头帮焊钢筋未满足设计要求		★	
		纵向连接筋规格、数量、分布、连接方式，连接质量未满足设计要求	★		
	初支变形	出现裂缝	★		
		剥离掉块			★
		初期支护结构出现扭曲变形		★	
	锁脚锚杆	打设未满足设计要求	★		
		设计有要求、现场未打设		★	
	钢筋网片	钢筋网的制作未满足设计要求	★		
		钢筋网的搭接未满足设计要求	★		
	喷射混凝土	喷射混凝土厚度未满足设计和施工方案要求	★		
		存在漏喷、离鼓现象，出现离层或剥离（表面离散、有孔隙），喷混凝土流淌		★	
		初支格栅或钢筋网外露		★	
	回填注浆	浆液材料不符合设计要求	★		
		注浆孔数量、布置未满足	★		
		注浆控制压力，注浆量未进行回填注浆	★		
		初支封闭后5~8m未进行回填		★	
		初支背后空洞、未进行回填		★	
	大断面隧道临时支撑	设计架设临时支撑部位、1~2榀未设置	★		
		设计架设临时支撑部位、2榀以上未设置		★	
		架设位置未满足设计或施工方案要求		★	
		临时支撑与初支结构脱离，虚接或连接构造不满足设计要求		★	
		临时支撑拆除和二衬施工顺序未按论证后实施		★	
	施工工序控制	马头门破除前未采取加强措施，破除时序不符合规范（存在对开马头门现象）		★	
		特大断面施工顺序不符合设计要求		★	

附表 F-4-3 盾构施工主要参数控制范围参考表

参数组段		土压力 (bar)	刀盘扭矩 (kN·m)	总推力 (kN)	推进速度 (mm/min)	刀盘转速 (rpm)	贯入度 (mm/rpm)	同步注浆压力 (bar)	同步注浆量 (m³)	推进油缸伸缩组数	盾构姿态 (mm)	TBM滚动角 (°)
A	A_I	$E_0 \sim E_p$	1500~2500	15000~20000	40~60	1.0~1.2	40~60	$1.8P \sim 2.0P$	4.5~5	2	50/25	−5~5
	A_{II}	$1.2E_a \sim 1.2E_0$	1500~2500	15000~20000	40~60	1.0~1.4	40~60	$1.5P \sim 2.0P$	4~4.5	2	50/25	−5~5
	A_{III}	$E_a \sim E_0$	1500~2500	15000~20000	40~70	1.0~1.4	40~60	$1.2P \sim 2.0P$	3.5~4	2	50/25	−5~5
B	B_I	$E_0 \sim E_p$	4000~5000	25000~30000	10~20	0.4~0.5	15~50	$1.8P \sim 2.2P$	4.5~5	2	50/25	−5~5
	B_{II}	$1.2E_a \sim 1.2E_0$	4000~5000	25000~30000	10~20	0.4~0.6	15~50	$1.6P \sim 2.0P$	4.5~5	2	50/25	−5~5
	B_{III}	$1.2E_a \sim 1.2E_0$	4000~5000	25000~30000	10~30	0.4~0.8	15~50	$1.4P \sim 2.0P$	4~4.5	2	50/25	−5~5
C	C_I	$E_0 \sim E_p$	3000~4000	20000~25000	10~20	0.4~0.5	15~50	$1.8P \sim 2.0P$	4.5~5	2	50/25	−5~5
	C_{II}	$1.2E_a \sim 1.2E_0$	3000~4000	20000~25000	10~20	0.4~0.6	15~50	$1.5P \sim 2.0P$	4~4.5	2	50/25	−5~5
	C_{III}	$1.2E_a \sim 1.2E_0$	3000~4000	20000~25000	10~30	0.4~0.8	15~50	$1.4P \sim 2.0P$	3.5~4	2	50/25	−5~5
D	D_I	$E_0 \sim E_p$	3000~4000	20000~30000	10~20	0.6~0.8	10~50	$1.8P \sim 2.0P$	4.5~5	2	50/25	−5~5
	D_{II}	$1.2E_a \sim 1.2E_0$	3000~4000	20000~30000	10~30	0.6~0.8	10~50	$1.5P \sim 2.0P$	4.5~5	2	50/25	−5~5
	D_{III}	$E_a \sim E_0$	3000~4000	20000~30000	20~50	0.6~1.0	20~50	$1.4P \sim 2.0P$	4~4.5	2	50/25	−5~5
E	E_I	$E_0 \sim E_p$	4000~5000	25000~30000	10~20	0.4~0.5	15~50	$1.8P \sim 2.2P$	4.5~5	2	50/25	−5~5
	E_{II}	$1.2E_a \sim 1.2E_0$	4000~5000	25000~30000	10~20	0.4~0.6	15~50	$1.5P \sim 2.0P$	4.5~5	2	50/25	−5~5
	E_{III}	$1.2E_a \sim 1.2E_0$	4000~5000	25000~30000	10~30	0.4~0.8	15~50	$1.4P \sim 2.0P$	4~4.5	2	50/25	−5~5
F	F_I	$E_0 \sim E_p$	3000~4000	20000~30000	10~20	0.4~0.5	10~30	$1.8P \sim 2.0P$	4.5~5	2	50/25	−5~5
	F_{II}	$1.2E_a \sim 1.2E_0$	3000~4000	20000~30000	10~20	0.4~0.6	10~40	$1.5P \sim 2.0P$	4.5~5	2	50/25	−5~5
	F_{III}	$E_a \sim E_0$	3000~4000	20000~30000	10~30	0.4~0.8	15~50	$1.2P \sim 2.0P$	4~4.5	2	50/25	−5~5

注：本表仅供参考，需结合各标段的具体情况确定盾构施工参数。

表 F-4-4　盾构法施工巡视预警参考表

巡视内容	巡视状况描述	安全状态评价			
		黄色预警	橙色预警	红色预警	
铰接密封情况	渗水～滴水	★			
	滴水（水质混浊、含砂或泥）～小股流水/流砂（泥）		★		
	严重漏水、涌砂或涌泥			★	
管片破损情况	一般破损（管片表面出现裂纹、裂纹较浅、仅伤及管片部分保护层，对隧道安全影响较小，今后修复即可）	★			
	较严重破损（管片出现裂缝、裂缝有一定宽度，穿过保护层厚度；或管片大面积掉块、内部钢筋裸露等；对隧道安全影响较大，需要立即修复）		★		
	严重破损（管片出现贯通的裂缝，对隧道安全影响严重，立刻停工组织专业人员抢修）			★	
管片错台情况	5～10mm	★			
	10～15mm		★		
	>15mm			★	
管片间渗漏水/砂/泥等情况	渗水～滴水	★			
	滴水（水质混浊、含砂或泥）～小股流水/流砂（泥）		★		
	流水、涌泥或涌砂			★	
盾尾漏浆情况	一般流浆	★			
	浆液喷出（喷出长度<0.5m）		★		
	浆液剧烈喷出（喷出长度>0.5m）			★	
橡胶止水条的位移情况	橡胶止水条错位或扭曲，位移小于其宽度的一半	★			
	橡胶止水条错位或扭曲，位移大于其宽度的一半		★		
	橡胶止水条错位或扭曲，且大面积损坏，完全脱离管片			★	

表 F-4-5　周边环境巡视预警参考表

巡视内容		巡视状况描述	安全状态评价		
			黄色预警	橙色预警	红色预警
建（构）筑物	建（构）筑物开裂、剥落	施工造成建（构）筑物非承重墙体出现开裂、剥落，不影响正常使用	★		
		施工造成建（构）筑物非承重墙体出现开裂、剥落，影响正常使用		★	
		施工造成建（构）筑物承重墙体、柱或梁出现开裂、剥落			★
	地下室渗水	墙面或顶板渗水、滴水	★		
		墙面或顶板涌水		★	
桥梁	墩台或梁体开裂、剥落	墩台、梁板或桥面裂缝 0.2mm 以下	★		
		墩台、梁板或桥面裂缝 0.2～0.5mm		★	
		墩台、梁板或桥面裂缝 0.5mm 以上，混凝土剥落、露筋			★
既有线（轨路）	结构开裂、剥落	结构裂缝 0.2mm 以下	★		
		结构裂缝 0.2～0.5mm		★	
		结构裂缝 0.5mm 以上，混凝土剥落、主筋外露			★
	结构渗水	渗水、滴水	★		
		涌水		★	
	道床结构开裂	结构裂缝 0.2mm 以下	★		
		结构裂缝 0.2～0.5mm		★	
		结构裂缝 0.5mm 以上			★
	变形缝开合及错台	变形缝开合较大、填塞物与结构脱开，或填塞物被破坏		★	
		出现明显错台			★

续表

巡视内容		巡视状况描述	安全状态评价		
			黄色预警	橙色预警	红色预警
道路（地面）	地面开裂	开挖施工影响区内造成局部地面开裂，裂缝宽度在5mm以下，暂无扩大情形	★		
		开挖施工影响区内造成局部地面开裂，裂缝宽度在5～10mm，深度或数量有增加情形		★	
		强烈影响区内地面产生开裂，且裂缝宽度、深度或数量有增加情形			★
	地面沉陷、隆起	地面出现沉陷或隆起，或在建构筑物、墩台周边出现明显的相对沉陷	★		
		地面出现明显沉陷或隆起，轻微影响交通		★	
		在基坑坡滑移附近出现沉陷或隆起、或沉陷严重影响交通			★
	地面冒浆	盾构背后注浆/泡沫，矿山法隧道前方支护注浆等施作时引起地面冒浆	★		
河流湖泊	水面漩涡、气泡	在施隧道上方河流湖泊水面出现稀疏的水泡		★	
		在施隧道上方河流湖泊水面出现漩涡或密集的水泡			★
	堤坡开裂	施工影响范围内堤坡裂缝宽度在5mm以下	★		
		施工影响范围内堤坡裂缝宽度在5～10mm		★	
地下管线	管体或接口破损、渗漏	地下管线持续漏水（气），暂无扩大趋势	★		
		地下管线持续漏水（气），且有扩大趋势		★	
		地下通讯电缆被切断			★
		地下输变电管线破坏			★
	管线检查井等附属设施的开裂及进水	施工影响范围内地下管线的检查井等附属设施出现开裂或进水	★		
	邻近施工	扰动工程周边地质，支护结构受力变化较大，对支护体系产生不利影响		★	
		严重扰动工程周边地质，支护结构受力变化大，对支护体系产生不利影响			★

附表 F-5　施工过程巡视频率表

附表 F-5-1　明挖法施工过程巡视频率表

项目	工况	基坑开挖期间	基坑开挖结束后 1~7d	7~15d	15~30d	主体底板完成后	主体结构施作过程中
开挖面地质状况	土层性质	1次/2天					
	土体稳定性（土体塌落）	1次/1天	1次/1天	1次/2天	1次/3天	1次/1周	
	降水效果	1次/1天	1次/1天	1次/2天	1次/3天	1次/1周	
支护结构体系	支护及时施作情况	1次/1天					
	渗漏水情况	1次/1天	1次/1天	1次/2天	1次/3天	1次/1周	
	支护体系开裂、变形情况	1次/1天	1次/1天	1次/2天	1次/3天	1次/1周	1次/1周，倒撑前后一周内1次/1天
	支护体系施工质量缺陷	1次/2天					
施工工艺	开挖坡度	1次/3m进尺					
	开挖面暴露时间	1次/各区段每层开挖后					
	施工工序	1次/2天					1次/1周，倒撑前后一周内1次/1天
	基坑超挖情况	1次/1天					
周边环境	坑边超载	1次/1天	1次/1天	1次/2天	1次/3天	1次/1周	1次/1周
	地表积水	1次/1天	1次/1天	1次/2天	1次/3天	1次/1周	1次/1周
	建（构）筑物、既有线、桥梁、道路、管线等环境情况	1次/1天	2次/1天	1次/1天	1次/1天	1次/1周	1次/1周
	施工组织管理及作业情况	1次/1周					1次/1周

备注：1. 正常情况下，巡视按此表执行。
2. 冬/雨期施工，因特殊原因导致工程停滞，在阳角、明暗挖结合等易出现安全风险的部位，巡视项目出现预警等情况下，均应增大巡视频率。
3. 相应巡视部位的监测项目数据稳定后，该部位不再继续巡视。

附表 F-5-2　矿山法施工过程巡视频率表

频次 项目	工况	距开挖面的距离（一表示尚未开挖段，B表示隧道直径或跨度）					二衬结构施作完成后		
		−1B~0	0~1B	1B~2B	2B~5B	>5B	0~7天	7~15天	15天后
开挖面地质状况	土层性质	1次/1天	1次/1天						
	土体稳定性（工作面坍塌）		2次/1天，至支护完毕						
	降水效果	1次/1天	1次/1天	1次/3天	1次/3天	1次/1周			
支护结构体系	支护及时施作情况		1次/每循环						
	渗漏水情况	1次/1天	1次/1天	1次/2天	1次/3天	1次/1周	1次/3天	1次/1周	1次/1月
	支护体系开裂、变形情况	1次/1天	1次/1天	1次/2天	1次/3天	1次/1周	1次/3天	1次/1周	1次/1月
	支护体系施工质量缺陷		1次/每循环						
	支护体系拱背回填情况		1次/每循环						
施工工艺	开挖面暴露时间		1次/每循环						
	开挖进尺	1次/1天	1次/1天						
	超前支护情况		1次/每循环						
	背后注浆情况		1次/每循环						
	施工工序		1次/每循环						
	超挖情况		1次/每循环						
建（构）筑物、既有线、桥梁、道路、管线等周边环境		1次/1天	2次/1天	1次/1天	1次/2天	1次/1周			
施工组织管理及作业情况		1次/1周							

备注：1. 正常情况下，巡视按此表执行。
2. 临时支撑安装拆除、工序转换等关键工序、断面变化，复杂大跨、联络通道等关键部位，巡视项目出现预警等情况下，均应增大巡视频率。
3. 相应巡视部位的监测项目数据稳定后，该部位不再继续巡视。

附表F-5-3　盾构法施工过程巡视频率表

频次 项目	距开挖面的距离（—表示尚未开挖段，H表示隧道埋深）				
	−1H～0	0～2H	2H～3H	3H～4H	＞4H
开挖面状况　铰接密封情况		1次/1天			
管片破损情况		1次/1天			
管片错台情况		1次/1天			
渗漏水情况		1次/1天			
测点基点情况核查		1次/1周			
建（构）筑物、既有线、桥梁、道路、管线等周边环境		2次/1天	1次/1天	1次/2天	1次/1周
施工组织管理及作业情况	1次/1周				

备注：1. 正常情况下，巡视按此表执行。
　　　2. 巡视项目出现预警等情况下，均应增大巡视频率。
　　　3. 相应巡视部位的监测项目数据稳定后，该部位不再继续巡视。

八

轨道交通工程建设监控量测控制指标参考资料汇编

目　录

1 总 则

1.0.1 根据轨道交通工程建设安全风险技术管理指南的要求，为监控量测控制指标的确定提供参考资料，特编写本参考资料汇编。

1.0.2 监控量测控制指标主要是针对轨道交通工程周边环境和围（支）护结构体系两大监测对象的监测项目进行设置。

1.0.3 周边环境监测对象主要包括建（构）筑物、地下管线、城市道路和地表、城市桥梁、城市轨道交通既有线和既有铁路等。

1.0.4 围（支）护结构体系监测对象主要包括明（盖）挖法及竖井施工围（支）护结构（围护桩墙、水平支撑、立柱、锚索、锚杆等）、隧道盾构法管片衬砌及浅埋暗挖法初期支护结构和临时支护结构。

1.0.5 本参考资料汇编包括周边环境控制指标、围（支）护结构控制指标两大部分，另外给出了部分北京地区的工程实例。其中周边环境控制指标和围（支）护结构控制指标包括了国内规范、规程和工程标准。

1.0.6 本参考资料汇编内容只作为监控量测控制指标确定的参考资料，控制指标的确定，应根据工程特点和监测对象特点进行具体确定。

2 周边环境控制指标

2.1 建（构）筑物控制指标

2.1.1 建（构）筑物监控量测控制指标应包括允许沉降控制值、差异沉降控制值和位移最大速率控制值，对高耸建（构）筑物还应包括倾斜控制值。

2.1.2 建（构）筑物控制指标的确定主要受其功能、规模、修建年代、结构形式、基础类型、地质条件等因素的影响。

2.1.3 根据建（构）筑物的影响因素调查分析、结构材料性能检测和计算分析，对其基础现状承载力和结构安全性进行评价，综合确定建（构）筑物的安全性，并结合其与轨道交通工程的空间位置关系，确定其控制指标。

2.1.4 规范、规程和工程标准

1 《建筑地基基础设计规范》（GB 50007-2002）

在计算地基变形时，应符合下列规定：

1) 由于建筑地基不均匀、荷载差异很大、体型复杂等因素引起的地基变形，对于砌体承重结构应由局部倾斜值控制；对于框架结构和单层排架结构应由相邻柱基的沉降差控制；对于多层或高层建筑和高耸结构应由倾斜值控制；必要时尚应控制平均沉降量。

2) 在必要情况下，需要分别预估建筑物在施工期间和使用期间的地基变形值，以便预留建筑物有关部分之间的净空，选择连接方法和施工顺序。一般多层建筑物在施工期间完成的沉降量，对于砂土可认为其最终沉降量已完成80%以上，对于其他低压缩性土可认为已完成20%~50%，对于高压缩性土可认为已完成5%~20%。

建筑物的地基变形允许值，按表 1 规定采用。对表中未包括的建筑物，其地基变形允许值应根据上部结构对地基变形的适应能力和使用上的要求确定。

表 1　建筑物的地基变形允许值

变　形　特　征	地　基　土　类　型	
	中、低压缩性土	高压缩性土
砌体承重结构基础的局部倾斜	0.002	0.003
工业与民用建筑相邻柱基的沉降差 （1）框架结构 （2）砌体墙填充的边排柱 （3）当基础不均匀沉降时不产生附加应力的结构	0.002l 0.0007l 0.005l	0.003l 0.001l 0.005l
单层排架结构（柱距为 6m）柱基的沉降量（mm）	(120)	200
桥式吊车轨面的倾斜（按不调整轨道考虑） 纵向 横向	0.004 0.003	
多层和高层建筑的整体倾斜　$H_g \leqslant 24$ 　$24 < H_g \leqslant 60$ 　$60 < H_g \leqslant 100$ 　$H_g > 100$	0.004 0.003 0.0025 0.002	
体型简单的高层建筑基础的平均沉降量（mm）	200	
高耸结构基础的倾斜　$H_g \leqslant 20$ 　$20 < H_g \leqslant 50$ 　$50 < H_g \leqslant 100$ 　$100 < H_g \leqslant 150$ 　$150 < H_g \leqslant 200$ 　$200 < H_g \leqslant 250$	0.008 0.006 0.005 0.004 0.003 0.002	
高耸结构基础的沉降量（mm）　$H_g \leqslant 100$ 　$100 < H_g \leqslant 200$ 　$200 < H_g \leqslant 250$	400 300 200	

注：1. 本表数值为建筑物地基实际最终变形允许值。

　　2. 有括号者仅适用于中压缩性土。

　　3. l 为相邻基的中心距离（mm）；H_g 为自室外地面起算的建筑物高度（m）。

　　4. 倾斜指基础倾斜方向两端点的沉降差与其距离的比值。

　　5. 局部倾斜指砌体承重结构沿纵向 6～10m 内基础两点的沉降差与其距离的比值。

2　《北京地区建筑地基基础勘察设计规范》（DBJ 01-501-92）

1）对于荷载分布无显著不均匀的一般多层建筑物，当基础置于相同成因年代、基本均匀的土层时，地基变形许可值用建筑物长期最大沉降量 S_{max} 表示，并可按表 2 的规定采用。

表 2　多层建筑物地基变形许可值

结构类型	基础类型	地基土类别	长期最大沉降量 S_{max}（mm）
框架结构、排架结构、砌体承重结构	独立基础、条形基础	一般第四纪砂质粉土及粉、细砂，新近沉积砂质粉土及粉、细砂，中低压缩性人工填土	30
		一般第四纪黏土及黏质粉土，中等压缩性人工填土	50
		均匀的一般第四纪黏性土及黏质粉土，中密的新近沉积黏性土及黏质粉土，中高压缩性人工填土	80
		均匀的新近沉积软黏性土	120

注：表中人工填土系指已经完成自重的素填土及变质炉灰。素填土指人工堆积层中成分为粉质黏土、黏质粉土、砂质粉土的填土。

2）对于荷载分布无显著不均匀的高层建筑物箱形基础或筏形基础，当基础宽度大于 10m，基础埋深大于 5m，置于相同成因年代、基本均匀的土层时，地基变形许可值可按表 3 的规定采用。

表 3　高层建筑地基变形许可值

结构类型	基础类型	变形特征	建筑物高宽比 H_g/b 及地基土类别	变形许可值
框架、框剪、框筒、剪力墙	箱形基础、筏形基础	倾斜	$H_g/b \leqslant 3$	0.0020
			$3 < H_g/b \leqslant 5$	0.0015
		长期最大沉降量 S_{max}（mm）	一般第四纪黏性土与粉土	160
			一般第四纪黏性土与粉土	100
			一般第四纪砂、卵石	60

注：倾斜指基础宽度方向两端点的沉降差与基础宽度之比。

3　《地基基础设计规范》（DGJ 08 - 11 - 1999）（上海）

建筑物地基容许变形值，应根据建筑结构和基础类型及使用要求，按表 4 取用。

注：相对变形值系指倾斜、局部倾斜和相对弯曲；倾斜等于基础在倾斜方向两端点的沉降差与其距离之比；局部倾斜等于砌体承重结构沿纵向 6～10m 内基础两点的沉降差与其距离比；相对弯曲等于基础弯曲部分矢高与长度之比。

表 4　建筑物地基容许变形值

建筑结构和基础类型			容 许 变 形 值	
			基础中心计算沉降量（mm）	沉降差或倾斜
砌体承重结构			150～200	0.004
单层排架结构			200～250	—
多层框架结构		独立基础	200～250	$0.003l$
		条形基础和筏形基础	150～200	0.004
		箱形基础	200～250	0.003～0.004
		桩基	150～200	
高层建筑	$24 \leqslant H_g < 100$	桩 基	100～200	0.004～0.002
	$H_g \geqslant 100$			0.002～0.001
地上式钢油罐		浮 顶	—	0.004～0.007
		拱 顶		0.008～0.015
高耸构筑物		$24 \leqslant H_g < 100$	400	0.006～0.005
		$100 \leqslant H_g < 200$	300	0.004～0.003
		$200 \leqslant H_g < 250$	200	0.002
		$250 \leqslant H_g < 400$	100	0.001
石油化工塔罐			100～200	0.0025～0.004
高 炉		桩 基	150～250	0.0015
焦 炉		桩 基	100～150	0.001

注：1. 基础中心计算沉降量与实际的基础平均沉降量相当。

　　2. 表中 l 为相邻柱基中心距离（mm）；H_g 为室外地面算起的建（构）筑物高度（m）。

　　3. 工业厂房桥式吊车轨面倾斜容许值（按不调整轨道计）：纵向 0.004，横向 0.003。

　　4. 地上式钢油罐地基如使用前采用充水顶压法加固，在满足其底板结构强度条件下，容许基础中心计算沉降量一般无严格要求；倾斜容许值系根据《石油化工钢油罐地基基础设计规范》（SH 3068-95）确定。

　　5. 电厂及其基础的桩基容许变形值，可参照《火力发电厂土建结构设计技术规定》（DL 5022-93），并根据电厂容量、机组类型及布置情况而定。

4　《基坑工程施工监测规程》（DG/TJ 08-2001-2006）（上海）

基坑邻近建（构）筑物位移变化速率：1～3mm/d，累计值：20～60mm。根据建（构）筑物对变形的适应能力确定。

5　《上海市基坑工程设计规程》（DBJ-61-97）

对产生破坏的建筑物进行统计，得出差异沉降的极限值及建筑物的反应，具体内容见表 5；对建筑物的基础倾斜允许值的规定见表 6。

表 5　差异沉降和相应建筑物的反应

建筑结构类型	δ/L（L 为建筑物长度、δ 为差异沉降）	建筑物反应
1. 一般砖墙承重结构，包括有内框架的结构；建筑物长高比小于10；有圈梁；天然地基（条形基础）	达 1/150	分隔墙及承重砖墙发生相当多的裂缝，可能发生结构破坏
2. 一般钢筋混凝土框架结构	达 1/150	发生严重变形
	达 1/150	开始出现裂缝

建筑结构类型	δ/L（L 为建筑物长度、δ 为差异沉降）	建筑物反应
3. 高层刚性建筑（箱形基桩、桩基）	达 1/250	可观察到建筑物倾斜
4. 有桥式行车的单层排架结构的厂房；天然地基或桩基	达 1/300	桥式行车运转困难，不调整轨面水平难运行，分隔墙有裂缝
5. 有斜撑的框架结构	达 1/600	处于安全极限状态
6. 一般对沉降差反应敏感的机器基础	达 1/850	机器使用可能会发生困难，处于可运行的极限状态

表 6　建筑物的基础倾斜允许值

建筑物类别		允许倾斜	建筑物类别		允许倾斜
多层和高层建筑物基础	$H\leqslant24m$	0.004	高耸结构基础	$H\leqslant20m$	0.008
	$24m<H\leqslant60m$	0.003		$20m<H\leqslant50m$	0.006
	$60m<H\leqslant100m$	0.002		$50m<H\leqslant100m$	0.005
	$H>100m$	0.0015		$100m<H\leqslant150m$	0.004
				$150m<H\leqslant200m$	0.003
				$200m<H\leqslant250m$	0.002

注：1. H 为建筑物地面以上高度。

　　2. 倾斜是基础倾斜方向两端点的沉降差与其距离的比值。

6　《广州地区建筑基坑支护技术规定》（GJB 02-98）

各类建筑物对差异沉降的承受能力相差较大，因基坑开挖造成对环境的影响其允许变形可参考表 7 和表 8 进行控制。桩基础建筑物允许最大沉降值不应大于 10mm，天然地基建筑物允许最大沉降值不应大于 30mm。对邻近的破旧建筑物，其允许变形值应根据实际情况由设计确定。

表 7　单层和多层建筑物的地基变形允许值

变形特征	地基变形允许值	
	中、低压缩性土	高压缩性土
砌体承重结构基础的局部倾斜	0.002	0.003
工业与民用建筑相邻柱基的沉降差		
（1）框架结构；	$0.002l$	$0.003l$
（2）砖石墙填充的边排柱；	$0.0007l$	$0.001l$
（3）当基础不均匀沉降时不产生附加应力的结构	$0.005l$	$0.005l$
桥式吊车轨面的倾斜（按不调整轨道考虑）		
纵向	0.004	
横向	0.003	

注：1. 有括号者仅适用于中压缩性土。

　　2. l 为相邻桩基的中心距离（mm）。

　　3. 倾斜指基础倾斜方向两端点的沉降差与其距离的比值。

　　4. 局部倾斜指砌体承重结构沿纵向 6～8m 内基础两点的沉降差与其距离的比值。

表 8　高层建筑和高耸结构基础变形允许值

变　形　特　征		地基变形允许值	变　形　特　征		地基变形允许值
多层和高层建筑基础的倾斜	$H_g \leqslant 24$	0.004	高耸结构基础的倾斜	$H_g \leqslant 20$	0.008
	$24 < H_g \leqslant 60$	0.003		$20 < H_g \leqslant 50$	0.006
	$60 < H_g \leqslant 100$	0.002		$50 < H_g \leqslant 100$	0.005
	$H_g > 100$	0.0015		$100 < H_g \leqslant 150$	0.004
				$150 < H_g \leqslant 200$	0.003
				$200 < H_g \leqslant 250$	0.002

注：H_g 为自室外地面起算的建筑物高度（m）。

2.2　地下管线控制指标

2.2.1　地下管线控制指标应包括管线允许位移控制值和倾斜率控制值，也可对管线曲率、弯矩、最外层纤维的挠应变、接头转角、管线变形与地层变形之差、管线轴向应变等设置控制指标。

2.2.2　地下管线控制指标的确定主要受工作压力情况、功能、材质、铺设方法、埋置深度、土层压力、管径、接口形式、铺设年代等因素的影响。

2.2.3　根据地下管线的影响因素调查分析，采用经验法、理论方法、工程类比法或数值模拟法等方法，结合地下管线与城市轨道交通工程的空间位置关系，确定其控制指标。

2.2.4　规范、规程和工程标准

1　各规范、规程和工程标准对地下管线控制指标的规定参见表 9。

表 9　地下管线控制指标

规　范　名　称	地下管线控制指标
天津地铁二期工程施工监测技术规定	煤气管线允许沉降 10mm；其他管线允许沉降：20mm
基坑工程技术规程（DB42/159 - 2004）（湖北）	煤气管道变形：沉降或水平位移不超过 10mm，连续三天不超过 2mm/d。供水管道变形：沉降或水平位移不超过 30mm，连续三天不超过 5mm/d
基坑工程施工监测规程（DG/TJ 08 - 2001 - 2006）（上海）	煤气、供水管线（刚性管道）位移：累计值 10mm，变化速率 2mm/d。电缆、通讯管线位移（柔性管道）位移：累计值 10mm，变化速率 5mm/d
广州地区建筑基坑支护技术规定（GJB 02 - 98）	采用承插式接头的铸铁水管、钢筋混凝土水管两个接头之间的局部倾斜值不应大于 0.0025；采用焊接接头的水管两个接头之间的局部倾斜值不应大于 0.006；采用焊接接头的煤气管两个接头之间的局部倾斜值不应大于 0.002

2　《上海市基坑工程设计规程》（DBJ - 61 - 97）

各类地下管线接头的技术标准可参考表 10。

表10　各类管子接头的技术标准

管材尺寸 管内径 (mm)	接头类型（接头形式） 铸铁管					管节长度 (m)	管壁厚度 (mm)	每100只接头允许漏水量 (L/15min)	钢筋混凝土管 管节长度 (m)	承插接头接口间隙 (mm)	每100只接头允许漏水量 (L/15min)	钢管 管壁厚度 (mm)	焊接接头每100只接头允许漏水量 (L/15min, 水压<7kg/cm²)
	承压式接头 承口长度 P (mm)	调剂借转角 θ	限制开口 F (mm)	接口间隙 Δ (mm)	法兰接头 橡皮垫厚度 (mm)								
75	90	5°00′	8.1	3~5	3~5	3	9	—	—	—	—	4.5	—
100	95	4°00′	8.2	3~5	3~5	3	9	3.15	3	10	5.94	5	1.76
150	100	3°30′	10.3	3~5	3~5	4	9	5.27	3	15	8.91	4.5~6	2.63
200	100	3°05′	12.5	3~5	3~5	4	10	7.02	3	15	11.87	6~8	3.51
300	105	3°00′	16.9	3~5	3~5	4	11.4	10.54	4	17	17.81	6~8	5.27
400	110	2°28′	18.3	3~5	3~5	4	12.8	14.05	4.98	20	23.75	6~8	7.02
500	115	2°05′	19.2	3~5	3~5	5	14	17.56	4.93	20	29.63	6~8	8.78
600	120	1°49′	20.0	3~5	3~5	5	15.4	21.07	4.98	20	35.62	8~10	10.54
700	125	1°37′	20.8	3~5	3~5	5	16.5	24.58	4.98	20	41.56	8~10	12.20
800	130	1°29′	21.7	3~5	3~5	5	18.0	28.10	4.98	20	47.49	8~12	14.05
900	135	1°22′	22.5	3~5	3~5	5	19.5	31.61	4.98	20	53.43	10~12	15.80
1000	140	1°17′	23.3	3~5	3~5	5	22	35.12	4.98	20	59.37	10~12	17.55
1200	150	1°09′	25.0	3~5	3~5	5	25	42.15	4.98	20	71.24	10~12	21.07

续表

管内径 (mm)	铸铁管 承压式接头 承口长度 P (mm)	铸铁管 承压式接头 调剂借转角 θ	铸铁管 承压式接头 限制开口 F (mm)	铸铁管 法兰接头 接口间隙 Δ (mm)	铸铁管 法兰接头 橡皮垫厚度 (mm)	铸铁管 管节长度 (m)	铸铁管 管壁厚度 (mm)	铸铁管 每100只接头允许漏水量 (L/15min)	钢筋混凝土管 管节长度 (m)	钢筋混凝土管 承插接头接口同隙 (mm)	钢筋混凝土管 每100只接头允许漏水量 (L/15min)	钢管 管壁厚度 (mm)	钢管 焊接接头每100只接头允许漏水量 (L/15min，水压<7kg/cm²)
1500	165	1°01′	27.5	3~5	3~5	5	30	52.63	—	—	89.05	10~12	23.34
1800	—	—	—	—	3~5	5	—	—	—	—	106.86	10~14	31.61
2000	—	—	—	—	—	5	—	—	—	—	118.73	10~14	35.12

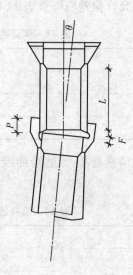

注：
1. 钢筋混凝土管：直径75～300mm为自应力钢筋混凝土管；直径400～1200mm为预应力钢筋混凝土管；承插接头用橡胶圈止水。管节接头中镶嵌石棉水泥。铸铁管承插式接头中调剂借转角等参数如下图，承插接头用沥青缝材料用铅或石棉水泥。

2. 钢管材料一般为16Mn钢或A3钢。

3. 接头是管线最易受损的部位，本表列出的几种接头技术标准，可作为管接头承受能力的设计和监控依据。对难以查清的煤气管、上水管及重要通讯电缆管，可按相对转角1/100作为设计和监控标准。

4. 本表是上海市坊工程管理局于1990年对各类地下管线接头调研后列出的技术标准。有的地下管线年代已久，难以查清，但又很易损坏，应予以重视。常见的地下管线每管节长度在5m之内，1/100转角相当于0.6°，其标准高于本表中列出的其他接头。

3 《给水排水工程管道结构设计规范》（GB 50332－2002）

1）柔性管道的变形允许值，应符合下列要求：

①采用水泥砂浆等刚性材料作为防腐内衬的金属管道，在组合作用下的最大竖向变形不应超过（0.02～0.03）D_0（D_0 为圆形管道的计算内径）；

②采用延性良好的防腐涂料作为内衬的金属管道，在组合作用下的最大竖向变形不应超过（0.03～0.04）D_0；

③化学建材管道，在组合作用下的最大竖向变形不应超过 $0.05D_0$。

2）对于刚性管道，其钢筋混凝土结构构件在组合作用下，计算截面的受力状态处于受弯、大偏心受压或受拉时，截面允许出现的最大裂缝宽度，不应大于 0.2mm。

3）对于刚性管道，其混凝土结构构件在组合作用下，计算截面的受力状态处于轴心受拉或小偏心受拉时，截面设计应按不允许裂缝出现控制。

4 《给水排水管道工程施工及验收规范》（GB 50268－97）

1）钢管道安装允许偏差应符合表 11 的规定。

表 11　钢管道安装允许偏差（mm）

项　目	允　许　偏　差	
	无压力管道	压力管道
轴线位置	15	30
高　程	±10	±20

2）铸铁、球墨铸铁管安管道沿曲线安装时，接口的允许转角，不得大于表 12 的规定。

表 12　沿曲线安装接口的允许转角

接口种类	管径（mm）	允许转角（°）
刚性接口	75～450	2
	500～1200	1
滑入式 T 形、梯唇形橡胶圈接口及柔性机械式接口	75～600	3
	700～800	2
	≥900	1

3）铸铁、球墨铸铁管管道安装允许偏差应符合表 13 的规定。

表 13　铸铁、球墨铸铁管管道安装允许偏差（mm）

项　目	允　许　偏　差	
	无压力管道	压力管道
轴线位置	15	30
高　程	±10	±20

4）预应力管、自应力混凝土管安装应平直、无突起、突弯现象。沿曲线安装时，管口间的纵向间隙最小处不得大于 5mm，接口转角不得大于表 14 的规定。

表 14 沿曲线安装接口允许转角

管材种类	管径（mm）	转角（°）
预应力混凝土管	400～700	1.5
	800～1400	1.0
	1600～3000	0.5
自应力混凝土管	100～800	1.5

5）非金属管道安装的允许偏差应符合表 15 的规定。

表 15 非金属管道基础及安装的允许偏差

项　　目		允许偏差 无压力管道	允许偏差 压力管道
管道安装 （mm）	轴线位置	15	30
	管道内底高程 $D\leqslant1000$	±10	±20
	管道内底高程 $D>1000$	±15	±30
	刚性接口相邻管 节内底错口 $D\leqslant1000$	3	3
	刚性接口相邻管 节内底错口 $D>1000$	5	5

注：D 为管道内径（mm）。

2.3 城市道路和地表控制指标

2.3.1 城市道路和地表沉降（隆起）控制指标应包括允许位移控制值、位移平均速率控制值、位移最大速率控制值、U 形槽变形控制值和路堤、路堑倾斜控制值，也可对道路或地表纵横向曲率变化进行控制。

2.3.2 城市道路和地表沉降（隆起）控制指标的确定受施工工法、地层性质、基坑深度（隧道覆土厚度）、地下水位变化、基坑周围荷载（隧道上部）荷载、隧道结构断面形式与大小、围护（支护）结构形式、地层损失、施工管理、道路等级、路基路面材料和养护周期等因素的影响。

2.3.3 根据城市道路和地表的影响因素调查分析，结合工程施工方法，采用经验法或数值模拟法等方法，确定城市道路和地表变形的控制指标。

2.3.4 规范、规程和工程标准

1 各规范、规程和工程标准对城市道路和地表控制指标的规定参见表 16。

表 16 城市道路和地表控制指标

规范名称	城市道路和地表控制指标
天津地铁二期工程施工监测技术规定	周围地表沉降：一级基坑，$0.001h$mm；二级基坑，$0.002h$mm（h 为基坑开挖深度）。 盾构隧道：地表垂直变形控制值为 $-30～+10$mm，速率控制值为 5mm/d
建筑基坑支护工程技术规程 （DBJ/T 15-20-97）	周围地表沉降：一级基坑，$0.0015H$ 且不大于 20mm；二级基坑，$0.003H$ 且不大于 40mm（H 为基坑开挖深度）
上海地铁基坑工程施工规范	地面最大沉降量：一级基坑$\leqslant0.1\%H$；二级基坑$\leqslant0.2\%H$；三级基坑$\leqslant0.5\%H$

规范名称	城市道路和地表控制指标
上海地铁基坑工程施工规程 （SZ-08-2000）	地面最大沉降量：一级基坑≤0.1%H；二级基坑≤0.2%H；三级基坑≤0.5%H
上海市基坑工程设计规程 （DBJ 08-61-97）	地面最大沉降量：一级工程控制值 30mm，设计值 50mm，变化速率 2mm/天；二级工程控制值 50mm，设计值 100mm，变化速率 3mm/天
基坑工程施工监测规程 （DG/TJ 08-2001-2006）（上海）	地面最大沉降量：一级基坑 25～30mm，变化速率 2～3mm/d；二级基坑 50～60mm，变化速率 3～5mm/d；三级基坑宜按二级基坑的标准控制，当条件许可时可适度放宽
地基基础设计规范 （DGJ 08-11-1999）（上海）	基坑工程的开挖深度为 14～20m，坑外地表沉降最大值 $\delta_{vmax}=1‰h_0$（h_0 基坑开挖深度）
基坑工程技术规程 （DB 42/159-2004）（湖北）	边坡土体：一级基坑，监控报警值为 30mm；二级基坑，监控报警值为 60mm

2 《地铁工程监控量测技术规程》（DB 11/490-2007）（北京），见表 17。

表 17　地表变形监控量测值控制标准

施工工法	监测项目及范围	允许位移控制值 U_0（mm）			位移平均速率控制值（mm/d）	位移最大速率控制值（mm/d）
明挖（盖）法及竖井施工	地表沉降	一级基坑	二级基坑	三级基坑	2	2
		≤0.15%H 或≤30，两者取小值	≤0.2%H 或≤40，两者取小值	≤0.3%H 或≤50，两者取小值		
盾构法	地表沉降	30			1	3
	地表隆起	10			1	3
浅埋暗挖法	地表沉降 区间	30			2	5
	车站	60				

注：1. H 为基坑开挖深度。
2. 位移平均速率为任意 7 天的位移平均值；位移最大速率为任意 1 天的最大位移值。
3. 本表中区间隧道跨度为<8m；车站跨度为>16m 和≤25m。

3 上海市基坑工程等级划分及变形监控允许值见表 18。

表 18　基坑工程等级划分及变形监控允许值

安全等级 工程复杂程度	一级	二级	三级
	很严重	严重	不严重
基坑深度（m）	>14	9～14	<9
地下水埋深（m）	<2	3～5	>5
软土层厚度（m）	>5	2～5	<2

安全等级 工程复杂程度		一级		二级		三级
		很严重		严重		不严重
基坑边缘与邻近已有建筑物 浅基础或重要管线边缘净距（m）		<0.5h		0.5～1.0h		>1.0h
		监控值	设计值	监控值	设计值	
上 海 市	地面最大位移（mm）	30	50	60	100	按二级基坑的标准控制，环境条件许可时可适当放宽
	最大差异沉降	6/1000		12/1000		

2.4 城市桥梁控制指标

2.4.1 城市桥梁控制指标应包括桥梁墩台允许沉降控制值、纵横向相邻桥梁墩台间差异沉降控制值、承台水平位移控制值和挡墙沉降、倾斜度控制值。

2.4.2 城市桥梁控制指标主要受其规模、结构型式、基础类型、建筑材料、养护情况等因素的影响。

2.4.3 根据城市桥梁的影响因素调查分析和结构检测，采用大型原位试验、经验公式法、解析经验公式法或数值模拟法等方法，对城市桥梁的结构现状、承载能力及抗变形能力进行评估，结合城市桥梁与城市轨道交通工程的空间位置关系，确定其控制指标。

2.4.4 规范、规程和工程标准

各规范对墩台沉降的规定参见表 19。

表 19 桥梁墩台沉降规定

规范名称	墩 台 沉 降 规 定
城市桥梁养护技术规范 （CJJ 99-2003，J 281-2003）	（1）简支梁桥的墩台基础均匀总沉降值大于 $2.0\sqrt{L}$（cm）、相邻墩台均匀总沉降差值大于 $1.0\sqrt{L}$（cm）或墩台顶面水平位移值大于 $0.5\sqrt{L}$（cm）时，应及时对简支梁的墩台基础进行加固（总沉降值和总差异沉降值不包括基础和桥梁施工中的沉降，L 为相邻墩台间最小的跨径长度，以 m 计，跨径小于 25m 时仍以 25m 计） （2）当连续桥梁墩台和拱桥的不均匀沉降值超过设计允许变形时，应查明原因，进行加固处理和调整高程
地铁设计规范 （GB 50157-2003）	对于外静定结构，墩台均匀沉降量不得超过 50mm，相邻墩台沉降量之差不得超过 20mm；对于外不静定结构，其相邻墩台不均匀沉降量之差的容许值还应根据沉降对结构产生的附加影响来确定
地基基础设计规范 （DGJ 08-11-1999）	简支梁桥墩台基础中心最终沉降计算值不应大于 200mm，相邻墩台最终沉降差不应大于 500mm；混凝土连续桥梁墩台基础中心最终沉降计算值不应大于 100～150mm，且相邻墩台最终沉降计算值宜大致相等。相邻墩台不均匀沉降的允许值，应根据不均匀沉降对上部结构产生的附加内力大小而定

规范名称	墩 台 沉 降 规 定
公路桥涵地基与基础设计规范 （JTJ 024－85）	墩台的均匀总沉降不应大于 $2.0\sqrt{L}$（cm）（L 为相邻墩台间最小的跨径长度，以 m 计，跨径小于 25m 时仍以 25m 计）。对于外超静定体系的桥梁应考虑引起附加内力的基础不均匀沉降和位移
铁路桥涵设计基本规范 （TB 10002.1－2005，J 460－2005）	墩台基础的沉降应按恒载计算。对于外静定结构，有碴桥面工后沉降量不得超过 80mm，相邻墩台均匀沉降量之差不得超过 40mm；明桥面工后沉降量不得超过 40mm，相邻墩台均匀沉降量之差不得超过 20mm。对于外超静定结构，其相邻墩台均匀沉降量之差的容许值应根据沉降对结构产生的附加应力的影响而定

2.5 城市轨道交通既有线控制指标

2.5.1 城市轨道交通既有线控制指标应包括隧道结构允许沉降控制值、隧道结构允许上浮控制值、隧道结构允许水平位移控制值、平均速率控制值、最大速率控制值、差异沉降控制值、轨道几何尺寸容许偏差控制值、轨道坡度允许控制值、道床剥离量允许控制值、结构变形缝开合度和轨道结构允许垂直位移控制值。

2.5.2 城市轨道交通既有线控制指标主要受地层情况、隧道结构、轨道结构、线路部位、修建年限等因素的影响，工程施工必须保证既有线的运营安全。

2.5.3 根据城市轨道交通既有线的影响因素调查分析和结构检测，采用经验公式法、解析经验公式法或数值模拟法等方法，对结构承载能力和轨道安全性等进行评估，结合工程穿越方式（上穿、下穿和侧穿），确定相应的控制指标。

2.5.4 规范、规程和工程标准

轨道几何尺寸控制指标应符合《北京地铁工务维修规则》的要求，具体内容见表20～表23。

表20 整体道床线路轨道静态几何尺寸容许偏差控制值

项 目		计划维修（mm）		经常保养（mm）	
		正线	其他线	正线	其他线
轨 距		＋4、－2	＋5、－2	＋6、－3	＋7、－3
水 平		4	5	6	8
高 低		4	5	6	8
轨向（直线）		4	5	6	8
三角坑（扭曲）	缓和曲线	4	5	6	8
	直线和圆曲线	4	5	6	8

注：1. 轨距偏差不含曲线上按规定设置的轨距加宽值，但最大轨距（含加宽值和偏差）不得超过 1456mm。

　　2. 轨向偏差和高低偏差为 10m 弦测量的最大矢度值。

　　3. 三角坑偏差不含曲线超高顺坡造成的扭曲量，检查三角坑时基长为 6.25m，但在延长 18m 的距离内无超过表列的三角坑。

表 21　碎石道床线路轨道静态几何尺寸容许偏差控制值

项　目		计划维修（mm）		经常保养（mm）	
		正　线	其他线	正　线	其他线
轨　距		+5、−2	+6、−2	+7、−4	+8、−4
水　平		4	5	7	9
高　低		4	5	7	9
轨向（直线）		4	5	7	9
三角坑（扭曲）	缓和曲线	4	5	7	9
	直线和圆曲线	4	5	7	9

注：1. 轨距偏差不含曲线上按规定设置的轨距加宽值，但最大轨距（含加宽值和偏差）不得超过 1456mm。

2. 轨向偏差和高低偏差为 10m 弦测量的最大矢度值。

3. 三角坑偏差不含曲线超高顺坡造成的扭曲量，检查三角坑时基长为 6.25m，但在延长 18m 的距离内无超过表列的三角坑。

表 22　整体道床道岔轨道静态几何尺寸容许偏差控制值

项　目		计划维修（mm）		经常保养（mm）	
		正　线	其他线	正　线	其他线
轨距	一般位置	+3、−2	+3、−2	+4、−2	+4、−2
	尖轨尖端	±1	±1	±2	±2
水　平		3	4	5	7
高　低		3	4	5	7
轨向	直线	3	4	5	7
	支距	2	2	3	3

注：1. 支距偏差为现场支距与计算支差。

2. 导曲线下股高于上股的限值：计划维修为 0，经常维修为 1mm。

表 23　碎石道床道岔轨道静态几何尺寸容许偏差控制值

项　目		计划维修（mm）		经常保养（mm）	
		正　线	其他线	正　线	其他线
轨距	一般位置	+3、−2	+3、−2	+5、−3	+5、−3
	尖轨尖端	±1	±1	±2	±2
水　平		4	5	6	8
高　低		4	5	6	8
轨向	直线	4	5	6	8
	支距	2	2	3	3

注：1. 支距偏差为现场支距与计算支差。

2. 导曲线下股高于上股的限值：计划维修为 0，经常维修为 2mm。

2.6 既有铁路控制指标

2.6.1 既有铁路控制指标应包括路基沉降控制值、位移平均速率控制值、最大速率控制值、轨道几何尺寸容许偏差控制值和轨道坡度允许控制值。

2.6.2 既有铁路控制指标主要受路基、线路、轨道和保养情况等因素的影响，工程施工必须保证既有铁路的安全运营。

2.6.3 根据工程下穿地段的特点，进行结构检测（铁路桥梁、箱涵等），采用经验公式法或数值模拟法等方法，结合铁路部门的要求，确定其控制指标。

2.6.4 规范、规程和工程标准

1 《铁路轨道工程施工质量验收标准》（TB 10413－2003，J 284－2004）

无缝线路轨道达到初期稳定阶段时，其静态几何尺寸允许偏差和检验方法应符合表24的规定。

表 24　轨道静态几何尺寸允许偏差和检验方法

序号	项　目	允许偏差（mm）	检　验　方　法
1	高　低	5	10m 弦量
2	轨　向	5	直线 10m 弦量、曲线 20m 弦量
3	扭曲（基长 6.25m）	5	万能道尺测量
4	轨　距	+4、－2	万能道尺测量
5	水　平	5	万能道尺测量

无缝线路轨道动态质量应检查局部不平顺（峰值管理），轨道动态质量管理值应符合表25的规定。

表 25　轨道动态检查几何尺寸容许偏差控制值（峰值管理）

速度（km/h） 项　目	160≥v>120				120≥v>100			
	Ⅰ级	Ⅱ级	Ⅲ级	Ⅳ级	Ⅰ级	Ⅱ级	Ⅲ级	Ⅳ级
高低（mm）	6	10	15		8	12	20	24
轨向（mm）	5	8	12		8	10	16	20
轨距（mm）	+6 －4	+10 －7	+15 －8		+8 －6	+12 －8	+20 －10	+24 －12
水平（mm）	6	10	14		8	12	18	22
扭曲（基长 2.4m）（mm）	5	8	12		8	10	14	16
车体垂向加速度（g）	0.10	0.15	0.20		0.10	0.15	0.20	0.25
车体横向加速度（g）	0.06	0.10	0.15		0.06	0.10	0.15	0.20

无缝线路轨道有砟轨道整理作业后，轨道静态几何尺寸允许偏差和检验方法应符合表26、表27的规定。

表 26　有碴轨道整道允许偏差和检验方法

序号	项　目		允许偏差（mm）	检验方法
1	轨距		+4、−2	万能道尺测量
2	轨向	直线（10m 弦量）	4	尺量
		曲线	见表27	尺量
3	水平		4	万能道尺测量
4	扭曲（基长 6.25m）		4	
5	高低		4	尺量

表 27　曲线 20m 弦正矢允许偏差

曲线半径（m）	缓和曲线正矢与计算正矢差（mm）	圆曲线正矢连续差（mm）	圆曲线正矢最大最小值差（mm）
≤650	4	8	12
>650	3	6	9

无缝线路轨道无碴轨道整理作业后，轨道静态几何尺寸允许偏差和检验方法应符合表 28 和表 29 的规定。

表 28　无碴轨道整道允许偏差和检验方法

序号	项　目		允许偏差（mm）	检验方法
1	轨距		±2	万能道尺测量
2	轨向	直线（10m 弦量）	≤4	尺量
		曲线	见表29	尺量
3	水平		4	万能道尺测量
4	高低		4	尺量
5	扭曲（基长 6.25m）		4	万能道尺测量

表 29　曲线 20m 弦正矢允许偏差

曲线半径（m）	缓和曲线正矢与计算正矢差（mm）	圆曲线正矢连续差（mm）	圆曲线正矢最大最小值差（mm）
≤650	3	6	9
>650	3	4	6

有缝线路轨道无碴轨道静态几何尺寸允许偏差应符合表 30 的规定。

表 30　无碴轨道静态几何尺寸允许偏差

序号	检　验　项　目		允许偏差（mm）
1	轨距		±2
2	高低（10m 弦量）		4
3	水平		4
4	扭曲（基长 6.25m）		4
5	轨向	直线（10m 弦量）	4
		曲线	见表29

有缝线路轨道动态质量应检查局部不平顺（峰值管理），其轨道允许偏差值应符合表31 的规定。

表 31　轨道动态检查几何尺寸容许偏差控制值（峰值管理）

速度（km/h） 项　目	120≥v>100				v≤100			
	Ⅰ级	Ⅱ级	Ⅲ级	Ⅳ级	Ⅰ级	Ⅱ级	Ⅲ级	Ⅳ级
高低（mm）	8	12	20	24	12	16	22	26
轨向（mm）	8	10	16	20	10	14	20	23
轨距（mm）	+8 −6	+12 −8	+20 −10	+24 −12	+12 −6	+16 −8	+24 −10	+28 −12
水平（mm）	8	12	18	22	12	16	22	25
扭曲（基长2.4m）（mm）	8	10	14	16	10	12	16	18
车体垂向加速度（g）	0.10	0.15	0.20	0.25	0.10	0.15	0.20	0.25
车体横向加速度（g）	0.06	0.10	0.15	0.20	0.06	0.10	0.15	0.20

2　《铁路线路维修规则》

线路轨道静态几何尺寸容许偏差管理值如表32 的规定。

表 32　线路轨道静态几何尺寸容许偏差管理值

项　目		v_{max} >160km/h 正线			160km/h≥v_{max} >120km/h 正线			v_{max}≤120km/h 正线及到发线			其他站线		
		作业 验收	经常 保养	临时 补修	作业 验收	经常 保养	临时 补修	作业 验收	经常 保养	临时 补修	作业 验收	经常 保养	临时 补修
轨距（mm）		+2 −2	+4 −2	+6 −4	+4 −2	+6 −4	+8 −4	+6 −2	+7 −4	+9 −4	+6 −2	+9 −4	+10 −4
水平（mm）		3	5	8	4	6	8	4	6	10	5	8	11
高低（mm）		3	5	8	4	6	8	4	6	10	5	8	11
轨向（直线）（mm）		3	4	7	4	6	8	4	6	10	5	8	11
三角坑（扭曲）（mm）	缓和曲线	3	4	6	4	5	6	4	5	7	5	7	8
	直线和圆曲线	3	4	6	4	6	6	4	6	9	5	8	10

注：1. 轨距偏差不含曲线上按规定设置的轨距加宽值，但最大轨距（含加宽值和偏差）不得超过 1456mm。

　　2. 轨向偏差和高低偏差为 10m 弦测量的最大矢度值。

　　3. 三角坑偏差不含曲线超高顺坡造成的扭曲量，检查三角坑时基长为 6.25m，但在延长 18m 的距离内无超过表列的三角坑。

　　4. 专用线按其他站线办理。

道岔轨道静态几何尺寸容许偏差管理值如表 33 的规定。

表 33　道岔轨道静态几何尺寸容许偏差管理值

项　　目		$v_{max}>160km/h$ 正线			$160km/h{\geqslant}v_{max}$ $>120km/h$ 正线			$v_{max}{\leqslant}120km/h$ 正线及到发线			其他站线		
		作业验收	经常保养	临时补修	作业验收	经常保养	临时补修	作业验收	经常保养	临时补修	作业验收	经常保养	临时补修
轨距（mm）		+2 −2	+4 −2	+5 −2	+3 −2	+4 −2	+6 −2	+3 −2	+5 −3	+6 −3	+3 −2	+5 −3	+6 −3
水平（mm）		3	5	7	4	5	8	4	6	9	6	8	10
高低（mm）		3	5	7	4	5	8	4	6	9	6	8	10
轨向 （mm）	直线	3	4	5	4	4	6	4	6	9	6	8	10
	支距	2	3	4	2	3	4	2	3	4	2	3	4
三角坑（扭曲） （mm）		3	4	5	4	6	8	4	6	9	5	8	10

注：1. 支距偏差为现场支距与计算支距之差。
　　2. 导曲线下股高于上股的限值：作业验收为 0，经常保养为 2mm，临时补修为 3mm。
　　3. 三角坑偏差不含曲线超高顺坡造成的扭曲量，检查三角坑时基长为 6.25m，但在延长 18m 的距离内无超过表列的三角坑。
　　4. 尖轨尖处轨距的作业验收的容许偏差管理值为 ±1mm。
　　5. 专用线道岔按其他站线道岔办理。

轨道静态几何尺寸容许偏差管理值中，作业验收管理值为线路设备大修、综合维修、经常保养和临时补修作业的质量检查标准；经常保养管理值为轨道应经常保持的质量管理标准；临时补修管理值为应及时进行轨道整修的质量控制标准。

3　围（支）护结构控制指标

3.1　围（支）护结构变形控制指标

3.1.1　明（盖）挖法及竖井施工围（支）护结构变形控制指标应包括桩（墙）顶沉降和水平位移、桩（墙）体水平位移、支撑立柱沉降和倾斜、初期支护竖井井壁净空收敛的允许位移控制值、位移平均速率控制值和位移最大速率控制值。

3.1.2　盾构法隧道围（支）护结构变形控制指标应包括管片衬砌拱顶沉降的允许位移控制值、位移平均速率控制值和位移最大速率控制值。

3.1.3　浅埋暗挖法隧道初期围（支）护结构变形控制指标应包括隧道初期围（支）护结构拱顶沉降、拱底隆起、净空收敛、中柱沉降的允许位移控制值、位移平均速率控制值和位移最大速率控制值。

3.2　围（支）护结构受力控制指标

3.2.1　明（盖）挖法及竖井施工围（支）护结构受力控制指标应包括支撑轴力设计值、

锚杆（锚索、土钉）拉力设计值和支撑立柱内力设计值。

3.2.2 盾构法隧道围（支）护结构受力控制指标为管片内力设计值。

3.2.3 浅埋暗挖法隧道初期围（支）护结构受力控制指标应包括围（支）护结构内力设计值、中柱内力设计值。

3.2.4 工程围（支）护结构控制指标主要受施工工法、工程自身特点、结构类型、结构受力情况等因素的影响。

3.2.5 工程围（支）护结构力学的控制值一般取设计允许内力值的 80%，也可根据设计允许内力值与实测值的比值大小划分为危险、注意和安全三个状态进行判别，具体内容见表 34。

表 34 工程围（支）护结构力学控制值预警状态表

监测项目	判别的内容	预警状态				
		判别标准	安全	黄色预警	橙色预警	红色预警
墙体内力	钢筋拉应力	F_1=实测（或预测值）拉应力/钢筋抗拉强度	$F_1<0.7$	$0.7{\leqslant}F_1<0.85$	$0.85{\leqslant}F_2<1.0$	$F_1>1.0$
支撑轴力	允许轴力	F_3=实测（或预测值）轴力/允许轴力	$F_3<0.7$	$0.7{\leqslant}F_3<0.85$	$0.85{\leqslant}F_3<1.0$	$F_3>1.0$

注：支撑允许轴力为其在允许偏心下，极限轴力除以等于或小于 1.4 的安全系数。

3.3 明（盖）挖法及竖井施工围（支）护结构监控量测控制指标

3.3.1 桩（墙）顶沉降：

1 《地铁工程监控量测技术规程》（DB 11/490-2007）（北京）

《地铁工程监控量测技术规程》（DB 11/490-2007）中规定的明（盖）挖法施工围（支）护结构监控量测值控制指标如表 35 所示。

表 35 明（盖）挖法施工围（支）护结构监控量测值控制指标

监测项目及范围	允许位移控制值 U_0（mm）	位移平均速率控制值（mm/d）	位移最大速率控制值（mm/d）
围护桩（墙）顶部沉降	≤10	1	1

注：位移平均速率为任意 7 天的位移平均值；位移最大速率为任意 1 天的最大位移值。

2 《广州地区建筑基坑支护技术规定》（GJB 02-98）

重力式挡墙墙顶最大水平位移 δ_H 应通过计算确定，当具有一定的经验时，可参考表 36 估算。

表 36 δ_H 的估算

墙纵向长度 / 土层条件	≤30m	30～50m	>50m
良好地基	(0.005～0.01)H	(0.01～0.015)H	>0.015H
一般地基	(0.015～0.02)H	(0.02～0.025)H	>0.025H
软弱地基	(0.025～0.035)H	(0.035～0.045)H	>0.045H

注：H 为基坑开挖深度（m）。

3.3.2 桩（墙）体水平位移

1 各规范、规程和工程标准对桩（墙）体水平位移控制指标的规定参见表37。

表37 桩（墙）体水平位移控制指标

规范名称	桩（墙）体水平位移控制指标
天津地铁二期工程施工监测技术规定	围护结构侧向位移（mm）：一级基坑，$0.0014h$；二级基坑，$0.003h$（h 为基坑开挖深度）
上海地铁基坑工程施工规范	围护结构最大水平位移：一级基坑$\leqslant 0.14\%H$，二级基坑$\leqslant 0.3\%H$，三级基坑$\leqslant 0.7\%H_0$（H 为基坑开挖深度）
上海地铁基坑工程施工规程（SZ-08-2000）	围护结构最大水平位移：一级基坑$\leqslant 0.14\%H$，二级基坑$\leqslant 0.3\%H$，三级基坑$\leqslant 0.7\%H$
上海市基坑工程设计规程（DBJ 08-61-97）	墙顶位移：一级工程控制值30mm，设计值50mm，变化速率2mm/天；二级工程控制值60mm，设计值100mm，变化速率3mm/天 墙体最大位移：一级工程控制值50mm，设计值80mm，变化速率2mm/天；二级工程控制值80mm，设计值120mm，变化速率3mm/天
地基基础设计规范（DGJ 08-11-1999）（上海）	基坑工程的开挖深度为14~20m，挡墙水平位移最大值$\delta_{hmax}=1.4\%_0h_0$（h_0 基坑开挖深度）
基坑工程技术规程（DB 42/159-2004）（湖北）	围（支）护结构水平位移（最大值）：一级基坑监控报警值为30mm；二级基坑监控报警值为60mm

2 《地铁工程监控量测技术规程》（DB 11/490-2007）（北京）

明（盖）接法施工围（支）护结构监控量测值控制指标见表38。

表38 明（盖）挖法施工围（支）护结构监控量测值控制指标

监测项目及范围	允许位移控制值 U_0（mm）			位移平均速率控制值（mm/d）	位移最大速率控制值（mm/d）
	一级基坑	二级基坑	三级基坑		
围护桩（墙）水平位移	$\leqslant 0.15\%H$ 或$\leqslant 30$，两者取小值	$\leqslant 0.2\%H$ 或$\leqslant 40$，两者取小值	$\leqslant 0.3\%H$ 或$\leqslant 50$，两者取小值	2	3

注：1. H 为基坑开挖深度。

2. 位移平均速率为任意7天的位移平均值；位移最大速率为任意1天的最大位移值。

3 《建筑基坑工程技术规范》（YB 9258-97）

根据支护破坏后的影响程度及基坑工程周围状况设定支护的位移允许值见表39。

表39 基坑边坡支护位移允许值

基坑边坡支护破坏后影响程度及基坑工程周围状况	最大位移允许值
基坑边坡支护破坏后影响严重或很严重，基坑边坡滑移面内有重要建（构）筑物	$H_i/300$
基坑边坡支护破坏后影响较严重，基坑边坡滑移面内有重要建（构）筑物	$H_i/200$
基坑边坡支护破坏后影响一般或轻微，基坑周边15m以外有主要建（构）筑物	$H_i/150$

注：1. H_i 为基坑当时的开挖深度。

2. 本表适用于深度18m以内的基坑。

4 《基坑工程施工监测规程》（DG/TJ 08 - 2001 - 2006）（上海）

《基坑工程施工监测规程》（DG/TJ 08 - 2001 - 2006）中规定的围护体系变形报警值见表40。

表40 围护体系变形报警值

监测项目 \ 监测等级	一级		二级		三级
	变化速率（mm/d）	累计值（mm）	变化速率（mm/d）	累计值（mm）	
围护墙顶变形	2～3	25～30	3～5	50～60	宜按二级基坑的标准控制，当条件许可时可适度放宽
围护墙侧向最大位移		45～50		65～80	

注：报警值取值应根据基坑各侧边环境、开挖深度及围护体系类型等综合确定。

5 上海市和深圳市基坑工程

上海、深圳两城市基坑工程等级划分及变形监控允许值见表41。

表41 基坑工程等级划分及变形监控允许值

工程复杂程度 \ 安全等级		一级		二级		三级
		很严重		严重		不严重
基坑深度（m）		>14		9～14		<9
地下水埋深（m）		<2		3～5		>5
软土层厚度（m）		>5		2～5		<2
基坑边缘与邻近已有建筑物浅基础或重要管线边缘净距（m）		<0.5h		0.5～1.0h		>1.0h
		监控值	设计值	监控值	设计值	
上海市	墙顶位移（mm）	30	50	60	100	按二级基坑的标准控制，环境条件许可时可适当放宽
	墙体最大位移（mm）	60	80	90	120	
深圳市 墙体最大水平位移（mm）	排桩、地下连续墙、土钉墙	0.0025H		0.0050H		0.0100H
	钢板桩、深层搅拌桩	—		0.0100H		0.0200H

6 《广州地区建筑基坑支护技术规定》（GJB 02 - 98）

应根据周边环境的重要性，由变形的允许范围及土层性质等因素确定围（支）护结构的水平变形值。除特殊要求外，围（支）护结构的最大水平位移不宜超过表42的允许值。

表42 围（支）护结构最大水平位移允许值

安全等级	围（支）护结构最大水平位移允许值	安全等级	围（支）护结构最大水平位移允许值
一级	30mm	三级	150mm
二级	60mm		

7　建筑基坑支护工程技术规程（DBJ/T 15-20-97）

围（支）护结构水平位移和周围地面沉降变形的控制值可参照表 43 并结合工程实际情况确定。

表 43　围（支）护结构水平位移允许值

安全等级	围（支）护结构水平位移	安全等级	围（支）护结构水平位移
一级	$0.002H$ 且不大于 30mm	三级	$0.025H$ 且不大于 150mm
二级	$0.004H$ 且不大于 50mm		

8　广州地铁一号线位移控制基准

广州地铁一号线位移控制基准如表 44 所示。

表 44　广州地铁一号线位移控制基准

控制等级	围（支）护结构水平位移控制值	环境保护要求
特级	$\leqslant 0.13\%H$	在距基坑 H 范围内，有地下大型压力管线等对变形十分敏感且一旦破坏将产生很大影响的重要地下设施及建筑物，必须严格控制变形
一级	$\leqslant 0.25\%H$	在距基坑 H 范围内，有地下干线管道以及重要建筑物，应当严格控制变形
二级	$\leqslant 0.5\%H$	在距基坑 H 范围内，有变形控制要求的地下设施及建筑物
三级	$\leqslant 0.9\%H$	在距基坑 H 范围内，可不要求控制变形，但次范围之外有变形控制的要求

3.3.3　竖井净空收敛

《地铁工程监控量测技术规程》（DB 11/490-2007）（北京）

《地铁工程监控量测技术规程》（DB 11/490-2007）中的控制指标见表 45。

表 45　明（盖）挖法施工监控量测值控制指标

监测项目及范围	允许位移控制值 U_0（mm）	位移平均速率控制值（mm/d）	位移最大速率控制值（mm/d）
竖井水平收敛	50	2	5

注：位移平均速率为任意 7 天的位移平均值；位移最大速率为任意 1 天的最大位移值。

3.3.4　立柱沉降

《基坑工程手册》：立柱沉降不得超过 10mm，下降速率不得超过 2mm/d。

3.4　盾构法围（支）护结构监控量测控制指标

《地铁工程监控量测技术规程》（DB 11/490-2007）（北京）中规定的拱顶沉降监控量测值控制标准如表 46 所示。

表 46　拱顶沉降监控量测值控制标准

监测项目及范围	允许位移控制值 U_0（mm）	位移平均速率控制值（mm/d）	位移最大速率控制值（mm/d）
拱顶沉降	20	1	3

注：位移平均速率为任意 7 天的位移平均值；位移最大速率为任意 1 天的最大位移值。

3.5 浅埋暗挖法初期围（支）护结构监控量测控制指标

3.5.1 拱顶沉降

1 《地铁工程监控量测技术规程》（DB11/490‑2007）（北京）中的拱顶沉降允许值见表 47。

表 47 浅埋暗挖法施工设计允许值

监测项目 及范围		允许位移控制值 U_0（mm）	位移平均速率控制值 （mm/d）	位移最大速率控制值 （mm/d）
拱顶 沉降	区间	30	2	5
	车站	40		

> 注：1. 位移平均速率为任意 7 天的位移平均值；位移最大速率为任意 1 天的最大位移值。
>
> 　　2. 本表中区间隧道跨度为<8m；车站跨度为>16m 和≤25m。
>
> 　　3. 本表中拱顶沉降系指拱部开挖以后设置在拱顶的沉降测点所测值。

2 《铁路隧道施工规范》（TB 10204‑2002）

埋深小于 50m 的隧道变形控制指标见表 48。

表 48 隧道拱顶相对下沉控制指标

围岩级别	单线隧道	双线隧道
V	0.06～0.12	0.08～0.16
Ⅳ	0.03～0.07	0.06～0.10
Ⅲ	0.01～0.04	0.03～0.06

> 注：拱顶相对下沉指拱顶下沉值减去隧道下沉值后与原拱顶至隧底高度之比。

3.5.2 净空收敛

1 《地铁工程监控量测技术规程》（DB 11/490‑2007）（北京）

《地铁工程监控量测技术规程》（DB 11/490‑2007）中的水平收敛允许值见表 49。

表 49 浅埋暗挖法施工设计允许值

监测项目 及范围	允许位移控制值 U_0（mm）	位移平均速率控制值 （mm/d）	位移最大速率控制值 （mm/d）
水平收敛	20	1	3

> 注：1. 位移平均速率为任意 7 天的位移平均值；位移最大速率为任意 1 天的最大位移值。
>
> 　　2. 本表中区间隧道跨度为<8m；车站跨度为>16m 和≤25m。

2 《铁路隧道施工规范》（TB 10204‑2002）

埋深小于 50m 的隧道拱脚水平相对净空变化值见表 50。

表 50 隧道拱脚水平相对净空变化值

围岩级别	单线隧道	双线隧道
V	0.30～1.00	0.20～0.50
Ⅳ	0.20～0.70	0.10～0.30
Ⅲ	0.10～0.50	0.03～0.10

> 注：1. 拱脚水平相对净空变化值指两测点间净孔水平变化值与其距离之比。
>
> 　　2. 墙腰水平相对相对净空变化极限值可按拱脚水平相对净空变化值乘以 1.2～1.3 后采用。

3 《锚杆喷射混凝土支护技术规范》（GB 50086－2001）

对于埋深＜50m 的隧道，以两测点间实测位移累计值与两测点间距离之比规定了隧道周边的允许位移相对值：Ⅲ级围岩 0.10～0.30，Ⅳ级围岩 0.15～0.50，Ⅴ级围岩 0.20～0.80。

适用于高跨比 0.8～1.2 的隧道，Ⅲ级围岩跨度不大于 20m；Ⅳ级围岩跨度不大于 15m；Ⅴ级围岩跨度不大于 10m。

4 《天津地铁二期工程施工监测技术规定》

净空收敛：变形速率控制值为 3mm/d。

4 附 录

附录 A 周边环境控制指标参考数值

A.1 建（构）筑物

A.1.1 根据建（构）筑物的重要性等级对控制指标进行调整，建（构）筑物重要性等级根据使用性质、规模和破坏后果等按附表 A-1 进行划分。

附表 A-1 建（构）筑物重要性等级划分

重要性等级	破坏后果	建（构）筑物类型
		使用性质和规模
Ⅰ	很严重，重大国际影响或非常严重的国内政治影响，经济损失巨大	古建筑物、近代优秀建筑物，重要的工业建筑物，10 层以上高层、超高层民用建筑物，大于 24m 的地上构筑物及重要的地下构筑物
Ⅱ	严重，严重政治影响，经济损失较大	一般的工业建筑物，4～6 层的多层建筑物，7～9 层中高层民用建筑物，10～24m 的地上构筑物，一般地下构筑物
Ⅲ	一般，有一定的政治影响和经济损失	次要的工业建筑物，1～3 层的低层民用建筑物，小于 10m 的地上构筑物，次要地下构筑物

A.1.2 建（构）筑物控制指标参考数值见附表 A-2。

附表 A-2 建（构）筑物控制指标参考数值表

重要性等级	允许沉降控制值（mm）	差异沉降控制值（mm）	位移最大速率控制值（mm/d）	倾斜控制值
Ⅰ	≤15	≤5	1	≤0.002
Ⅱ	≤20	≤8	1.5	—
Ⅲ	≤30	≤10	2	—

注：差异沉降即基础倾斜，指测点之间的差值，测点间距一般为 20m；倾斜指基础倾斜方向建筑物的整体沉降差与其基础长度的比值。

A.2 地下管线

A.2.1 根据地下管线的重要性等级对控制指标进行调整，地下管线的重要性等级根据压力和使用情况，分为Ⅰ（有压管线）、Ⅱ（无压雨水、污水管线）和Ⅲ（无压其他管线）。

A.2.2 建（构）筑物控制指标参考数值见附表 A-3。

附表 A-3 地下管线控制指标参考数值表

重要性等级	允许位移控制值（mm）	倾斜率控制值
Ⅰ（有压管线）	≤10	≤0.002
Ⅱ（无压雨水、污水管线）	≤20	≤0.005
Ⅲ（无压其他管线）	≤30	≤0.004

注：选取地下管线控制指标最大值时应对其采取注浆等防护措施。

A.3 城市道路和地表控制指标

A.3.1 根据城市道路的重要性等级，对地表变形的控制指标进行调整，城市道路重要性等级根据道路在城市内部道路网中的地位和交通功能按附表 A-4 进行划分。

附表 A-4 城市道路重要性等级划分

重要性等级	地位和交通功能	重要性等级	地位和交通功能
Ⅰ	停机坪、城市快速路、主干路、高速路	Ⅲ	城市支路、人行道
Ⅱ	城市次干路		

A.3.2 地表沉降（隆起）控制指标参考数值见附表 A-5。

附表 A-5 地表沉降（隆起）控制指标参考数值

施工工法	监测项目及范围	允许位移控制值 U_0（mm）			位移平均速率控制值（mm/d）	位移最大速率控制值（mm/d）
		一级基坑	二级基坑	三级基坑		
明挖（盖）法及竖井施工	地表沉降	≤0.15%H 或≤30，两者取小值	≤0.2%H 或≤40，两者取小值	≤0.3%H 或≤50，两者取小值	2	2
盾构法	地表沉降	≤30			1	3
	地表隆起	≤10			1	3
浅埋暗挖法	地表沉降 区间	≤30			2	5
	车站	≤60				

注：1. H 为基坑开挖深度。

2. 位移平均速率为任意 7 天的位移平均值；位移最大速率为任意 1 天的最大位移值。

3. 本表中区间隧道跨度为<8m；车站跨度为>16m 且≤25m。

A.3.3 城市道路控制指标参考数值见附表 A-6。

附表 A-6 城市道路控制指标参考数值

重要性等级		允许位移控制值（mm）	位移平均速率控制值（mm/d）	位移最大速率控制值（mm/d）
Ⅰ	停机坪	10	0.5	1
	快速路、主干路、高速路	≤20	1	2
Ⅱ	次干路	≤30	2	3
Ⅲ	支路、人行道	≤40	2	4

注：位移平均速率为任意 7 天的位移平均值；位移最大速率为任意 1 天的最大位移值。

A.3.4 U 形槽变形控制值为 50mm。

A.3.5 路堤倾斜控制值为 0.002。

A.3.6 路堑倾斜控制值 0.002。

A.4 城市桥梁

A.4.1 根据城市桥梁的重要性等级对控制指标进行调整，城市桥梁重要性等级根据其功用、跨越对象和结构形式等按附表 A-7 进行划分。

附表 A-7 城市桥梁重要性等级划分

重要性等级	功用、跨越对象	重要性等级	功用、跨越对象
I	铁路桥梁、城市高架桥、立交桥主桥连续箱梁	III	人行天桥及其他一般桥梁
II	立交桥主桥简支 T 梁、异形板、立交桥匝道桥		

注：城市轨道交通整体道床桥梁对变形要求严格，不在本表分类之内。

A.4.2 城市桥梁控制指标参考数值，如附表 A-8 所示。

附表 A-8 城市桥梁控制指标参考数值表

重要性等级	桥梁墩台允许沉降控制值（mm）	纵向相邻桥梁墩台间差异沉降控制值（mm）	横向相邻桥梁墩台间差异沉降控制值（mm）	承台水平位移控制值（mm）
I	≤15	2	3	3
II	≤25	2	3	3
III	≤30	3	4	4

A.4.3 挡墙沉降控制值为 10mm。

A.4.4 挡墙倾斜度控制值为 3/1000。

A.5 城市轨道交通既有线

A.5.1 根据城市轨道交通既有线的重要性等级对控制指标进行调整，既有线重要性等级根据结构部位和相对地面位置按附表 A-9 进行划分。

附表 A-9 既有线重要性等级划分

重要性等级	结构部位和相对地面位置
I	地下区间轨道岔区
II	地下车站、地下区间其他部位、地面车站
III	通风竖井、风道、联络通道、地下车站出入口

A.5.2 既有线隧道结构控制指标参考数值，如附表 A-10 所示。

附表 A-10 既有线隧道结构控制指标参考数值表

重要性等级	隧道结构允许沉降控制值（mm）	隧道结构允许上浮控制值（mm）	隧道结构允许水平位移控制值（mm）	差异沉降控制值（mm）	位移平均速率控制值（mm/d）	最大速率控制值（mm/d）
I	≤5	≤5	≤3	≤1	1	1.5
II	≤10	≤5	≤4	≤2	1	1.5
III	≤20	≤5	≤5	≤4	1	1.5

A.5.3 既有线轨道、道床控制指标参考数值，如附表 A-11 所示。

附表 A-11　既有线轨道、道床控制指标参考数值表

控　制　指　标	参考数值	控　制　指　标	参考数值
轨道坡度允许控制值	1/2500	结构变形缝开合度	5～7mm
道床剥离量允许控制值	1mm	轨道结构允许垂直位移控制值	5～10mm

A.6　既有铁路

既有铁路路基、轨道控制指标参考数值，如附表 A-12 所示。

附表 A-12　既有铁路控制值参考数值表

控　制　指　标	参考数值	控　制　指　标	参考数值
既有铁路路基沉降	10～30mm	路基最大速率	1.5mm/d
路基位移平均速率	1.0mm/d	轨道坡度允许控制值	1/2500

注：变形控制指标是指在轨道原有基础上的附加变形（如轨道曲线段的外轨道超高、加宽处等）。

附录 B 控制指标综合表

B.1 周边环境监测控制指标

B.1.1 建（构）筑物（附表 B-1）

附表 B-1 建（构）筑物控制指标综合表

周边环境监测对象	控制指标	规范、规程、工程标准				工程实例		
		国标	北京	上海	广州	设计控制值	十号线实测值统计结果	机场线实测值统计结果
建（构）筑物	允许沉降控制值（mm）	砌体局部倾斜 0.002，相邻柱基的沉降差 0.0007（柱基的 0.005）l，柱基沉降量 120mm；整体倾斜 0.002～0.004，平均沉降量 200mm	多层建筑长期最大沉降量 30～120mm，高层建筑倾斜 0.0015～0.002，长期最大沉降量 60～160mm	20～60mm，1～3mm/d；多层和高层建筑基础倾斜 0.0015～0.004，高层结构基础倾斜 0.002～0.008	桩基础允许最大沉降值 10mm，天然地基建筑物允许最大沉降值 30mm，高耸结构基础倾斜 0.002～0.008	10～30mm	实测值 60%≤8mm，70%≤12mm，80%≤20mm	34.9～50mm 出现结构裂缝
	差异沉降控制值（mm）							
	位移最大速率控制值（mm/d）							
	倾斜控制值							

B.1.2 地下管线（附表 B-2）

附表 B-2 地下管线控制指标综合表

周边环境监测对象	控制指标	规范、规程、工程标准				工程实例	
		天津	上海	武汉	广州	设计控制值	十号线实测值统计结果
地下管线	允许位移控制值（mm）	煤气管线允许位移：10mm；其他管线允许沉降：20mm	煤气、供水 10mm，电缆、通讯 10mm，5mm/d；其他 20mm	沉降或水平位移，煤气 10mm，连续三天 2mm/d；供水 30mm，连续三天 5mm/d	承插式接头的铸铁水管、钢筋混凝土水管倾斜值 0.0025；焊接头的水管局部倾斜值 0.006；焊接接头的煤气管局部倾斜值 0.002	20～40mm，一般 30mm	实测值 60%≤30mm，70%≤45mm，80%≤60mm
	倾斜率控制值						

B.1.3　城市道路和地表控制指标（附表 B-3~附表 B-6）

附表 B-3　明（盖）挖法及竖井施工地表变形控制指标综合表

周边环境监测对象	控制指标	规范、规程、工程标准				设计控制值	工程实例
		国标	北京	天津	上海		
明（盖）挖法及竖井施工城市道路和地表沉降	允许位移控制值 U_0（mm）	一级基坑，0.0015H 且不大于 20mm；二级基坑，0.003H 且不大于 40mm	30~50mm，0.15%≤H≤0.3%H，两者取小值	一级基坑（mm）：0.001h；二级基坑（mm）：0.002h	一级基坑≤0.1%H；二级基坑≤0.2%H；三级基坑≤0.5%H。地面最大沉降：一级变化速率 25~30mm，二级变化速率 2~3mm/d；二级基坑 50~60mm，变化速率 3~5mm/d	20~70mm，一般车站 60mm，区间 30mm	明挖车站区间实测值统计结果：60%≤20mm，70%≤30mm，80%≤40mm　竖井、盾构始发井、区间通风井等 60%≤60mm，70%≤65mm，80%≤70mm　十号线实测值值统计结果
	位移平均速率控制值（mm/d）		2mm/d				
	位移最大速率控制值（mm/d）		2mm/d				

附表 B-4　盾构法地表变形控制指标综合表

周边环境监测对象	控制指标	规范、规程、工程标准		设计控制值	工程实例
		北京	上海		十号线实测值统计结果
盾构法　地表沉降	允许位移控制值 U_0（mm）	30mm	盾构隧道地表垂直变形控制值为 -30~$+10$mm	$+10$~-30mm	实测值 60%≤25mm，70%≤28mm，80%≤30mm
	位移平均速率控制值（mm/d）	1mm/d	1mm/d		
	位移最大速率控制值（mm/d）	3mm/d	3mm/d		
盾构法　地表隆起	允许位移控制值 U_0（mm）	10mm	盾构隧道地表垂直变形控制值为 -30~$+10$mm	$+10$~-30mm	实测值 60%≤25mm，70%≤28mm，80%≤30mm
	位移平均速率控制值（mm/d）	1mm/d	1mm/d		
	位移最大速率控制值（mm/d）	3mm/d	3mm/d		

附表 B-5　浅埋暗挖法地表变形控制指标综合表

周边环境监测对象	控制指标		规范、规程、工程标准（北京）	工程实例			
				设计控制值	十号线实测值统计结果	五号线实测值统计结果	机场线实测值统计结果
浅埋暗挖法地表沉降	区间	允许位移控制值 U_0（mm）	30mm	20~70mm，一般区间 30mm	暗挖车站、区间实测值 60%≤40mm，70%≤56mm，80%≤60mm 附属结构 60%≤30mm，70%≤35mm，80%≤50mm	区间 56.06%≤35mm，69.20%≤40mm，79.58%≤45mm	京顺路路面 -53.2mm，机场高速路路面 -31.2mm
		位移平均速率控制值（mm/d）	2mm/d				
		位移最大速率控制值（mm/d）	5mm				
	车站	允许位移控制值 U_0（mm）	60mm	20~70mm，一般车站 60mm	暗挖车站、区间实测值 60%≤40mm，70%≤56mm，80%≤60mm 附属结构 70%≤35mm，80%≤50mm	车站 80%≤109.5mm，70%≤91mm，60%≤76.5mm	
		位移平均速率控制值（mm/d）	2mm/d				
		位移最大速率控制值（mm/d）	5mm/d				

B.1.4　城市桥梁（附表 B-6）

附表 B-6　城市桥梁控制指标综合表

周边环境监测对象	控制指标	规范、规程、工程标准（国标）	工程实例		
			设计控制值	十号线实测值统计结果	机场线实测值统计结果
城市桥梁	桥梁墩台允许沉降控制值（mm）	参见表 19	10~30mm	人行天桥实测值 60%≤22mm，70%≤25mm，其他桥 80%≤30mm	T2 航站楼前高架桥的 2，3 号连接桥 -12.0mm
	纵向相邻桥梁墩台差异沉降控制值（mm）				
	横向相邻桥梁墩台差异沉降控制值（mm）			60%≤12mm，70%≤20mm，80%≤25mm	
	承台水平位移控制值（mm）				

B.1.5 城市轨道交通既有线（附表 B-7）

附表 B-7 城市轨道交通既有线控制指标综合表

周边环境 监测对象	控制指标	规范、规程、工程标准		工程实例	
		国标	设计控制值	机场线实测值统计结果	
城市轨道交通 既有线	隧道结构允许沉降控制值（mm）		2.0～13.5	2.6～10.3	
	隧道结构允许上浮控制值（mm）				
	隧道结构允许水平位移控制值（mm）				
	差异沉降控制值（mm）		2～4	2～8.5	
	位移平均速率控制值（mm/d）				
	最大速率控制值（mm/d）				
	轨道坡度允许控制值				
	道床剥离量允许控制值				
	结构变形缝开合度				
	轨道结构允许垂直位移控制值（mm）	参见表 20～表 23	2.0～13.5	2.2～10.6	
	轨道几何尺寸（mm）		轨道轨距－2，＋4	－1，＋3	

B.1.6 既有铁路（附表 B-8）

附表 B-8 既有铁路控制指标综合表

周边环境监测对象	控制指标	规范、规程、工程标准	
		国标	
既有铁路	既有铁路路基沉降	参见表 24～表 33	
	路基位移平均速率		
	路基最大速率		
	轨道坡度允许偏差控制值		
	铁路轨道几何尺寸容许偏差控制值		

B.2 围（支）护结构监控量测控制指标

B.2.1 明（盖）挖法及竖井施工（附表 B-9）

附表 B-9　明（盖）挖法及竖井施工围（支）护结构控制指标综合表

监测项目	控制指标	规范、规程、工程标准	
		国标	北京
围护桩（墙）顶部沉降	允许位移控制值 U_0 (mm)		10
	位移平均速率控制值 (mm/d)		1
	位移最大速率控制值 (mm/d)		1
竖井井壁净空收敛	允许位移控制值 U_0 (mm)		50
	位移平均速率控制值 (mm/d)		2
	位移最大速率控制值 (mm/d)		5
支撑立柱沉降	允许位移控制值 U_0 (mm)	不得超过10mm，下降速率不得超过2mm/d	
	位移平均速率控制值 (mm/d)		
	位移最大速率控制值 (mm/d)		

监测项目	控制指标	规范、规程、工程标准						
		国标	北京	天津	上海	广州	深圳	武汉
围护（墙）桩水平位移	允许位移控制值 U_0 (mm)	$H_i/300 \sim H_i/150$（H_i 为基坑当时的开挖深度）	≤0.15%H 或≤20，两者取小值	一级基坑，$0.0014h$；二级基坑，$0.003h$（h 为基坑开挖深度）	一级基坑≤0.14%H，二级基坑≤0.3%H，一级基坑≤0.7%H（H 为基坑开挖深度）；墙顶位移控制值：一级工程控制值 30mm，设计值 30mm，变化速率 2mm/天，二级工程控制值 60mm，变化速率 3mm/天，设计值 100mm，变化速率 60mm，墙体最大位移 50mm，一级工程控制值 50mm，变化速率 2mm/天，二级工程 80mm，设计值 120mm，变化速率 3mm/天	一级 30mm，二级 60mm，三级 150mm，0.005H，0.045H	一级 0.0025H，二级 0.005H~0.01H，三级 0.01H~0.02H	一级 30mm，二级 60mm
	位移平均速率控制值 (mm/d)	2	≤0.2%H 或≤30，两者取小值					
	位移最大速率控制值 (mm/d)	3	≤0.3%H 或≤40，两者取小值					

B.2.2 盾构法围（支）护结构（附表 B-10）

附表 B-10 盾构法围（支）护结构控制指标综合表

监测项目	控制指标	规范、规程、工程标准 北京	设计控制值	工程实例 十号线实测值统计结果
拱顶沉降	允许位移控制值 U_0（mm）	20	30mm	实测值 60%≤20mm，70%≤28mm，80%≤30mm
	位移平均速率控制值（mm/d）	1		
	位移最大速率控制值（mm/d）	3		

B.2.3 浅埋暗挖法围（支）护结构（附表 B-11）

附表 B-11 浅埋暗挖法围（支）护结构控制指标综合表

监测项目	控制指标	规范、规程、工程标准 国标	规范、规程、工程标准 北京	设计控制值	工程实例 十号线实测值统计结果
拱顶沉降 区间	允许位移控制值 U_0（mm）	相对下沉 0.01~0.08	30	30~50mm	实测值 60%≤25mm，70%≤35mm，80%≤35mm
	位移平均速率控制值（mm/d）		2		
	位移最大速率控制值（mm/d）		5		
拱顶沉降 车站	允许位移控制值 U_0（mm）		40	30~60mm	实测值 60%≤30mm，70%≤32mm，80%≤40mm。附属结构实测值 60%≤20mm，70%≤22mm，80%≤30mm
	位移平均速率控制值（mm/d）		2		
	位移最大速率控制值（mm/d）		5		
净空收敛	允许位移控制值 U_0（mm）	拱脚水平相对净空变化值 0.10~0.50	20	20~30mm	暗挖车站、区间实测值 60%≤10mm，70%≤20mm，80%≤25mm。附属结构 60%≤10mm，70%≤15mm，80%≤20mm
	位移平均速率控制值（mm/d）		1		
	位移最大速率控制值（mm/d）		3		

附录 C 工 程 实 例

C.1 周边环境监控量测控制指标工程实例

C.1.1 建（构）筑物（附表 C-1）

附表 C-1　建（构）筑物沉降控制指标实例

工程名称	工程概况	工程地质条件水文地质条件	施工方法简述	监测对象	监测对象概况	与工程关系	控制值(mm)	实测值最大值(mm)	最大变形速率(mm/d)	最大差异沉降(mm)	监测效果分析	破坏情况及处理措施
北京市轨道交通首都国际机场线工程东直门~三元桥区间暗挖段控制沉降监测	北京市轨道交通首都国际机场线工程东直门站至三元桥站区间中东直门站至三元桥区间盾构接收段，竖井段为喷锚暗挖井，从东直门长途汽车站接收结束为盾构由三元桥站始发。本工程所在地地面复杂，盾构区工程穿越东华广场小区，从蔡慈小区住宅楼（2栋12层）下穿通过，其中暗挖蔡慈小区三元桥及三元桥处多处下穿汽车站处，新源西里等建筑。施工期间应保证盾构施工及上部既有建筑物的安全，对地上建筑物进行沉降监测	1. 工程地质条件：区间自上而下可分为人工堆积和第四纪沉积层层，层层层进一步按大类、按地层层性状及其性理力学性质进一步分为8个大层及其亚层：①杂填土，③₁粉质黏土，④粉质黏土，③₂粉土，③₃粉细砂，⑥粉质黏土，⑦卵石，⑧粉质黏土，⑦中粗砂，⑧粉质黏土。 2. 水文地质条件：（1）上层滞水（一）：水位埋深在五层地下，水位埋深2.60~4.00m。层五层地下（1）上层滞水（一）：水位埋深2.60~4.00m。在五层地下，水位埋深36.83~37.97m。（2）潜水（二）：本段勘察末测至此段水源为管沟渗漏及大气降水，以蒸发及侧向径流排泄。含水层为⑥₃层，水位埋深24.33~24.34m，水位埋深深为16.50~16.82m，观测时间为2005年5月6日，主要接受侧向径流补给，向下越流补给承压水（三）；水位标高为24.34m。（3）层间潜水（三）：含水层为⑥₃层，水位埋深深为16.50~16.82m。含水层为③₂层，水位标高为2005年6月11日~2005年5月8日，主要接受侧向径流补给，以侧向径流、向下越流补给承压水（四），本次测该层水已不具备补给的影响。（4）承压水（四）：含水层为⑨₂层，观测时间同为，2004年6月11日~2005年5月8日，含水层为⑨₂层，粉细砂以侧向径流补给，向下越流补给承压水（五），本次测⑨₂层，以侧向径流、向下越流补给。（5）承压水（五）：含水层为⑨₂层，水头高度为10.64~12.57m，水头埋深为29.60m，观测时间同为2005年6月8日，含水层为⑨₂层和粉细砂⑨₂层，粉细砂⑨₂层，主要接受侧向径流补给，以侧向径流、向下越流补给承压水及人工开采以开采的方式排泄	盾构法	东平里3栋6层建筑	砖混结构，筏形基础	最近水平距离分别为7.7m、5m、2.8m，隧道埋深约7m	-10.0	-3.4	-2.7	2.1（测点距离8m）	—	无
				蔡慈小区12、14号楼	12层框架结构，独立柱基、埋深约4m	最近水平距离9.7m，隧道埋深约19m	-10.0	-6.7	-0.9	5.5（测点距离10m）	—	无
				新源西里中街2号楼	6层砖混结构，筏形基础	最近水平距离7.44m，隧道埋深约15.6m	-10.0	-8.1	-1.3	1.7（测点距离10m）	—	无
				中国艺术研究院研究生院	6层砖混结构，筏形基础	最近水平距离10.5m，隧道埋深15.8~17.2m	-10.0	-4.4	-1.1	0.7（测点距离10m）	—	无
				K0+832~K1+220亮马河东侧建筑	2层砖结构，基础不明	下穿建筑，隧道埋深约17.4m	-10.0	-48.3	-8.8	17.5（测点距离10m）	该处位于亮马河边，地质情况较差，盾构施工在该处有停工现象	结构裂缝约5mm

续表

工程名称	工程概况	工程地质条件水文地质条件	施工方法简述	监测对象	监测对象概况	与工程关系	控制值(mm)	实测值最大值(mm)	最大变形速率(mm/d)	最大差异沉降(mm)	监测效果分析	破坏情况及处理措施
北京市轨道交通首都国际机场线工程T2支线地下段监测	T2支线地下段主要由两个明挖区间和一个盾构山岭隧道区间和一个矿山法隧道区段组成。右线全长4575.287m，全段长4562.055m。本线区间线路处转弯苗圃围场处转为天然地下，下穿分店后穿越现状岗亭转市政规划机场线络转线规划景观地下专用人机场1号绿地，与场景东线路以R=600m半径转弯，经T2K+700附近从东北方向的偏航，经中国民用航空局华北空管局办公楼、航空办公楼多层车库停机坪、T2航站楼的连接桥和多层车库区间直通站的绿化连接站和连接桥等构筑物	根据勘察资料，右T2K0+910～右T2K2+451区间结构处约为17.00m，隧道洞结构围岩土层包括：粉土②层，粉质细砂②₂层，粉质黏土③₁层，黏土④₁层，粉质黏土④层，粉土④₂层，粉质黏土③₂层，粉土④层，粉质黏土④层属Ⅳ级。本区段拟建场区地下潜水和承压水2种类型的粉围岩分布在地下第2大气降水方式补给，该场区地下潜水主要受大气降水以蒸发，其次以入渗补给，并以蒸发为主要排泄方式，其承压水层主要分布于第3、5、7大土层，其承压水层主要为第2、3层承压水有着密切的水力联系。右T2K2+451～T2K5站土主要土层包括：素填土①层，粉土②层，粉质黏土⑤层，粉质黏土⑥层，粉细中砂⑧层，本区段粉质细砂⑧层，场区主要分布有上层滞水和承压水3种类型的地下水。上层滞水初见水位埋深8.0～12.0m，第2层潜水见初见水位埋深1.8～6.0m，第1层自来水补给，上层滞水主要接受大气降水等地下管线管线的垂直渗漏补给，潜水，污水，绿地灌溉的下渗补给，主要含水层⑤₁层，粉细砂⑧₁层，⑤层及粉细砂⑨₃层，潜水补给以径流为主，气降水，绿化场区径流方向下渗及向下游径流，主要含水层⑤₁层，粉细砂⑨₃层，潜水承压水初见水位36.0m，其余潜水承压水初见水位31.8～水方式排泄，以侧向径流及向径流承压水承压水位给水方式排泄止水方式远低于隧道底板，可不考虑其对隧道施工影响	T2支线地下段由一个明挖区间隧道和一个盾构隧道区间山岭隧道和暗挖隧道组成。T2主要为明挖工区间右T2K0+910～右T2K1+右T2K1+288.2，施工工法为明挖；盾构区间同里程右T2K1+295～中间发井右T2K3+170～T2K3+170盾构到达井右T2K5+397，施工工法为盾构；暗挖工区右T2K5+397～右T2K5+461.055，施工工法为暗挖	国航办公楼主楼	框架结构，独立柱基，埋深3.05m	最近水平距离5.6m，隧道埋深10.4m	-10.0	-17.7	-3.3	7.3（测点距离6m）	—	无
				民航华北管理局办公楼	框架剪力墙结构，独立柱基，埋深2m	最近水平距离5.8m，隧道埋深10.5m	-10.0	-11.2	-3.0	6.5（测点距离5m）	—	无
				机场西路路堑	U形槽为800mm厚C30混凝土结构，穿越部位宽10.5m，深5m	下穿，隧道埋深约3.4m	-10.0	-2.5	-1.3	1.7（测点距离9m）	—	无

续表

工程名称	工程概况	工程地质条件水文地质条件	施工方法简述	监测对象	监测对象概况	与工程关系	控制值 (mm)	实测值最大值 (mm)	最大变形速率 (mm/d)	最大差异沉降 (mm)	监测效果分析	破坏情况及处理措施
北京市轨道交通首都机场线工程三元桥站～出洞口区间监测	(1) 区间线路: 机场线三元桥站～出洞口区间线路呈西南一东北走向,大致与机场高速公路平行。区间里程范围 K3+180.237～K4+035.000。在平面上线路出三元桥站后在京顺路北侧沿公路前进,右拐向在 K3+400 下穿京顺公路。在 K3+680 移至京顺公路至机场高速公路间绿化带内,在绿化带内出机场高速公路继续前进。在纵剖面上线路出三元桥站后上坡上跨北京地铁十号线三元桥站～亮马河区间盾构(两者最小净距1.254m)隧道后,下坡下穿若干条雨水管和京顺公路,然后上坡至 K4+035 进入地面线。 (2) 沿线环境: 区间线路基本在京顺公路下方,京顺公路为北京市交通主干道,基本上为西南东北走向,道路宽约30m。交通流量非常大,在京顺公路北侧建筑物较多,主要为单层的临时建筑物,多层永久建筑物(主要是中	(1) 工程地质概况: a 区间隧道底板穿过的主要土层在 K3+180～K3+400 范围内为粉土④2层,粉质黏土④1层内为粉土④2层,K3+400～3+600 范围内为粉细砂④3层,K3+670～K3+750 范围内为粉质黏土③1层,其余上穿粉土③层,均属Ⅳ级围岩,易发生涌砂。粉细砂④3层为潜水含水层,易发生涌砂。 b 区间隧道底板穿过主要岩土层为粉土③1层和粉土③层,均属Ⅳ级围岩,湿～很湿的处穿粉质黏土粉土层稳定性差。 c 区间隧道边墙穿过的岩土层主要为粉质黏土③1层,粉土③层、粉细砂④3层,侧壁围岩均属Ⅳ级围岩,侧壁围岩土体的自稳能力差,尤其是砂土层易产生坍塌,同时受地下水影响,易产生局部潜蚀、涌砂、流砂等	浅埋暗挖法,最大变形部位于左线中线上方,变形速率最大时,施工断面处于监测对象下方,上下合阶段施工	中国航空综合技术研究所门卫房	门卫房为砖结合构,无基础	隧道下穿,隧道埋深约5m	-10	-45.3	-3.6	16.3	监测对象处于整体下沉的状况,最大沉降速率较小,监测对象未遭到破坏	无破坏,采用超前注浆与二次补浆结合的措施,监测对象无特殊加固措施

续表

工程名称	工程概况	工程地质条件与水文地质条件	施工方法简述	监测对象	监测对象概况	与工程关系	控制值(mm)	实测值最大值(mm)	最大变形速率(mm/d)	最大差异沉降(mm)	监测效果分析	破坏情况及处理措施
北京市轨道交通首都机场线工程三元桥站~出站~出洞区间监测	国航空综合技术研究所）。京顺公路南侧主要为京顺公路与机场高速间绿化带，基本没有建筑物，场地较开阔，工程实施条件较好。区间沿线地势平缓，略有起伏，地面高程39.74~37.17m。 （3）区间结构： 区间在里程K3+180.237~K3+679.799范围内隧道结构形式为单线单洞马蹄型断面，暗挖法施工，隧道埋深10.2~17.2m。在K3+870.000~K4+035.000范围内区间结构为U形槽结构，明挖法施工。区间内设两座排水泵房，中心里程分别为K3+646.000于K3+860.000。区间在两处设射流风机，中心里程分别为K3+695.000与K3+795.000。 （4）区间由出洞口至三元桥站和三元桥站至出洞口双向开挖，由北京城建设计研究总院有限责任公司设计，由中铁电气化局集团有限公司施工，由北京致远工程建设监理有限责任公司监理	（2）水文地质概况 依据岩土工程勘察报告，本区间范围内存在三层地下水： a 上层滞水：水位标高高位32.65m，水位埋深为5.44m，含水层为粉土层③层，补给来源为水管沟渗漏及大气降水，以蒸发的方式、管沟排泄的方式排泄。 b 潜水：水位标高为26.3~27.61m，水文埋深11.32~22.71m，含水层为粉细砂③₃层，主要接受侧向径流补给，以侧向径流及向下越流补给地下层，地下水向下的方式排泄。 c 承压水：水头标高为16.2~17.54m，水头埋深为21.5~22.71m，含水层为粉细砂⑥层，卵石⑦层，中粗砂⑩₁层和粉细砂⑩₂层，主要接受侧向径流补给，以侧向径流和人工抽取地下水方式排泄。受附近施工降水以及含水层顶板埋深的变化影响，该区间大部分地段表现为无承压性，水头高度为0~0.70m。	浅埋暗挖法，最大变形位于左右线中于线上方，变形速率最大时，施工断面处于监测对象下方、上下台阶法施工	中国航空综合技术研究所门卫房	门卫房为砖混结构，无基础	隧道下穿结构，隧道埋深约5m	-10	-45.3	-3.6	16.3	监测对象处于整体下沉的状况，最大沉降速率较小，监测对象未遭到破坏	无破坏，采用超前注浆与二次补浆结合的措施，监测对象无特殊加固措施

续表

工程名称	工程概况	工程地质条件水文地质条件	施工方法简述	监测对象	监测对象概况	与工程关系	控制值 (mm)	实测值最大值 (mm)	最大变形速率 (mm/d)	最大差异沉降 (mm)	监测效果分析	破坏情况及处理措施
北京市轨道交通首都国际机场线（地铁）T2支线地下段航站站楼与车库间地下通道监测	T2支线地下段主要由一个明挖区间、一个矿山法隧道区间和一个盾构隧道区间构成，右线全长4575.287m，左线全长4562.055m。本段主要处转为地下、下穿西单商场蓝市机场分店后转入现状岗台地下，穿越规划机场东西航站贵宾专用通道后，线路转入机场1号路东侧的绿地下，线路一号路附近线路以 R＝600m 的半径向东北方向偏转，从中国民用航空华北管理局办公楼和国际空管局之间的空地下穿过，通过停机坪至T2航站楼前的绿地下。沿线有西单商场超市机场分店、中国民用航空华北管理局办公楼、国际航空公楼、多层多层停车库等建筑；区间下穿机场匝道桥、连在 T2 航站楼和多层车库楼间的连接桥等构筑物，T2 支线暗挖区间大跨矩形隧道下穿 T2 航站楼与车库楼间地下一层通道，隧道结构顶距离通道底板 1.2m，线路里程右 T2K5＋420	工程地质概况。根据勘察资料，右 T2K0＋910～右 T2K2＋451 区间结构底板埋深最深处约为 17.00m，构围岩土主要包括：粉质黏土②₂层、粉质黏土④级均属Ⅳ级。隧道洞结构埋深 2 米处粉质黏土②₁层、黏土④₁层、黏土④₂层、圆岩分层、砂类土②₁层、细砂③层、粉砂③层、砂土④层分布，本段区粉质黏土④层、圆岩质分布。场区承压水主要受天气降水。台地潜水主要分布于第 2 大类型的粉水、砂土中，该层地下水主要受大气降水的入渗补给，并以蒸发、径流或越流方式排泄，其含水层主要为第 3、5、7 大层砂土层。其中第 2、3 层承压水有着密切的水力联系。水文地质概况：右 T2K2＋451～T2 站主要土层包括：粉土素填土③层、粉土②层、粉质黏土④层、细砂④层、粉细砂⑤层、粉质黏土⑥层、细中砂⑦层、粉砂③层。本区段场区水 3 种类型的地下水，潜水和承压水分两层，第 1 层初见水位埋深第 1 层潜水水分布埋深 1.8～6.0m，第 2 层潜水主要接受大气降水，绿地灌溉水和自来水、雨水、污水等地下管线的垂直渗漏补给。潜水初见水位埋深 15.7～19.5m，潜水主要含水层为粉土②₂层、粉细砂④₃层、粉细砂④层、潜水以径流补给及大气降水，灌溉水和上层滞水的垂直渗透为主，以侧向径流、又向下潜流和大气蒸发为主，其排泄。场区承压水及大气降水补给为主。静止水位主要受隧道底板，可不考虑其对隧道施工影响位 31.8～36.0m，其承压水层埋深较深，远低于隧道底板	浅埋暗挖法	2号航站楼车库楼间地下通道	通道结构宽 4.2m，高 2.8m 通道	隧道结构顶距通道底板 1.2m	－10	－19	－0.7	8.8（测点距离 10m）	—	无

C.1.2 地下管线（附表C-2）

附表 C-2　地下管线控制指标实例

工程名称	工程概况	工程地质条件水文地质条件	施工方法简述	监测对象	监测对象概况	与工程关系	控制值 (mm)	实测值 最大值 (mm)	最大变形速率 (mm/d)	最大差异沉降 (mm)	监测效果分析	破坏情况及处理措施
北京市轨道交通线国际机场线工程东直门站监测	车站主体结构分由6段独立结构组成，分为A区～F区及安全线。主体结构总长191.68m，车站采用明暗挖结合的施工方法。基坑深度较大，坑内底高程约为14.2m（地面高程约41.28m），基坑深过第三层水穿过粉质黏土层。据第四层及粉质黏土层。基底位于砾砂层或粉质黏土层。掌握的地下水资料来看，基坑已穿过第三层水（承压水），约5m，基底为粉质黏土隔水层	地层最大深度为52.0m，地层层序自上而下依次为：粉土填土①₁层，杂填土①层。该层总厚为0.80～14.40m，层底标高为29.89～40.17m。粉土③层，粉质黏土③₁层。该层厚度变化较大，总厚为1.20～10.70m，层底标高为28.87～32.37m；粉土④层，粉质黏土④₂层、粉细砂④₃层。该层总厚度1.40～3.50m，层底标高为27.39～31.00m。圆砾⑤层、中粗砂⑤₁层、粉质黏土⑤₃层。本层总厚度24.87m，层底标高为20.86～31.00m，粉土⑥层，粉质黏土⑥₂层。本层厚度0.80～6.30m，层底标高为19.48～20.65m，卵石⑦层，中粗砂⑦₁层，粉细砂⑦₃层。本层厚度为6.00～8.70m，层底标高为11.07～14.47m。粉细砂⑧₁层、细中砂⑧₂层、粉质黏土⑧₃层。本层厚为3.30～6.40m，层底标高为8.73～8.80m，卵石⑨层、粉土⑨₃层。本层厚度10.40～16.20m，层底标高为6.40～8.43m，层质黏土⑩层。本层厚度0.50～1.40m，层底标高为9.03～10.25m。(1)上层滞水：场区内未发现上层滞水位，但考虑地下管道较多，不排除局部因管沟渗漏而存在于上层滞水的可能。(2)潜水：该层水位埋深14.40～14.80m，水位标高为26.31～26.65m。(3)承压水：水头埋深23.10～23.90m。水头标高为17.13～17.50m，承压水头标高高为12.00～12.57m，承压水头埋深为27.90～28.60m。拟建场区地下水对混凝土结构无腐蚀性，对钢结构有弱腐蚀性。在干湿交替环境下对钢筋混凝土中的钢筋具弱腐蚀性	车站主体结构B、D区采用明挖法施工	地下管线沉降				34.1		1.9		无

C.1.3 城市道路和地表（附表C-3）

附表C-3 城市道路和地表控制指标实例

工程名称	工程概况	工程地质条件水文地质条件	施工方法简述	监测对象	监测对象概况	与工程关系	控制值(mm)	实测值最大值(mm)	最大变形速率(mm/d)	最大差异沉降(mm)	监测效果分析	破坏情况及处理措施
北京市轨道交通首都机场线工程三元桥站～出洞口区间监测	(1) 区间线路： 机场线三元桥站～出洞口区间，线路呈西南—东北走向，大致与机场高速公路平行，区间里程范围 K3+180.237～K4+035.000。 在平面上线路出三元桥站后在京顺路北侧沿公路前进，右拐在 K3+400 下穿至京顺公路，在 K3+680 移至京顺公路下穿京顺高速公路，在绿化带内出公路后，在绿化带内沿机场高速公路继续前进。在纵剖面上线路出三元桥站后上坡上跨北京地铁十号线三元桥站～亮马河站盾构区间（两者最小净距 1.254m）隧道后，下坡下穿若干条雨水干管和京顺公路，然后上坡在 K4+035 出地面进入地面线。 (2) 沿线环境： 区间线路基本在京顺公路两侧附近，或京顺公路为北京市交通主干道，基本上为西南—东北走向，道路宽约 30m，交通流量非常大，在京顺公路北侧建筑物较多，主要为单层的临时建筑	(1) 工程地质概况 a 区间隧道底板穿过的主要土层在 K3+180～K3+400 范围内为粉土④₂层，粉质黏土④₁层，K3+400～3+600 范围内为粉细砂④₃层，K3+670～K3+750 层，其余范围内为粉质黏土③₁层，均属Ⅳ级围岩，上穿粉土③层，粉细砂④₃层为潜水含水层，易发生涌砂。 b 区间隧道底板穿过主要岩土层为粉质黏土③₁层和粉土③层，均属Ⅳ级围岩，湿～很湿的粉土层稳定性差。 c 区间隧道边墙穿过的岩土层主要为粉质黏土③₁层、粉土④₂层、粉细砂④₃层、粉质黏土④₁层，侧壁围岩均属Ⅳ级围岩，侧壁围岩土体的自稳能力差，尤其是砂土易产生坍塌，同时受地下水影响，易产生潜蚀、涌砂、流砂等	浅埋暗挖法，最大变形位于 K3+480 左线中线上方，变形速率最大时，施工断面处于监测对象正上方，上下台阶施工	京顺路路面	为沥青路面	隧道结构顶距路面 5～8m	−30	−84.7	−3.2		除最大变形位于 K3+480 左线中线上方出现裂缝外，其余地方控制变形效果较好，沉降槽沿隧道成带状分布	路面出现 3～5mm 裂缝，采用超前小导管注浆与二次补浆结合的措施，监测对象无特殊加固措施

续表

工程名称	工程概况	工程地质条件水文地质条件	施工方法简述	监测对象	监测对象概况	与工程关系	控制值(mm)	实测值最大值(mm)	最大变形速率(mm/d)	最大差异沉降(mm)	监测效果分析	破坏情况及处理措施
北京市轨道交通首都机场线工程三元桥站～出洞口区间监测	物，多层永久建筑物（主要是中国航空综合技术研究所）。京顺公路南侧主要为京顺公路与机场高速间绿化带，基本没有建筑物，场地地较开阔，工程实施条件较好。区间沿线地势平缓，略有起伏，地面高程39.74～37.17m。 (3) 区间结构： 区间在里程K3+180.237～K3+679.799范围内隧道结构形式为单线单洞马蹄型断面，暗挖法施工，隧道埋深10.2～17.2m。工程三在K3+870.000～K4+035.000范围内区间结构为U形槽结构，明挖法施工。区间内区间设两座排水泵房，中心里程分别为 K3+646.000干K3+860.000，区间在两处设射流风机，中心里程分别为K3+795.000与K3+795.000。 (4) 区间由出洞口至三元桥站和三元桥站至出洞口双向开挖，由北京城建设计研究总院有限责任公司设计，由中铁电气化局集团有限公司施工，由北京京泰远工程建设监理有限责任公司监理	(2) 水文地质概况 依据岩土工程勘察报告，本区间范围内存在三层地下水： a 上层滞水：水位标高位32.65m，水位埋深为5.44m，含水层为粉土层③层，补给来源为水层沟渗漏及大气降水，以蒸发的方式排泄。 b 潜水：水位标高为26.3～27.61m，水文埋深 11.32～22.71m，含水层为粉细砂③₃层，主要接受侧向径流补给，以侧向径流及向下越流给地下层地下水的方式排泄。 c 承压水：水头标高为16.2～17.54m，水头埋深为 21.5～22.71m，含水层为粉土⑥₂层、卵石⑦层、中粗砂⑥₁层和粉细砂②₂层，主要接受侧向径流以侧向径流和人工抽取地下水方式排泄。受附近施工降水以及含水层顶板埋深的变化影响，该段水本区间大部分地段表现为无承压性，水头高度为0～0.70m。	浅埋暗挖法，最大变形位于K3+480左线中线上方，变形速率最大，施工时，断面处于监测对象下方，上下阶段施工	京顺路路面	为沥青路面	隧道结构距路顶部路面5～8m	-30	-84.7	-3.2		除最大变形位于K3+480左线中线上方出现裂缝外，其余地方控制变形效果较好，沉降槽道成带状分布	路面出现3～5mm裂缝，采用超前小导管注浆与二次补浆结合的措施，监测对象无特殊象加固措施

续表

工程名称	工程概况	工程地质条件水文地质条件	施工方法简述	监测对象	监测对象概况	与工程关系	控制值(mm)	实测值最大值(mm)	最大变形速率(mm/d)	最大差异沉降(mm)	监测效果分析	破坏情况及处理措施
北京市轨道交通首都机场机场线工程下穿机场高速路及北皋匝道桥面道桥监测	北京市轨道交通首都机场线工程下穿首都机场高速公路，速路段位于机场高速公路北皋桥处。地下区间隧道上方首都机场高速公路，下穿首都机场高速公路段采用全封闭式单洞单线马蹄型隧道，采用矿山法施工，结构中左线 218.40m，其中左线构拱顶距离高速路面 5.42～6.14m，右线长距 225.98m，结构拱顶距离高速路面 4.77～6.01m。地下区间隧道面距匝道桥路面约 9～13m，净宽结构净高 5.48m，左、右线间距结构净高 5.5m，左、右线间距 10.13～11.11m，两隧道及北皋匝道桥 3.48～结构外皮净距 4.46m。下穿施工分两个面道桥监测工区，一工区、二工区位于高速公路西北侧，三工区位于高速公路与匝道桥之间。两个工区均由中铁三局集团有限公司施工，机场线 06 标段由中铁二局集团有限公司施工，由北京赛瑞斯国际工程咨询有限公司监理	机场线高速路段隧道上覆地层以砂质粉土为主，地下区间结构主要穿过的土层为粉土填土①层，粉质黏土①③层，粉细砂①④层，粉质黏土①②层，局部为粉质黏土①③层，黏土①①层，穿越的地层均为Ⅳ级围岩。地下水位标高为 24.27～25.20m。机场高速路面结构从上到下依次为：(1) 中粒式沥青混凝土 —4cm（玄武岩碎石）(2) 粗粒式沥青混凝土 —6cm（石灰岩碎石）(3) 沥青碎石 —8cm（石灰岩碎石）(4) 水泥稳定砂砾 —16cm 粉煤灰稳定砂砾 —16cm (6) 石灰土（12%）石灰土 —15cm (7) 级配碎石（调查缺省，厚度不明）根据调查，高速公路路基下方原状土标高约为 32.5m，距山隧道拱顶 2.77～4.14m	本段暗挖隧道采用台阶法开挖，上台阶每次开挖 0.5m，并进行初期施工开挖注浆，每进行一次导管注浆，开挖台阶长度 5～6m；下台阶每次开挖 0.5m。上台阶施工时仰拱临时封闭，设置临时仰拱封闭，两侧仰拱采用 I22b 工字钢，两侧各设置两根锁脚锚杆，置入角度 60°；下台阶施工时及时支撑开挖后的拱脚，拱脚锁脚锚侧各设置两根混凝土锚杆。掌子面注浆每循环一循环 8m，开挖 6m，预留 2m 作为下一循环的止浆墙。必要时止浆墙面网喷 30cm 厚 C20 混凝土。最大变形位于左线中线 K11+188.2 拱顶，施工变形速率最大时，施工断面处于监测对象正下方，上下台阶施工	机场高速路面	全封闭式，路面从上结构从上到下依次为中粒式沥青混凝土、粗粒式沥青混凝土、沥青碎石、水泥稳定砂砾、石灰稳定砂砾、石灰粉煤灰稳定砂砾、级配碎石	隧道结构拱顶距离高速路面 4.77～6.01m	-20	-42.5	-4.4		高速路沉降变形明显，路面出现裂缝	路面出现 17 条裂缝，采用超前小导管注浆与二次补浆结合的措施，监测对象无特殊加固措施

续表

工程名称	工程概况	工程地质条件水文地质条件	施工方法简述	监测对象	监测对象概况	与工程关系	控制值(mm)	实测值最大值(mm)	最大变形速率(mm/d)	最大差异沉降(mm)	监测效果分析	破坏情况及处理措施
北京市轨道交通首都国际机场线工程东直门站监测	车站主体结构分由6段独立结构组成，分为A区～F区及安全线，主体结构总长191.68m，车站采用明暗挖结合的施工方法。基坑内底高程较大，基坑底标高约为14.2m，基坑深度约为28m（地面高程41～42m），基坑位于粉砂土层。据已掌握的地下水资料来看，基坑已穿过第三层水（层间水）或粉质黏土层（承压水）约5m，基底粉质黏土为粉质黏土隔水层	地层最大深度为52.0m，地层层序自上而下依次为：粉土填土①层，该层层底总厚为0.80～14.40m。杂填土①₁层，层底标高为29.89～40.17m。粉土③层，本层厚度变化较大，总厚为1.20～10.70m，层底标高为28.87～32.37m；粉质黏土④层，粉土④₂层，粉细砂④₃层，本层层底标高为27.39～31.00m。圆砾⑤层，粉质黏土总厚度1.40～3.50m，中粗砂⑤₁层，本层总厚度1.00～8.80m。粉土⑥层，粉土⑥₂层，层底标高为20.86～24.87m。粉细砂⑥₃层，黏土⑥₁层，层底标高0.80～6.30m，本层厚度19.48～20.65m。卵石⑦层，中粗砂⑦₂层，粉细砂⑦₃层，本层底标高为11.07～14.47m；粉质黏土⑧层，粉土⑧₂层，层底标高为3.30～6.40m，中粗砂⑨₁层，粉细砂⑨₃层，层底标高6.73～8.80m。卵石⑨₂层，粉土⑨₃层，本层厚度10.40～16.20m，层底标高为9.03～10.25m。黏土⑩层，本层厚度0.50～1.40m，层底标高为9.03～10.25m。(1)上层滞水：场区内未发现上层滞水水位，但考虑地下管道较多，不排除局部管沟渗漏前存在上层滞水的可能。(2)潜水：该层潜水水位标高为26.31～26.65m，水位埋深约为14.40～14.80m。(3)承压水：水头标高为17.13～17.50m，水头埋深23.10～23.90m。(4)承压水：水头标高为12.00～12.57m，水头埋深27.90～28.60m。拟建场区地下水对混凝土结构无腐蚀性，对钢结构有弱腐蚀性，在干湿交替环境下对钢筋混凝土中的钢筋具弱腐蚀性	车站主体结构B、D区采用明挖法施工	基坑周围地表沉降			20	40.7		36.2		无

续表

工程名称	工程概况	工程地质条件水文地质条件	施工方法简述	监测对象	监测对象概况	与工程关系	控制值（mm）	实测值最大值（mm）	最大变形速率（mm/d）	最大差异沉降（mm）	监测效果分析	破坏情况及处理措施
北京地铁十号线一期工程监测	北京地铁十号线一期工程成半环形围绕北京城北部和东部，西起万柳站，向东沿巴沟路、海淀南路、知春路、北土城西路至太阳宫，在太阳宫乡折向南行，近进入三环路，沿三环路向南延伸至劲松站，立交桥南侧。沿线设万柳站、苏州街站、八达岭高速站、花园桥站、熊猫环岛站、安定路站、北土城东路站、牡丹园站、健德门站、北土城站、安贞门站、安定门站、雍和宫站、太阳宫站、麦子店站、农展馆站、亮马河站、工体北路站、光华路站、国贸站、劲松站 22座车站，均为地下车站，线路全长24.55km。	根据岩土工程勘察报告岩土揭露地层序自上而下依次为：黄褐色，稍密、稍湿～湿，杂填土①层：杂砖渣、灰渣等，以碎石、填土的路基为主，含砖块、混凝土块等。粉土③层：灰色～褐黄色，湿，含云母，氧化铁等。粉质黏土③₁层：黄色～褐黄色，软塑，含氧化铁，姜石。黏土③₂层：褐黄色，软塑，中压缩性，含氧化铁，含姜石。粉质黏土④₁层：褐黄色，软塑，含氧化铁，姜石。黏土④₂层：褐黄色，低压缩，含氧化铁，姜石。粉土④₂层：褐黄色，中细，含云母，密实，低压性，很湿，含云母。粉细砂⑤₁层：褐黄色，氧化铁，饱和，亚圆形。卵石⑦层：杂色，密实，含云母，密实，褐黄色，氧化铁。中粗砂⑦₁层：含云母，缩性，含姜石，卵石。场区内在勘察深度范围内存在三层地下水：上层潜水：水位埋深为31.88～35.22m，含水层为杂填土①层、粉土③层，主要接受管道漏水及大气降水补给；潜水：该层水位标高为28.82～29.51m，含水层为中粗砂⑤₁层，主要接受大气降水及标高15.66～18.49m，粉细砂⑤₂层潜水补给；承压水：水头高为，主要含水层为卵石圆砾⑦层、中粗砂粉细砂⑦₂层，主要接受侧向径流补给和上层地下水越流补给。										
			明暗挖法	3标（科南路站）φ1550雨水管			−30	−78.47				
			明暗挖法	4标（学院路站）φ1550污水管			−60.0	管顶沉降−52.1，深部土体沉降−75.2				
			明挖法	8标（安定区站）φ1550雨水管			−30	−11.03				
			浅埋暗挖法	10标（大三区间，三元桥站）污水管			−20	−20.4				
			明挖法	11标（麦子店）φ1600污水管线			−30	−27.16				
			明挖法	11标（麦子店）φ2150污水管			−30	89.04				
			明挖法	11标（麦子店）污水管线			−30	−80.22				

C.1.4　城市桥梁（附表 C-4）

附表 C-4　城市桥梁控制指标实例

工程名称	工程概况	工程地质条件水文地质条件	施工方法简述	监测对象	监测对象概况	与工程关系	控制值 (mm)	实测值最大值 (mm)	最大变形速率 (mm/d)	最大差异沉降 (mm)	监测效果分析	破坏情况及处理措施
北京市轨道交通首都机场线工程东直门站监测	车站主体结构分由 6 段独立结构组成，分为 A 区～F 区及安全线，主体结构总长 191.68m，车站采用明暗挖结合的施工方法。基坑挖深度较大，基坑深度约 14.2m，基坑高程约为 28m（地面高程约为 41～42m），基底位于砾砂层或粉质黏土层。据已有掌握的地下水资料来看，基坑已穿过第三层水（层间水），据第四层水（承压水）约 5m，基底隔水层质为粉质黏土隔水层	地层最大深度为 52.0m，地层层序自上而下依次为：粉土填土①层，杂填土①₁层。该层总层厚为 0.80～14.40m，层底标高为 29.89～40.17m。粉质黏土③层，该层厚度变化较大，总厚为 1.20～10.70m，层底标高为 28.87～32.37m；粉质黏土④层，粉质黏土④₃层，该层总层厚度 1.40～3.50m，粉底标高为 27.39～31.00m。圆砾⑤层，粉质黏土⑤₁层，粉细砂⑤₂层，本层总层厚度 1.00～8.80m，层底标高为 20.86～24.87m；粉质黏土⑥层，黏土⑥₁层，粉细砂⑥₂层，本层厚度 0.80～6.30m，层底标高为 19.48～20.65m。卵石⑦层，粉细砂⑦₂层，粉质黏土⑦层，中粗砂⑦₃层，本层总层厚度为 6.00～8.70m，层底标高为 11.07～14.47m；粉土⑧₁层，细中砂⑧₃层，本层厚度 3.30～6.40m，层底标高为 6.73～8.80m，卵石⑨层，中粗砂⑨₁层，粉土⑨₃层，本层厚度 10.40～16.20m，层底标高为 -8.43m；粉质黏土⑩层，本层厚度 0.50～1.40m，层底标高为 -9.03～-10.25m。 (1) 上层滞水：场区内未发现上层滞水水位，但考虑到周边地下管道较多，不排除局部因管沟渗漏而存在上层滞水的可能。 (2) 潜水：该层水位埋深为 26.31～26.65m，水位埋深约 14.40～14.80m。 (3) 承压水：水头高为 17.13～17.50m，水头标高为 23.10～23.90m。 (4) 承压水：水头高为 12.00～12.57m，水头标高为 27.90～28.60m。 拟建场区地下水对混凝土结构无腐蚀性，对钢结构有弱腐蚀性。在干湿交替环境下对钢筋混凝土中的钢筋具弱腐蚀性	车站主体结构 B、D 区采用明挖法施工	桥梁结构沉降				1		1.5		无

续表

工程名称	工程概况	工程地质条件水文地质条件	施工方法简述	监测对象	监测对象概况	与工程关系	控制值 (mm)	实测值 最大值 (mm)	最大变形速率 (mm/d)	最大差异沉降 (mm)	监测效果分析	破坏情况及处理措施
北京地铁首都机场线T2航站楼前高架站2、3号连接桥	T型连续梁桥，桩径1m，钢筋混凝土桩或带承台的管混凝土3号桥	根据勘察资料，T2支线地下段右T2K0+910～右T2K2+451区间结构底板埋深最深处约为17.00m，隧洞结构围岩岩土层包括：粉土②层，粉质黏土②₁层，粉黏土③₂层，细砂③层，粉质黏土③₁层，粉黏土④₂层，圆岩分布均属Ⅳ级。本区段黏土④₂层，圆岩分布有台地潜水和承压水2种类型的粉土，砂土地下水主要受大气降水的入渗补给。场区分级地下水受承压水主要分布于第2大层的粉土、砂土中，该层地下水主要径流或越流方式排泄。其中第2、3层承压水有着密切的水力联系。 右T2K2+451～T2站主要土层包括：粉土素填土①层，粉土②层，粉质黏土③层，粉质黏土④层，粉细砂⑤层，粉细砂⑥层，细中砂⑦层，粉质黏土⑧层。本区段⑤层主要受上层滞水、潜水和承压水，场区主要分布地下水第1层滞水和上层潜水，第2层初见水位埋深8.0～12.0m，上层潜水主要受大气降水，绿地灌溉和自来水、雨水、污水等地下管线的垂直渗漏补给，潜水初见水位埋深15.7～19.5m，主要含水层为粉细砂④₃层，粉细砂及大⑤层粉土⑤₁层，潜水以径流补给及大气降水为主，灌溉水和上层滞水向下越流向下细砂层给承压水，以侧向径流及承压水层主要补给，场区承压水层初见于细中砂⑦层，静水方式排泄，其含水层主要为细砂底板，可不考虑其对隧道施工影响	盾构法	T2航站楼前高架桥的2、3号连接桥		线路中间一组桥桩为无承台的钢筋混凝土桩，桩底在隧道底下12m；线路右边一组为带承台的钢管混凝土桩，盾构区间距离桥桩最近1.58m，对应线路里程右T2K5+340	−10.0	−12.0	−4.3	11.1 (桥柱间距8m)		桩基承载力降低，桥梁降级使用

C.1.5 城市轨道交通既有线（附表C-5）

附表C-5 城市轨道交通既有线控制指标实例

工程名称	工程概况	工程地质条件水文地质条件	施工方法简述	监测对象	监测对象概况	与工程关系	控制值 (mm)	实测值最大值 (mm)	最大变形速率 (mm/d)	最大差异沉降 (mm)	监测效果分析	破坏情况及处理措施
南水北调总干渠——地铁五棵松站工程第三方监测	南水北调总干渠在北京市西四环段，暗涵在左K5+102.694或右K5+115.361处穿越地铁1号线五棵松车站，左右隧道中心线的距离为8.2m，分别与地铁1号线里程B87+26.3、B87+38.7交叉，毛洞开挖的顶部距车站底部仅为3.667m。 西四环暗涵结构型式为由断面两孔联体3.8m×3.8m钢筋混凝土方涵和两孔φ4.0m钢筋混凝土圆涵组成的有压暗涵，其中暗挖段方涵0.185km，暗挖圆涵10.96km。在西四环路下及穿越京石高速、永定路立交等公路时采用浅埋暗挖方法施工，穿越土层主要为碎石类土层。 北京地铁1号线五棵松车站呈东西走向，K8+634.593～K8+809.600为车站主体，车站全长174.98m，宽19.5m，底板高程为46.767m，为三跨框架结构，设六个变形缝，将车站结构分为七个车区段，每段长约25m长，各自相互独立。第三方监测铁里程B86+91～B87+77	本施工区段范围内输水隧洞主要穿越卵石③层及漂石④层，亚圆形及卵石，级配好，亚砂土夹层，含砂量15%～30%；卵石，其中卵石③层粒径大为190mm，一般为90～140mm，亚圆形、级配好、亚砂土夹层，含砂量15%～30%；漂石④层粒径大为200mm，一般为140～160mm，亚圆形，级配好、细砂、卵石混含砂量15%～30%。 根据输水隧洞其他区段施工情况，地下水位埋藏深度较深，输水隧洞为无水施工	初期支护采用"正台阶法"施工，先进行右线施工，右线初期支护完成后进行左线初期支护施工。 右线由南向北施工，左线由北向南施工，开挖由每榀格栅间距为每米3榀。 当开挖至车站下方时，结构正下方，变形速率最大。当开挖至注浆横通贯通是特别是注浆横通道回填时仍有一定的沉降量，二衬之后属于工后沉降阶段。工后沉降大概为0.8的下沉量	隧道结构沉降			-5/+2	-4.8		±0.01		无破坏，发生较大变形量时，采取的处理措施是及时补偿注浆
				轨道结构沉降			-5/+2	-4	0.04		当发现有突然较大的变形量时，通知有关各方，及时查找原因，一般都是发生较大变形量时采取补浆注浆措施，密切关注自动化监测数据，从而有效指导注浆量，取得了良好效果	
				结构变形缝差异沉降			±2	-2.5	0.04			
				变形缝开合度			±2	0.24	0.01			
				轨道高低			±4	3	±1			
				轨道轨距			-2、+4	-1、+2	±1			
				无缝钢轨位移			±2	-0.3	0.01		无	

续表

工程名称	工程概况	工程地质条件水文地质条件	施工方法简述	监测对象	监测对象概况	与工程关系	控制值 (mm)	实测值最大值 (mm)	最大变形速率 (mm/d)	最大差异沉降 (mm)	监测效果分析	破坏情况及处理措施
北京市轨道交通首都机场线工程东直门站穿越既有13号线折返线监测	折返线明挖段长14m，宽12.3m，高7.75m，底板厚1m，顶板厚0.85m，侧墙厚0.9m；暗挖段宽7.52m，高12.05m，二衬初支、二衬厚均为0.3m	地质：根据北京城建勘测设计研究院提供的《岩土工程勘察报告》（2005地铁详勘J-1），勘察揭露地层最大深度为52.0m，地层层序自上而下依次为：人工填积层、第四纪全新世冲洪积层，第四纪晚更新世冲洪积层。 水文：场区内在勘察深度范围内存在四层地下水。(1)上层滞水：现上层滞水位，但考虑周边地下管道较多，不排除局部因管道渗漏而存在上层滞水的可能。(2)潜水：该层水位标高为26.31~26.65m，水位埋深为14.40~14.80m。(3)承压水：水头标高17.13~17.50m，水头埋深23.10~23.90m。(4)承压水：水头标高12.00~12.57m，水头埋深27.90~28.60m。		隧道结构沉降监测			−13.5	−12.8	−0.7		变形基本稳定，控制效果明显，尤其是千斤顶顶升，对变形控制有很好效果	无破坏，采取千斤顶系统，步履压顶升，回填注浆后采用后加固浆方法
				隧道结构变形缝差异沉降监测			4.0	9.1	0.4			
			浅埋暗挖法，施工结束后一个月达到最大变形值。最大变形速率发生在中导洞开挖面时，当时施工断面正下方，矿山法施工采用每个导洞采用上下台阶法。	折返线结构变形缝开合度监测		折返线底板与C区顶板净距1.0m	2.0	9.33				
				轨道结构沉降监测			−13.5	−12.8	−0.7			
				走行轨左右轨高差变化监测			4	(−2.4)	−0.6			
				走行轨距变化监测			6	(−1、+2)				
		拟建场区地下水对混凝土结构无腐蚀性，对钢结构有弱腐蚀性，在干湿交替环境下对钢筋混凝土中的钢筋具弱腐蚀性		岔区特征点监测			3	(−2、+2)				
				机场西路路基	U形槽为800mm厚C30混凝土结构，穿越部位宽10.5m，深5m	隧道埋深约3.4m	−10.0	−2.5	−1.3	1.7（测点距离9m）	无	无

续表

工程名称	工程概况	工程地质条件水文地质条件	施工方法简述	监测对象	监测对象概况	与工程关系	控制值(mm)	实测值最大值(mm)	最大变形速率(mm/d)	最大差异沉降(mm)	监测效果分析	破坏情况及处理情况
北京市南水北调配套工程第九水厂输水管线清河高架桥监测(一期)穿越地铁13号线清河高架桥监测	团城湖至第九水厂输水工程是北京市南水北调配套工程的重要组成部分。其主要任务为实现向第九水厂输送南水库来水。一期工程输水隧洞起点为新建团城湖村间后，穿河北岸，沿清河北岸、地铁13号线、京包铁路、八达岭高速、清河明园东路，先后穿清河、老龙口排水沟、马房西沟、清河等，与输水二期对接。该工程穿越地铁13号线两跨地铁区间因受地铁桥四跨高架桥影响而采取专项设计，以确保地铁安全和正常运营。地铁13号线为高架桥形式，输水高架桥的桥墩与13号线高架桥的桥墩水平距离分别为10.1m、13.1m，隧洞与13号线结构净距为7m和10m，隧洞底距桥桩底距离约13.11m。13号线为钢筋混凝土箱型连续梁结构，梁长72m。桥基为钻孔灌注桩基础，桩长27m，桩径5.5m。穿越段采用盾构，整体路床坐落于桥梁上	输水管线穿越段在地面以下30m深度范围内为人工堆积层、第四纪沉积层，地层岩性配套情况详述如下：①杂填土。该层填土的工程性质很差。层底高程39.14～40.40m。②黏质粉土、砂质粉土：该层土较薄，砂质粉土内以透镜体形式存在。厚5.0m。层底高程36.60～37.34m。③中细砂、④圆砾：层底高程5.30～3.40m。⑤粉质黏土。层厚6.00～7.80m，揭露层底高程33.90m。⑤粉质黏土、层厚：层底最大揭露高程32.94m，揭露层底高程26.1～26.94m。⑤黏质粉土层。褐黄色、中密、连续分布。饱和、可塑，揭露该层分布连续稳定。⑥圆砾：厚度大、揭露层露最大层厚17.92m。⑦粉质黏土，层顶高程15.94～17.92m。⑧粉质黏土15.94～11.00～9.80m，揭露层露高程11.00～9.80m。勘察期间（2006年10月下旬），场区勘探深度内（最大深度30.0m）揭露两层地下水。地下水类型分别为潜水和承压水。潜水水位埋深约4.80～5.00m。承压水头高程25.93～26.10m，水顶板高程26.10m。承压水头高度3.00～4.70m左右	盾构法，最大变形部位于隧道中线上方的右线，盾构法施工	轨道结构沉降			-2	-1.9	-0.7			
				结构变形缝差异沉降	该处为高架桥形式、钢筋混凝土箱型连续结构，梁长72m，桥为钻孔灌注桩深约30m	13号线隧道交角83°，输水隧道中心线距13号线桥墩分别为10.1m、13.1m，隧道结构与桥墩净距为7m和10m，盾构隧道的埋深为10m，隧道穿越段基本上为直线	2	2	0.6		变形控制效果明显，监测对象整体变形不大	无破坏，对高架桥采取钻孔灌注桩隔离措施
				轨道结构沉降			2	2.2	0.5			
				轨道轨距			-2、+4	-1、+3	1			

313

续表

工程名称	工程概况	工程地质条件水文地质条件	施工方法简述	监测对象	监测对象概况	与工程关系	控制值(mm)	实测值最大值(mm)	最大变形速率(mm/d)	最大差异沉降(mm)	监测效果分析	破坏情况及处理措施
北京地铁13号线东直门～柳芳区间隧道及东直门站2号出入口监测	东直门～柳芳区间隧道为暗挖双连拱结构形式		0+000～0+060m采用暗挖复合衬砌电缆隧道，0+060～0+109m采用明开电缆隧道	东直门2号出入口竖向变形		新建隧道在车站2号出入口正上方	1.5	1.3	0.7	0.4		伸缩缝处渗水
				隧道结构竖向变形			1.5	1.8	-1.3	2.1		
				轨道结构竖向变形		明挖隧道底部在13号线区间结构上方4～5m之间		±1.4	-1.3	2.1		
				轨道轨距变形			-3/+6	-1/+2	1			
				轨道水平变形			6	-2/1.5	2			
				轨道爬行			2	-2.1	0.4			
北京地铁13号线京西站～北苑站区间第三方监测	因新建奥林匹克公园市政配套工程立汤路成府路湖光中街道路工程东起西南路，西至湖景西路，路段全长约1411m。其中非机动车道穿Z3匝道桥、京承13号公路及京Z8匝道。主路桥采用钢筋混凝土U形结构。湖光中街立交桥自行车道和人行道采用单孔箱涵U形槽地铁13号线预埋式盖板混凝土。U形槽全长238m，侧墙厚0.8m，净宽8m，底板厚0.7m。U形槽预埋盖板段侧墙高度变化范围为6.483～8.046m	根据现场钻探和室内土工试验成果，成因类型及沉积年代，按沉积物的地层岩性划分为第四纪人工堆积层、新近沉积层、一般第四纪冲洪积层四大类，按地层岩性、工程力学性质及物理力学性质划分为七个大层。本场地勘探时自上而下按Ⅲ类场地考虑第一层为现场地下水。场地勘探时第一层地下水为台地潜水，主要赋存于第③层粉土、第③层黏土；第二层地下水为层间潜水，赋存于第⑤、⑥层；第三层地下水对混凝土结构及混凝土结构中的钢筋均无腐蚀性	湖光中街立交桥自行车道和人行步道采用暗挖结构型式暗涵下穿地铁13号线预埋式预埋盖板。施工工序如下：1) 测量放线，进行护坡桩及降水井的施工 2) 布置暗挖工作面，开挖第一步施工竖井及暗挖基坑(H=3.6m)，做暗挖基坑的施工在导洞大管棚，再进行上导洞1和2的施工 3) 上导洞结构施工完成后，第二步基坑开挖(H=3.6m)，布置第三步施工大管棚后进行下导洞的施工 4) 施工U形槽，在格栅背后，注浆，压力0.2MPa，浆液为纯水泥浆；5) 开挖U形槽侧暗挖余部土体，并施工顶板与预埋顶板侧暗挖余部结构施工缝进行注浆；6) 凿除小导洞初村结构与结构之间混凝土，实现一孔框架结构	预埋盖板结构沉降	预埋盖板板厚1.0m，		-2.3	-2.3	-0.5			无破坏，对开挖两侧及中间土体采用注浆加固措施
				轨道沉降	施工影响地铁13号线在此施工为地面线碎石道床无缝线路		-4	3.7/-1.2	-0.8			
				轨距变化	长80m，考虑下穿	U形槽下穿13号线紧贴预埋盖板底板	6/-3	2/-1	1			
				轨道爬行			2.0	5.3	0.5			

C.2 围(支)护结构监控量测控制指标工程实例

首都国际机场线工程东直门站围(支)护结构监控量测控制指标工程实例见附表 C-6。

附表 C-6 围(支)护结构监控量测控制指标实例

工程名称	工程概况	工程地质条件水文地质条件	监测对象	施工方法简述	监测对象概况	与工程关系	控制值(mm)	实测值最大值(mm)	最大变形速率(mm/d)	最大差异沉降(mm)	监测效果分析	破坏情况及处理措施
北京市轨道交通首都国际机场线工程东直门站监测	车站主体结构由6段独立结构组成,分为A区~F区及安全线,主体结构总长191.68m。施工方法:基坑深度较大,车站采用明暗挖结合的施工方法。基坑内底高程约为14.2m(地面高程约42m),基坑深度约41~28m(地面高水位据已有资料来看)或成都质黏土层,据第三层水基坑已穿过第四层(承压水),基底为粉质黏土隔水层。约5m,基底水层。	地层最大深度为52.0m,地层层序自上而下依次为:粉土填土①层,杂填土①₁层,层底标高为29.89~厚度为0.80~14.40m,粉土③₁层,该层厚40.17m,粉细砂③₂层,总厚为1.20~10.70m,粉质黏土④₂度变化较大,总厚28.87~32.37m,粉质黏土④层,底标高为28.87~32.37m,粉质总厚度1.40~3.50m,层底标高为27.39~31.00m,圆砾⑤层,本层总粉⑤₁层,粉土⑤₃层,粉土⑥₂层,厚度1.00~8.80m,粉质黏土⑥₁层,层底标高为20.86~24.87m,粉细砂⑥₃层,底厚度0.80~6.30m,层标高19.48~20.65m,细中砂⑦₁层,粉细砂总厚度为6.00~8.70m,卵石⑦₃层,本层①₁层,粉细砂⑦₂层,底标高为11.07~14.47m,粉质黏土⑧₁层,细中砂⑧₂层,层底标高为10.40~16.20m,中粗砂⑨₁层,层底标高6.73~8.80m,卵石⑨₂层,中粗砂⑨₃层,本层厚度3.30~6.40m,层底标高为6.40~8.43m,粉质黏土⑩层,本层厚度0.50~1.40m,层底标高为9.03~10.25m。 (1)上层滞水,场区内未发现上层滞水水位,但考虑地下管道较多,不排除局部因管道渗漏而存在上层滞水的可能。 (3)承压水:水位埋深14.40~14.80m,该层底埋深26.65m,水头标高为26.31~26.65m,水头埋深17.13~17.50m。 (4)承压水:水头标高为12.00~12.57m,水头埋深为27.90~28.60m。拟建场区地下水对混凝土结构无腐蚀性,对钢结构有弱腐蚀性,在干湿交替环境下对钢筋混凝土中的钢筋具弱腐蚀性	城市轨道交通结构沉降				15	37.2		33.4		无
			围(支)护结构桩顶沉降	车站主体结构B、D区采用明挖法施工					5.3	9.4		
			围(支)护结构桩顶水平位移				20	23.1				

九

轨道交通工程建设相关各方安全风险管理职责与工作要求

目　录

1 总 则

1.0.1 为促进建设单位（公司）、各项目管理公司、其他相关参建单位（勘察、设计、施工、监理、检测、第三方监测、评估咨询等单位）在安全风险技术管理工作上的规范化、制度化，明确各方在安全风险管理的工作内容、职责等，制定本职责和要求。

1.0.2 本职责是结合建设单位现有组织管理机制、轨道交通工程建设实际情况及其安全风险管理的特点等，并按照网线点结合和分层分级管理的原则而制定。

1.0.3 各相关参建单位作为安全风险分析、评估和控制的实施主体和责任主体，应充分发挥其重要作用，并在各级管理单位的组织、监督和管理下，形成协调有序、反应灵敏、运转高效的安全风险管理联动和运行机制。

1.0.4 各相关参建单位除应执行本文件外，尚应严格遵守现行国家、行业和地方有关法律、法规、政策规定和工程建设标准的有关规定。

2 组 织 机 构

2.0.1 轨道交通工程建设安全风险技术管理实行三层管理机制，即建设单位公司层、建设单位项目管理层和实施层，参见图1。

2.0.2 建设单位公司层主要由建设单位领导、相关职能管理部门及建设单位公司层安全风险管理的专设机构－监控管理中心等组成。

2.0.3 建设单位项目管理层由各项目管理公司领导、相关职能管理部门（含甲方代表）及项目管理层安全风险管理的专设机构－监控管理分中心等组成。

2.0.4 实施层为与建设单位签订合同，依法履行工程建设土建任务的各参建单位，除勘察与环境调查单位、总体设计单位、工点设计单位、检测评估单位、施工单位、监理单位外，还包括监控评估咨询单位、第三方监测（含咨询）单位等。

2.0.5 监控评估咨询单位为建设单位通过招投标方式确定的第三方咨询机构，在监控管理中心的领导和监管下，负责全网施工监控信息的汇总整理、综合评估预警、信息报送、风险处理咨询和信息平台维护等咨询、管理工作。

2.0.6 第三方监测（含咨询）单位按照建设单位通过招投标方式确定的第三方监测机构，在监控管理分中心的领导和监管下，除对合同线路实施全线第三方监测、现场巡视外，还负责开展全线监控信息的汇总整理、信息反馈、预警判定及现场监控指导等相关咨询服务工作。

3 建设单位公司层

3.1 建设单位公司

3.1.1 统管建设单位承担的轨道交通工程线网（全网）工程建设的安全风险管理工作，组织建立并批准公司体系文件，并组织监督和检查体系的落实、执行情况，主管监控管理

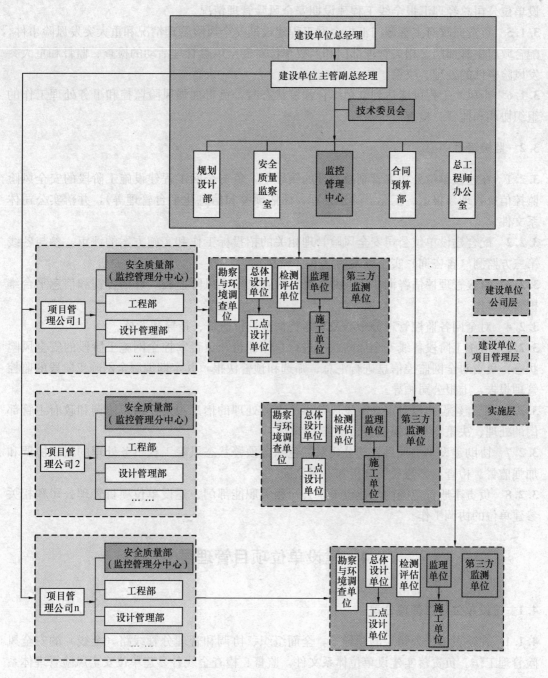

图 1 安全风险技术管理组织机构框图

中心工作。

3.1.2 组建建设单位公司层和项目层总体安全风险管理组织机构，明确各级管理部门的
职责与分工，提供安全风险管理的资源保障。

3.1.3 对全网工程建设期重大安全风险管理活动组织技术论证、成果验收、总体协调、
监督和管理。

3.1.4 主管全线重大安全风险管理方案和处理措施的技术论证和过程监督、协调，向建

设单位公司总经理汇报全线工程建设期安全风险管理情况。

3.1.5 负责向政府主管部门汇报全网工程建设期安全风险管理情况和重大突发风险事件，配合政府主管部门、相关管理部门和产权单位对安全风险管理活动的检查、监督和重大突发风险事件的处理、决策。

3.1.6 当风险工程可能达到红色综合预警状态时，负责加强风险监控和事务处理工作的组织协调和监督、检查。

3.2　监控管理中心

3.2.1 在建设单位公司主管副总经理的领导下，负责全网工程建设施工阶段的安全风险监控信息管理（报送、汇总、筛选处理、评估预警和信息化平台管理等），并落实公司体系文件。

3.2.2 配合建设单位公司安全风险管理相关的招投标工作和实施方案的评审，参与各线第三方监测（含咨询）实施方案的评审。

3.2.3 直接管理评估咨询单位，并监督、检查其安全风险监控、评估咨询和信息平台维护管理工作。

3.2.4 对全网各监控管理分中心及其运行情况进行监督、指导和考核。

3.2.5 对施工阶段各线安全风险状况进行总体评价，负责掌控全网施工阶段的安全风险状态，负责对全网监控信息进行汇总、筛选和预警快报，并定期编制全网施工阶段的监控管理报告，上报公司领导。

3.2.6 配合建设单位对重大突发风险事件事务处理的信息报送、组织协调和政府主管部门的处理、决策，并加强监督、检查工作。

3.2.7 协助建设单位项目管理公司对红色综合预警状态风险工程事务处理的组织协调和加强监督、检查，参与现场分析和专家论证。

3.2.8 负责本职责范围内与建设单位公司相关职能部门、建设单位项目管理公司和相关参建单位的协调工作。

4　建设单位项目管理层

4.1　建设单位项目管理公司

4.1.1 在建设单位公司层的领导下，全面组织、协调和管理分管线路（全线）的安全风险管理工作。负责落实建设单位体系文件，监督、检查全线各参建单位安全风险管理体系的建立、执行和培训教育情况。

4.1.2 督促和管理监控管理分中心开展全线的安全风险监控、信息管理、评估预警、安全状态总体评价和相关管理等工作。

4.1.3 全面协调或协助建设单位公司层组织对全线施工图设计阶段和施工阶段重大安全风险管理工作的技术论证和成果验收，并监督、检查相关参建单位的执行情况，如安全风险辨识、风险工程全面分级、风险工程设计、环境风险评估等。

4.1.4 统一全网监测数据和信息报送的标准，规定现场监控各方监控数据、巡视信息和预警信息上报的内容和要求。

4.1.5　组织对第三方监测（含咨询）方案的评审，监督并参与施工阶段有关安全专项施工方案、应急预案和风险事务处理方案的评审。

4.1.6　对施工阶段可能达到红色综合预警的风险工程加强监控和事务处理的监督、检查，并协助建设单位公司领导加强对重大突发风险事件的监督、检查和汇报，提供风险监控和事务处理的建议。

4.1.7　负责本职责范围内与建设单位公司相关职能部门、各相关参建单位的协调工作。

4.2　监控管理分中心

4.2.1　在建设单位项目管理公司的领导下，全面负责全线工程建设施工阶段的安全风险监控、信息管理、评估预警和其他相关管理工作，并落实建设单位体系文件。

4.2.2　协助监控管理中心完成项目管理层安全风险信息化管理平台的建立、管理、维护和升级工作，确保其正常运转。

4.2.3　参与项目管理公司对全线第三方监测（含咨询）实施方案、施工监控方案安全专项施工方案、应急预案和风险事务处理方案的评审。

4.2.4　直接管理第三方监测单位，对其第三方监测、信息汇总管理、评估预警和相关咨询管理等工作进行监督、检查。

4.2.5　对全线施工单位、监理单位的安全风险管理体系建立和执行情况，及施工过程安全风险监控、评估预警、风险事务处理和信息报送、反馈及其执行情况进行监督和指导。

4.2.6　对施工阶段全线安全风险状况进行总体评价，掌控全线施工阶段的安全风险状态。

4.2.7　监督、检查现场监控各方及时报送信息，进行综合预警状态判定、消警的签认和启动，并组织、督促第三方监测单位及时反馈监理和施工单位、设计单位。

4.2.8　负责进行全线的预警快报，定期编制全线监控管理报告，及时上报监控管理中心和项目管理公司领导。

4.2.9　加强对可能达到红色综合预警状态的风险工程的监控和事务处理的监督、检查，并参与现场分析和专家论证。

4.2.10　负责本职责范围内与项目管理公司其他相关部门和各参建单位的协调工作。

5　勘察与环境调查单位

5.0.1　负责贯彻落实建设单位体系文件，并建立健全自身的质量管理体系和质量责任制度。

5.0.2　负责按照国家、行业和北京市有关法律、法规和工程建设标准，建设单位体系文件规定的相关内容、程序，以及合同要求，开展勘察和环境调查工作，编制相应阶段的勘察和环境调查报告，内容应涵盖安全风险分析评价的专项内容。

5.0.3　确保提供的岩土工程勘察和工程环境调查成果的真实、准确，对勘察和工程环境调查的质量负责。

5.0.4　接受建设单位或项目管理公司的监督、检查，配合其组织的对勘察和环境调查实施纲要的技术论证和报告成果的成果验收。

5.0.5 负责根据勘察和环境调查成果（纲要或报告）的技术论证意见和勘察强制性条文审查意见，对成果进行修改完善。

5.0.6 参与施工验槽工作。

5.0.7 参与建设单位、监控管理中心，项目管理公司、监控管理分中心，及设计单位、施工单位等相关参建单位组织的重大安全风险评估、风险处置方案的技术论证、预警判定、事务处理方案的论证和评审，并提供合理建议。

6 总体设计单位

6.0.1 负责贯彻落实建设单位体系文件，并建立自身的质量管理体系和质量责任制度。

6.0.2 负责按照国家、行业和地方有关法律、法规和和工程建设标准，建设单位体系文件规定的相关内容、程序，以及合同要求，开展全线总体设计工作。

6.0.3 接受建设单位和项目管理公司的监督、检查，负责设计各阶段对全线各工点设计单位技术文件的技术审查和总体监督、管理。

6.0.4 负责组织制定本线路的安全风险设计技术管理标准，向勘察和环境调查单位、工点设计单位、检测评估单位提出安全风险管理相关的技术要求。

6.0.5 负责组织全线风险辨识分级、风险分析、风险工程设计、环境风险专项评估的纲要和成果文件等的汇总、中间评审和技术论证。

6.0.6 配合建设单位和项目管理公司组织的对全线风险辨识分级、风险分析和相关专项设计、评估成果的技术论证、成果验收，并按论证意见修改完善。

6.0.7 参与重大安全风险专项设计的技术交底、专项施工方案的评审、重大风险预警状态事务处理方案的论证和评审，并提供相关处理建议。

7 工点设计单位

7.0.1 负责贯彻落实建设单位体系文件，并建立自身的质量管理体系和质量责任制度。

7.0.2 负责按照国家、行业和地方有关法律、法规和和工程建设标准，建设单位体系文件规定的相关内容、程序，以及合同要求，进行风险工程设计，编制不同设计阶段的设计成果文件，内容应涵盖安全风险识别、分级、分析评价、控制措施及建议的相关内容。

7.0.3 确保提供的工程设计文件的真实、准确，对设计质量负责。

7.0.4 接受建设单位或项目管理公司和总体设计单位的监督、检查和管理。

7.0.5 配合建设单位、项目管理公司和总体设计单位组织的对风险辨识分级、设计文件和相关专项报告成果的技术论证、成果验收，以及施工图设计强制性条文审查单位的审查，并按论证和审查意见修改完善。

7.0.6 配合建设单位或项目管理公司提供岩土工程勘察与环境调查、环境风险专项评估的技术要求，并参与其纲要和报告成果等的评审。

7.0.7 负责施工阶段的设计交底、派出设计代表参与并配合监理、施工单位施工过程中的现场安全风险管理活动。

7.0.8 负责施工过程中设计方案变更，在分析监控数据、预警信息和专家意见的基础上，优化设计方案，并反馈施工单位及其他相关部门。

7.0.9 参与安全专项施工方案、监测实施方案、预警建议和风险事务处理方案的论证，并提供相关建议或处理措施。

8 施 工 单 位

8.1 施工安全风险管理职责

8.1.1 负责贯彻落实建设单位体系文件，并建立健全自身的安全风险管理体系。

8.1.2 负责按照国家、行业和地方有关法律、法规和和工程建设标准，建设单位体系文件规定的相关内容、程序，以及合同要求，全面实施和执行施工阶段安全风险监控、信息报送和事务处理。

8.1.3 负责编制项目部安全风险管理办法和实施细则，落实以项目经理为第一责任人的现场安全风险处置和监控管理机制。

8.1.4 全面接受建设单位项目管理公司、监控管理分中心和监理的监督、检查，组织对施工分包单位进行安全风险管理、安全生产和巡视信息报送等的培训教育和考核。

8.1.5 参加设计交底和审查对施工图设计文件，并及时将审图过程中发现的问题以书面形式报告监理和设计代表。

8.1.6 负责在施工准备期开展地质踏勘和环境核查等补充工作，和施工过程中的现场（作业面等）巡视和地质超前探测、预报工作。

8.1.7 编制安全专项施工方案、应急预案（含监控实施方案）和环境保护措施并组织或配合监理、建设单位项目管理公司和监控管理分中心进行评审。

8.1.8 采集、汇总和及时上传监控管理分中心规定的监测数据、工况和环境巡视信息，确保监控数据、巡视信息的及时、准确和真实有效，并进行预警快报，定期编制施工监控报告。

8.1.9 当发现风险工程可能处于某级预警状态时，立即报监理并启动相关预案先期处理，并将实施方案、处理过程、事务记录及时上报监控管理分中心。

8.1.10 落实监控管理分中心反馈的预警信息、控制措施建议等，按风险工程和预警状态的不同等级，由企业不同级别的负责人组织建设单位、相关参建单位不同层次的负责人参与风险事务处理。

8.1.11 负责提出消警建议报告，报监理审核。

8.1.12 执行各级综合预警状态风险工程的风险事务处理，并及时将处理结果和变化情况上报监理和监控管理分中心。

8.2 施工安全风险管理机构及人员要求

8.2.1 施工单位应配备专门的安全风险管理组织机构，并成立领导小组和实施小组，领导小组原则上由项目经理、总工分别担任组长、副组长，主要成员还包括工程部或主管技术、安全部门的负责人。实施小组由工程部或技术、安全部门的有关人员组成。

8.2.2 施工单位安全风险管理领导小组负责：组织贯彻落实建设单位体系，并建立健全自身的安全风险管理体系。全面负责实施和执行施工阶段安全风险监控、信息报送、预警和事务处理。并负责组织编制项目部安全风险管理办法和实施细则。

8.2.3 施工单位安全风险管理实施小组负责：

1）负责在施工准备期开展地质踏勘和环境核查等补充工作。

2）负责在施工期进行施工监测、现场（作业面、工况、环境等）巡视和分析、汇总，及必要的地质超前探测、预报工作。

3）负责在施工期及时上传监控管理分中心规定的监测数据、巡视信息，确保监控数据、巡视信息的及时、准确和真实有效，并进行预警快报，定期编制施工监控报告。

4）落实监控管理分中心反馈的预警信息、控制措施建议等，及时邀请建设单位、相关参建单位参与风险事务处理。

5）执行各级综合预警状态风险工程的风险事务处理，并及时将处理结果和变化情况上报监理单位和监控管理分中心。

6）负责提出消警建议报告。

8.2.4 施工单位安全风险管理组织结构的人员配置应满足施工安全风险管理的工作需要，最低配置及要求如下：组长1人，副组长1人，现场监测作业人员3名，现场巡视人员1名；同时应在上述人员配置中明确固定的联络人员一名及号码固定且24小时开机的手机一部。

8.2.5 施工单位安全风险管理组长、副组长均必须具有大专及以上学历和工程师或以上职称，从事类似工作不少于5年，并熟悉安全风险管理体系内容。其他人员应为大专及以上学历，具有助理工程师或以上职称。

9 监 理 单 位

9.1 安全风险管理监理职责

9.1.1 负责贯彻落实建设单位体系文件，并建立健全自身的安全风险管理体系。

9.1.2 负责按照国家、行业和地方有关法律、法规和和工程建设标准，建设单位体系文件规定的相关内容、程序，以及合同要求，开展施工监理和安全巡视工作，重点加强对施工单位安全风险控制的监管工作，全面掌控合同标段或工点的安全状态。

9.1.3 编制现场安全风险监理规划和实施细则。

9.1.4 监督、检查施工单位安全风险管理体系的建立和落实情况，评估施工监控的组织、人员、资质、设备和监测实施的有效性。

9.1.5 协助建设单位（监控管理中心）、项目管理公司（监控管理分中心）对施工单位（含施工监控）及其施工分包单位进行安全风险监控、信息报送、反馈等的指导、培训教育和考核。

9.1.6 参加设计交底，督促检查施工单位进行审图，并及时参与、监督施工单位将审图过程中发现的问题以书面形式报告项目管理公司和设计单位。

9.1.7 督促和审查施工单位施工准备期的地质踏勘和环境核查等补充工作，以及施工过程中的现场（作业面等）巡视和地质超前探测、预报工作。

9.1.8　审查或组织专家评审施工单位提供的安全专项施工方案、应急预案（含监控实施方案）和环境保护措施。

9.1.9　全面负责现场施工的监督管理，全过程监督施工单位安全风险监控、处置，监测数据和信息的及时上报，和风险事务处理的执行情况，并接受建设单位项目管理公司和监控管理分中心的监督、检查。

9.1.10　审查施工监测、巡视及预警信息，审查监控和施工安全风险处理方案、监控分析报告和消警建议报告。

9.1.11　负责安全监理交底、召开监理例会，配备专职安全监理人员进行日常巡视、安全检查等现场安全监理工作，定期编制安全监理报告。

9.1.12　负责全面、及时和真实地进行安全监理记录和编制监理报告。

9.1.13　当审核或监理发现风险工程处于预警状态时，立即组织施工单位召开现场会议，采取专家论证、组织施工单位自行处理、下达安全隐患报告书、整改通知书、停工令等措施进行处理，并及时上报监控管理分中心，并监督落实监控管理分中心反馈的意见。

9.1.14　负责对综合预警状态的风险工程的事务处理加强监督、检查，并将处理结果和变化情况及时上报监控管理分中心。

9.2　施工安全风险管理监理机构及人员要求

9.2.1　监理单位应成立安全风险管理组，由项目总监担任组长，下设安全巡视小组。

9.2.2　监理单位安全风险管理组长负责：组织贯彻落实建设单位体系，并建立健全自身的安全风险管理体系。重点加强对施工单位安全风险控制的监管工作，全面掌控合同标段或工点的安全状态。编制现场安全风险监理规划和实施细则。

9.2.3　监理单位安全风险管理安全巡视小组负责：

　1) 负责在施工准备期开展地质踏勘和环境核查等补充工作，并督促和审查施工单位的地质踏勘、环境核查等补充工作。

　2) 监督、检查施工单位安全风险管理体系的建立和落实情况，评估施工监控的组织、人员、资质、设备和监测实施的有效性。

　3) 协助建设单位项目管理公司（监控管理分中心）对施工单位（含施工监控）及其施工分包单位进行安全风险监控、信息报送、反馈等的指导、培训教育和考核。

　4) 全面负责现场施工的监督管理，全过程监督施工单位安全风险监控、处置，监测数据和信息的及时上报，和风险事务处理的执行情况，并接受项目管理公司和监控管理分中心的监督、检查。

　5) 审查施工监测、巡视及预警信息，审查监控和施工安全风险处理方案、监控分析报告和消警建议报告。

　6) 当审核或发现风险工程处于预警状态时，立即组织施工单位召开现场会议，采取专家论证、组织施工单位自行处理、下达安全隐患报告书、整改通知书、停工令等措施进行处理，并及时上报监控管理分中心，并监督落实监控管理分中心反馈的意见，监督风险事务处理。

　7) 负责对综合预警状态的风险工程的事务处理加强监督、检查，并将处理结果和变化情况及时上报监控管理分中心。

9.2.4 监理单位安全风险管理小组组织结构的人员配置需满足工程安全风险管理的工作需要，最低配置及要求如下：组长 1 人、驻地监理 1 人，现场安全巡视监理 2 名，同时应在上述人员配置中明确固定的联络人员一名及号码固定且 24 小时开机的手机一部。

9.2.5 监理单位安全风险管理组长必须为大专及以上学历和工程师或以上职称，从事类似工作不少于 5 年，并熟悉安全风险管理体系内容。其他人员应为大专及以上学历，具有助理工程师及以上职称。

10　检测评估单位

10.0.1 负责按照国家、行业和地方有关法律、法规和和工程建设标准，建设单位体系文件规定的相关内容、程序，以及合同要求，开展环境检测与评估工作，编制专项评估成果文件。

10.0.2 确保提供的检测评估文件的科学性和经济合理性，对检测评估成果质量负责。

10.0.3 接受建设单位项目管理公司的监督、检查，参加项目管理公司或建设单位技术委员会组织的对评估大纲、评估报告的技术论证、成果验收，并按论证意见修改完善。

10.0.4 负责收集检测评估所需的相关基础资料，在环境核查和前一阶段检测评估成果的基础上，开展检测与评估工作。

10.0.5 必要时参与有关专项设计方案、安全专项施工方案（含监控方案）、应急预案和施工过程预警评估及风险事务处置方案的评审，并提供有关建议。

11　第三方监测（含咨询）单位

11.0.1 负责贯彻落实建设单位体系文件，并建立第三方监测（含咨询）实施的管理办法。

11.0.2 负责全线工程建设施工阶段的第三方监测工作和风险评估、预警建议和信息报送等咨询管理工作，定期编制第三方监测分析报告。

11.0.3 在监控管理分中心的领导下，负责全线的施工监控指导、信息汇总管理、风险评估和预警建议工作，并接受建设单位项目管理公司和监控管理分中心的监督、检查和管理。

11.0.4 协助监控管理中心、监控评估咨询单位对项目管理层信息平台进行基础信息录入和维护管理。

11.0.5 协助监控管理分中心对全线施工单位、监理单位的体系建立与执行情况、监控、信息报送反馈及其执行情况、预警评估等进行监督、检查和指导，参与对施工监控实施方案、风险处理方案的评审。

11.0.6 负责整理、汇总和分析自身监测、巡视信息和施工监控信息、监理巡视信息及其预警建议信息等，提出综合预警级别，及时进行预警快报，提供监控跟踪和风险控制的咨询意见，报监控管理分中心并及时反馈监理、施工单位和设计单位，以有效指导施工。

11.0.7 协助监控管理分中心对施工阶段全线安全风险状况进行总体评价，掌控全线施工阶段的安全风险状态。

11.0.8　协助监控管理分中心定期编制全线工程建设施工阶段监控管理报告，上报建设单位项目管理公司和监控管理中心。

11.0.9　协助建设单位项目管理公司和监控管理分中心对预警状态风险处理的监控和事务处理加强监督和检查，组织和参与现场分析和专家论证。

11.0.10　负责对施工单位提交的经监理签认的消警建议的复审、消警签认和启动。

11.0.11　确保第三方监测数据和信息的及时、准确和真实、有效，对全线监控信息及预警信息的完整性、可追溯性负责，必要时可提供作为有关机构评定和界定相关单位责任的依据。

12　监控评估咨询单位

12.0.1　在监控管理中心的领导下，负责对全网轨道交通工程建设施工阶段安全风险监控信息的咨询、管理，并接受建设单位公司层的监督、检查和管理。

12.0.2　负责贯彻落实建设单位体系文件，并建立自身的监控评估咨询管理办法。

12.0.3　负责配备足够的专业技术人员和专家队伍，并根据监控咨询管理内容和施工工法的不同，可设立总体组、专业组和配套的专家组等。

12.0.4　负责建设单位公司层全网工程建设施工监控的信息平台维护管理工作，包括基础信息资料的录入、信息平台的建立、维护和升级等，以确保其正常运转。

12.0.5　负责对各线监控管理分中心（第三方监测单位）的体系建立与执行情况、监控、信息报送及反馈、预警评估等进行检查和指导，参与各线第三方监测（含咨询）实施方案、相关安全专项方案和风险处置方案的评审。

12.0.6　负责全网监控信息的汇总、复核和深入分析，进行风险评估和分析综合风险预警状态，提出综合预警和预警快报的建议，并提供监控跟踪和风险控制的咨询意见。

12.0.7　协助监控管理中心对施工阶段各线安全风险状况进行总体评价，掌控全网施工阶段的安全风险状态。

12.0.8　协助监控管理中心进行信息筛选，定期编制全网施工阶段监控管理报告，上报建设单位领导。

12.0.9　配合建设单位领导和监控管理中心组织协调对重大突发风险事件的信息报送和加强监督、检查，对红色综合预警状态风险工程的监控和事务处理加强监督和检查，组织和参与现场分析和专家论证。

12.0.10　对全网监控信息及预警信息的完整性、可追溯性负责，必要时可提供作为有关机构评定和界定相关单位责任的依据。

轨道交通工程建设
第三方监测管理办法

目　　录

1 总 则

1.0.1 为有效贯彻"轨道交通工程建设安全风险技术管理体系总论"（以下简称"体系总论"），明确第三方监测设计和第三方监测（含咨询）实施的管理内容、程序、职责及相关要求，使第三方监测工作规范化、制度化，制定本办法。

1.0.2 本办法强化对第三方监测（含咨询）的管理，充分发挥其在施工过程中的安全风险监控、信息报送、预警预控作用，确保第三方监测工作及时、有效。

1.0.3 本管理办法作为"体系总论"的重要支持性管理附件，各相关单位应遵照执行。

2 第三方监测设计的管理

2.0.1 在施工图设计阶段应进行第三方监测设计，以作为第三方监测招投标文件和第三方监测的主要依据。

2.0.2 宜通过招投标方式确定第三方监测设计单位，建设单位合同预算部负责招投标工作，建设单位总工程师办公室、项目管理公司协助。

2.0.3 第三方监测设计的编制单位应至少具有轨道交通工程建设土建工程施工监测或第三方监测、咨询的资格、经验或实力。

2.0.4 第三方监测单位应根据国家、行业和地方有关法律、法规和工程技术规范、规程，结合"轨道交通工程建设安全风险技术管理体系总论"和"轨道交通工程建设第三方监测设计指南"（见本书第 3 页及第 184 页）的有关规定和技术要求，在充分收集设计文件、环境调查报告、安全专项方案等基础资料和踏勘、分析的基础上，编制第三方监测设计文件。

2.0.5 第三方监测设计文件须经编制单位技术负责人签认后，报建设单位项目管理公司。

2.0.6 建设单位项目管理公司负责组织专家对第三方监测设计文件进行评审，建设单位总工程师办公室协助。评审时宜邀请设计单位、环境调查单位、评估单位等相关参建单位和监控管理中心（或监控评估咨询单位）参加，必要时邀请建设单位相关部门、产权单位参加。

2.0.7 第三方监测设计方案编制单位应根据评审意见进行修改完善，并报建设单位项目管理公司（或监控管理分中心）备案。

3 第三方监测（含咨询）实施的管理

3.1 第三方监测（含咨询）单位的确定

3.1.1 在施工准备期，宜通过招投标方式确定有资格或有经验、实力的监测或咨询单位实施第三方监测（含咨询）工作，建设单位合同预算部负责招投标工作，建设单位项目管理公司和总工程师办公室协助。

3.1.2 第三方监测单位除应满足第 2.0.3 条外，还应满足以下基本条件：

1　拥有足够数量及质量合格的监测仪器设备及特殊要求的监测设备。

2　能配备一定数量、与监测、巡视相关的各类专业技术人员。

3　具有一定的监测信息系统应用和安全风险分析、管理的相关经验及能力。

4　国家、行业规定的其他条件。

3.2　第三方监测（含咨询）实施方案的编审

3.2.1　第三方监测单位应按照第三方监测设计交底（由建设单位项目管理公司组织）和合同要求，结合施工图设计文件、施工组织设计等和自身监测或咨询经验，并在踏勘、分析的基础上，编制第三方监测（含咨询）实施方案，经单位技术负责人签认后，报建设单位项目管理公司。

3.2.2　第三方监测（含咨询）实施方案应包括组织机构和人员组成、第三方监测方案、信息汇总分析管理、风险评估、预警建议、例会制度、信息报送与反馈、提交成果等关键性内容。

3.2.3　第三方监测（含咨询）工作除进行现场第三方监测、现场安全巡视、预警建议及其信息报送外，尚应协助监控管理分中心开展全线相关监控咨询和管理服务。具体要求可参见"轨道交通工程建设安全风险管理体系总论"和"轨道交通工程建设施工安全风险监控预警、消警及信息报送管理办法"、"轨道交通工程建设施工安全风险监控综合预警的响应管理办法"、"轨道交通工程建设施工安全风险监控报送内容管理办法"（见本书第3页、第339页、第349页、第355页）。

3.2.4　建设单位项目管理公司负责组织对第三方监测（含咨询）实施方案的评审，建设单位总工程师办公室协助。评审宜邀请设计单位、环境调查单位、第三方监测设计单位和监控评估咨询单位等参加，必要时邀请建设单位相关部门、专家和产权单位参加。

3.2.5　第三方监测单位应根据评审意见修改完善第三方监测（含咨询）实施方案，经项目管理公司审批后方可实施，并报监控管理分中心备案。

3.3　第三方监测（含咨询）的成果要求

3.3.1　第三方监测的成果主要包括当日第三方监测信息、预警建议快报、第三方监测周报、月报等成果，以及协助监控管理分中心完成的全线监控管理周报、月报。各成果及信息报送的相关要求参见"轨道交通工程建设施工安全风险监控预警、消警及信息报送管理办法"（见本书第339页）。

3.3.2　第三方监测成果应包括相关的表格、图形和图片，主要包括：监测项目和测点布置图、监测成果图、监测时程变化曲线（包括监测值、累计值、变形率、变形差值、变形曲线等）、沉降断面图、巡视评估表（含异常位置图片）、结合工程实际情况需提供的其他相关分析图表及监控信息汇总分析、异常情况预警、处理建议、监控跟踪和变化趋势预测等内容。

3.3.3　第三方监测单位应定期对通过信息平台上传的各方监测数据、信息进行磁盘备份，对书面报送的第三方监测周报、月报、预警快报和监控管理周报、月报进行文档统一管理，并定期报监控管理分中心备案。

3.3.4　监控管理分中心负责组织全线相关参建各方的第三方监测资料、监控管理成果的统一归档，监控管理中心负责组织各线相关参建各方的第三方监测资料、监控管理成果的统一归档。

3.4 第三方监测（含咨询）的组织管理及相关要求

3.4.1 第三方监测单位应成立项目部，明确项目组织机构和人员构成，配备合格的项目负责人、技术负责人和足够数量及专业配置合理的技术人员，开展第三方监测及相关安全风险监控、咨询和管理工作。

3.4.2 第三方监测单位在监测实施过程中要充分认识到第三方监测工作的特点及重要性，密切配合施工进度开展监测、巡视、评估预警、监督指导和信息管理工作，保证第三方监测数据、巡视信息的及时、准确和预警分析的科学、合理性。

3.4.3 第三方监测单位应在监控管理分中心的领导下开展信息管理、施工监控监督指导和评估预警等相关咨询工作，建设单位项目管理公司（监控管理分中心）和监控评估咨询单位负责检查和监督。

3.4.4 第三方监测单位应落实建设单位"轨道交通工程建设安全风险管理体系总论"，并建立自身的监控管理质量体系和实施细则，建设单位项目管理公司负责检查和监督。

3.4.5 建设单位项目管理公司负责第三方监测和相关监控咨询工作量和费用的审计和合同款项的按期支付。

3.4.6 建设单位项目管理公司根据第三方监测和咨询人员的到位情况、监控工作出勤率、监控、咨询成果及信息反馈的及时性等方面对第三方监测单位进行信用评估和考核，并将考核结果作为履约付款的重要奖惩依据。

十一

轨道交通工程建设施工安全风险监控预警、消警及信息报送管理办法

目　录

1 总 则

1.0.1 为规范地铁建设施工安全风险监控的预警、消警及其信息报送工作，确保其及时、有序和高效，制定本管理办法。

1.0.2 本办法主要针对与建设单位签订合同的工程建设相关参建单位，各相关单位可遵照执行。

1.0.3 施工过程中当判断可能出现预警状态时，施工单位、监理单位、第三方监测单位等相关监控单位在信息分析、报送的同时，应及时组织分析，加强监测、巡视，及时进行先期风险处置。

2 一 般 规 定

2.0.1 施工安全预警、消警及其信息报送主要实行三层管理机制，即由建设单位监控管理中心、项目管理公司监控管理分中心和现场监控实施层（第三方监测单位、监理单位、施工单位）组成。

2.0.2 报送信息包括一般性信息（日报、周报、月报、年报、监控管理总结）、一般预警信息（黄色、橙色预警）和预警快报信息（红色预警和突发风险事件）。

2.0.3 预警分为单一的监测预警、巡视预警和综合预警。监测预警是根据上传的监测数据和监测项目控制指标值的比较，通过信息平台自动实施预警；巡视预警是通过现场监控实施各方上报信息平台预警评估表进行预警；综合预警是通过监测预警信息和现场监控实施各方上报信息平台预警评估表，并经综合分析、判定后实施报警。

2.0.4 现场监控实施层在施工过程中应根据"体系"规定内容及时进行预警，上报综合预警建议，作为监控分中心预警分析的参考。

2.0.5 监控管理分中心依托第三方监测单位开展工作，第三方监测单位除承担监测、巡视工作外，还是监控管理分中心的咨询机构，是预警、消警的责任主体。

2.0.6 监控管理中心依托专门委托的咨询机构（由总体咨询组、明挖专业咨询组、矿山专业咨询组和盾构专业咨询组组成）开展工作，咨询机构是各线安全风险预警、预报建议的责任主体。咨询机构通过信息平台分析、现场巡查和专家组的力量等，提交预警、预报建议，以监控管理中心名义报送监控管理分中心，作为其综合预警分析的参考。

2.0.7 综合预警和消警均由监控管理分中心负责发布，监控管理中心负责备案。

3 一般性信息报送

3.0.1 一般性信息包括日报、周报、月报、年报和监控管理总结等，一般通过信息平台或书面形式并逐层上报。总体报送流程见图 1。

3.0.2 施工单位上报的日报直接报监控管理分中心，周报、月报、年报等须经监理签认后报送；监理单位报送内容应包括对施工监控的监督、检查信息和自身独立的巡视信息。

3.0.3 日报：施工单位、监理单位、第三方监测单位应于当日 16：00 前通过信息平台上报监控管理分中心；监控管理分中心每日应对当日安全风险状况经会商或简短分析后形成全线日小结，17：00前通过信息平台上报监控管理中心。

3.0.4 周报：施工单位、监理单位、第三方监测单位应于每周四16：00前上报信息平台，并以书面形式报监控管理分中心；监控管理分中心经例会后，每周五10：00前上报信息平台；监控管理中心各专业咨询组经例会或专家例会后，每周五16：00前，上报总体咨询组和监控管理中心。

3.0.5 月报：施工单位、监理单位、第三方监测单位应于每月25号前上报信息平台，并以书面形式报监控管理分中心；监控管理分中心经例会后，每月26号前上报信息平台；监控管理中心各专业咨询组经例会或专家例会和总体咨询组汇编后，每月28号前，以书面形式上报监控管理中心。

4　一般预警信息报送

4.0.1 本报送针对日常监控工作中判断可能出现黄色、橙色综合预警状态的预警建议判定及其信息报送。总体报送流程见图2。

4.0.2 施工单位、监理单位、第三方监测单位于发现黄色综合预警时起2天内通过信息平台或书面形式上报监控管理分中心；监控管理中心相关专业咨询组于发现黄色综合预警时起2天内上报信息平台；监控管理分中心（依托第三方监测单位完成）自收到黄色综合预警建议后，1天内通过信息平台发布综合预警消息，必要时以书面形式反馈各相关单位。

4.0.3 施工单位、监理单位、第三方监测单位于发现橙色综合预警时起1天内通过

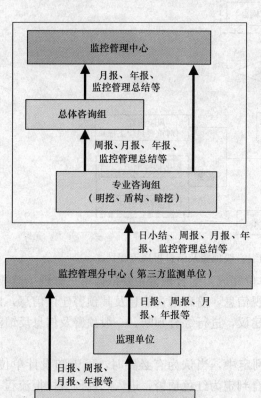

图1　一般性信息总结报送流程

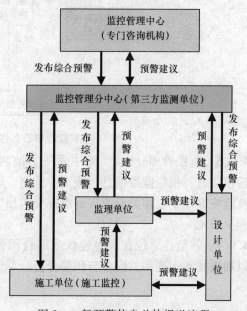

图2　一般预警信息总体报送流程

信息平台或书面形式上报监控管理分中心；监控管理中心相关专业咨询组于发现橙色综合预警时起1天内上报信息平台；监控管理分中心（依托第三方监测单位完成）自收到橙色综合预警建议后，1天内通过信息平台发布综合预警消息，必要时以书面形式反馈各相关单位。

4.0.4 监控管理中心各相关咨询组主要依据信息平台日常监测数据、巡视信息、重要风险现场巡查信息、信息平台预警信息和视频监控及其他来源信息进行预警判别，一般预警及信息报送流程见图3。其中信息平台预警信息包括施工单位、监理单位通过平台上报的预警建议信息和监控管理分中心发布的综合预警信息；重要风险工程一般包括特、一级风险工程、橙色综合预警工程和其他认为风险较大、有必要进行现场巡视和风险跟踪的风险工程。

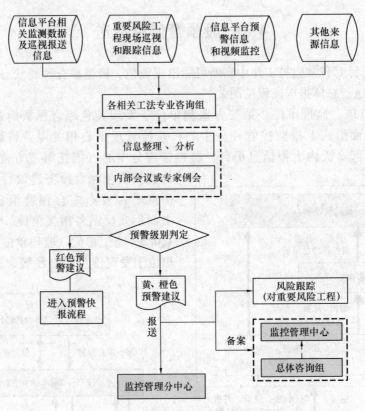

图3 监控管理中心各咨询组一般预警及信息报送流程

4.0.5 监控管理分中心（依托第三方监测单位完成）综合预警主要依据第三方现场监测、巡视信息、视频监控信息，施工方监测、巡视信息，监理巡视信息及其预警建议信息，以及监控管理中心相关专业咨询组提交的预警建议，进行综合判断。一般预警及信息反馈流程见图4。

4.0.6 各监控单位在预警建议或综合预警判定中，当认为有必要时，可告知设计单位，以加强技术沟通和共同参与预警分析；如综合判定为红色预警，进入红色预警快报流程。

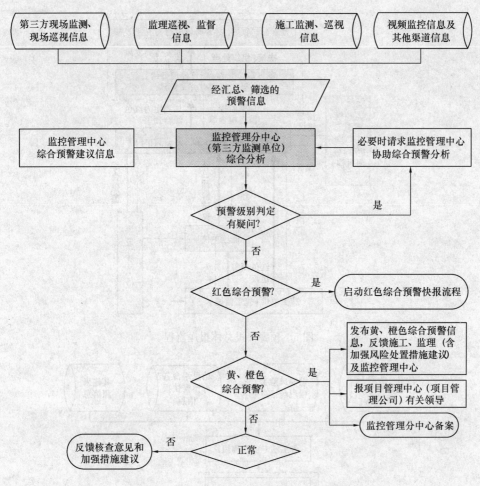

图 4　监控管理分中心（第三方监测单位）一般预警及报送流程

5　红色综合预警快报

5.0.1　本报送针对日常监控工作中判断可能出现红色综合预警状态或发生突发风险事件的预警建议判定及其信息报送。总体报送流程见图 5。

5.0.2　施工单位、监理单位、第三方监测单位和监控管理中心相关专业咨询组于发现红色综合预警时立即以有效、快捷方式上报监控管理分中心，同时告知设计单位，以加强技术沟通和共同预警分析，并在 2 小时内通过信息平台或书面形式补发报告信息。

5.0.3　监控管理中心各相关咨询组（明挖法专业咨询组、矿山法专业咨询组和盾构法专业咨询组）主要依据施工单位、监理单位通过平台上报的预警快报建议信息或监控管理分中心发布的综合预警快报信息进行预警判别，其红色预警判定及信息报送流程见图 6。

5.0.4　监控管理分中心的预警快报应在第三方监测现场监控预警信息，并充分汇总、筛选并分析施工、监理报送的预警建议信息，及监控管理中心相关专业咨询组提供的预警建议的基础上发布。监控管理分中心预警快报流程如图 7。

5.0.5　监控管理分中心自收到红色预警建议后，2 小时内进行综合判定，对红色综合预

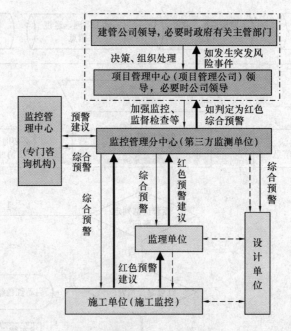

图 5　预警快报总体报送流程

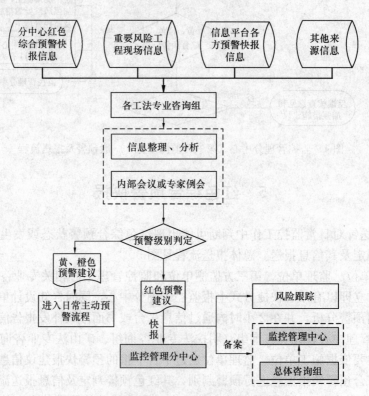

图 6　监控管理中心各咨询组预警快报流程

警，应立即通过信息平台发布综合预警消息（对黄、橙色则进入一般预警报送总体流程），并以快捷、有效方式立即通知各相关监控单位和设计单位。

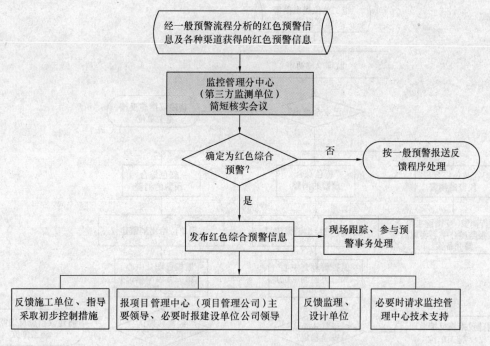

图 7　监控管理分中心预警快报及信息报送流程

5.0.6 对可能发生突发风险事件，监控管理分中心应在 1 小时内进行判定，如判定确实可能发生突发风险事件，应立即通过信息平台发布综合预警消息（对黄、橙色则进入一般预警报送总体流程），并以快捷、有效方式立即通知各相关监控单位和设计单位。

6　消警及信息报送

6.0.1 在风险处理结束后，施工单位应提出消警建议报告，并根据预警级别的不同报不同层级的监控管理单位审核后消警。消警判定及报送的总体流程见图 8，以监控管理分中心为主体的细化消警及报送流程见图 9。

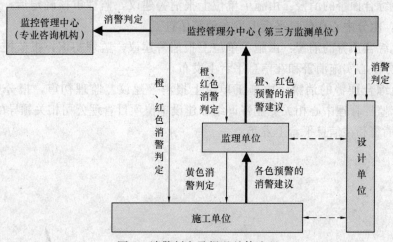

图 8　消警判定及报送总体流程

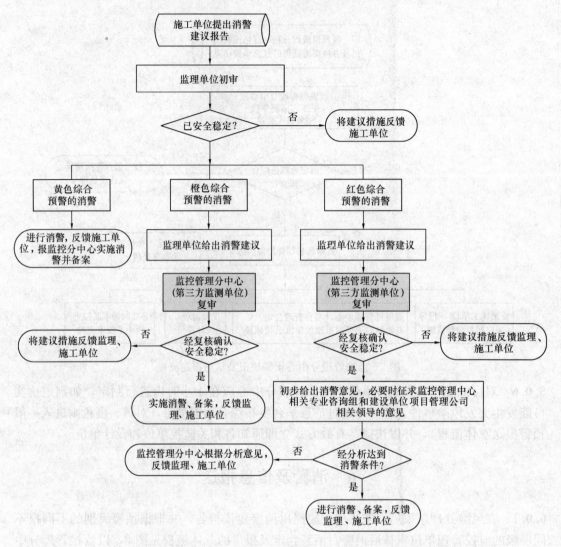

图 9 以监控管理分中心为主体的细化消警判定及报送流程

6.0.2 黄色综合预警的消警：由施工单位上报消警建议，监理审核确定后，书面报监控管理分中心，由分中心在信息平台上发布消警信息。

6.0.3 橙色综合预警的消警：由施工单位上报消警建议，监理初审，报监控管理分中心审定后，由分中心实施消警和在信息平台上发布。

6.0.4 红色综合预警的消警：由施工单位上报消警建议，监理初审，报分中心审定后（必要时征求监控管理中心相关专业咨询组和建设单位项目管理公司相关领导的意见），由分中心实施消警和在信息平台上发布。

十二

轨道交通工程建设施工安全风险监控综合预警的响应管理办法

目　录

1 总　则

1.0.1 为规范地铁建设施工安全风险综合预警后的响应及管理工作，确保其及时、有序和高效，制定本管理办法。

1.0.2 本办法针对与建设单位签订合同的相关工程参建单位，各相关参建单位可遵照执行。

2 一　般　规　定

2.0.1 建设单位项目管理公司监控管理分中心负责依托第三方监测单位发布综合预警，并一次性直接通知各监控实施层。

2.0.2 各监控实施层应根据预警级别及风险工程等级的不同，安排不同层级的部门、领导予以响应。各层的部门、领导发出的指令动作和处理建议由相应的作业层通过信息平台进行信息录入和记录。

3 黄色综合预警后的响应

3.0.1 黄色综合预警发布后要求响应的领导：

施工单位：项目经理部技术负责人，主管安全的领导、技术部门领导及安全部门领导；

监理单位：项目总监代表；

第三方监测单位：项目部技术负责人；

设计单位：项目专业负责人。

3.0.2 黄色综合预警发布后要求响应的时间及方式：

应于平台发布信息后1天内进行响应，并参与预警处理。

3.0.3 黄色综合预警发布后的预警处理：

施工单位加强组织分析，项目经理部技术负责人主持并组织实施风险处理。施工单位、第三方监测单位加强监测和巡视，监理单位加强巡视、监管，监控管理分中心加强协调和督察。

4 橙色综合预警后的响应

4.0.1 橙色综合预警发布后要求响应的领导：

施工单位：项目经理部经理、项目部技术负责人，主管安全的领导、技术部门领导及安全部门领导；对特、一级风险工程：施工单位在当地片区的主管领导。

监理单位：项目总监代表、项目总监；对特、一级风险工程：监理公司主管领导。

第三方监测单位：项目部经理、项目部技术负责人；对特、一级风险工程：第三方监测单位主管领导。

勘察、设计及评估单位：项目技术负责人、项目专业负责人。

4.0.2 橙色综合预警发布后要求响应的时间及方式：

应于平台发布信息后 1 天内进行响应，并参与预警处理。

4.0.3 橙色综合预警发布后的预警处理：

施工单位组织四方会议，项目部经理主持并组织实施风险处理。施工单位、第三方监测单位加强监测和巡视，监理单位加强巡视、监管，监控管理分中心加强协调和督察。其中，对特、一级和其他认为有必要进行监控的风险工程：监控管理中心相关专业组加强现场跟踪。

5　红色综合预警后的响应

5.0.1 红色综合预警发布后要求响应的领导：

施工单位：项目经理部经理、项目部技术负责人，主管安全的领导、技术部门领导及安全部门领导，施工单位在当地片区的主管领导；对特级风险工程和突发风险事件：施工单位集团公司总经理；

监理单位：项目总监代表、项目总监、监理公司主管领导；对特级风险工程和突发风险事件：监理公司主要领导；

第三方监测单位：项目部经理、项目部技术负责人、第三方监测单位主管领导；对特级风险工程和突发风险事件：第三方监测单位主要领导；

勘察、设计及评估单位：项目技术负责人、项目专业负责人、单位主管领导；对特级风险工程和突发风险事件：单位主要领导。

5.0.2 红色综合预警发布后要求响应的时间及方式：

应于收到预警信息后 2 小时内进行响应，并参与预警处理。对特级风险工程和突发风险事件，应于收到预警信息后 1 小时内进行响应。

5.0.3 红色综合预警发布后的预警处理：

施工单位立即启动应急预案，2 小时内组织专家论证。施工单位在当地片区的主管领导主持并组织实施风险处理。施工单位、第三方监测单位加强监测和巡视，监理单位加强巡视、监管。监控管理中心相关专业组加强现场跟踪。

十三

轨道交通工程建设施工安全风险监控报送内容管理办法

目　录

1 总 则

1.0.1 为统一、规范轨道交通工程建设施工安全风险监控或咨询日报、周报、月报及年报的内容，制定本办法。

1.0.2 本办法主要针对轨道交通工程建设相关参建单位，包括现场监控方（施工单位、监理单位、第三方监测单位）、监控管理中心总体咨询单位和各专业咨询单位。

2 施工单位报送内容及相关要求

2.0.1 施工单位报送的形式包括日报、周报、月报、年报，并按工点进行报送。

2.0.2 施工单位日报的主要内容为当日施工工况信息、关键性施工监控量测数据、巡视信息和预警建议信息等。

1 当日施工工况信息：包括工点的施工开挖进度，进度与风险工程关系等（必要时附照片）。

2 当日施工监测巡视异常信息及预警情况：包括工点风险现状、统计说明工点监测、巡视预警情况，给出正常或黄、橙、红色综合预警建议。

3 当日施工监测、巡视数据成果表：包括所监测项目的数据成果报表。

2.0.3 施工单位周报的主要内容包括近一周的施工监测、工况和巡视信息的统计及异常情况、预警情况、反馈意见落实情况及风险事务处理、效果、变化趋势、存在问题、下一步风险处理建议等。

1 本周施工工况统计信息：包括本周具体施工开挖进度，进度与风险工程关系等。

2 本周监测及巡视作业情况：包括监测项目、巡视内容、完成监测及巡视工作量等。

3 本周监测巡视异常信息及预警情况：包括工点风险现状、工点监测、巡视预警情况的统计说明，监测数据及巡视信息综合分析情况等。

4 本周风险事务处理情况：包括对各方反馈意见落实情况及风险事务处理、效果、变化趋势、存在问题、下一步风险处理建议等。

5 下周风险管控重点：主要涵盖风险预告（可细化到各风险因素关注或管控的内容，施工组织与管理等）。

6 相关附图、附表：包括各监测项目监测布点图、包括各监测项目监测布点位置、点号及施工进度标注、本周或本月施工监测、巡视数据汇总成果表、包括本周所监测项目的数据汇总成果报表、变形断面曲线、变形时程曲线等图表。

2.0.4 施工单位月报的主要内容包括近一月的施工监测、工况和巡视信息的统计及异常情况、预警情况、反馈意见落实情况及风险事务处理、效果、变化趋势、存在问题、下一步风险处理建议等。

1 本月监测、巡视及异常信息、预警的统计：包括工点风险现状、统计说明工点监测、巡视预警及综合预警情况，本月监测数据及巡视信息综合分析情况。

2 本月风险事务处理情况：包括对各方反馈意见落实情况及风险事务处理、效果、变化趋势、存在问题、下一步风险处理建议等。

3 下月风险管控重点：主要涵盖关注工点的风险管控措施要点及风险预告（可细化到各风险因素关注或管控的内容，施工组织与管理等）。

2.0.5 施工单位年报的主要内容包括本年度施工监测、工况和巡视信息的统计及异常情况、预警情况、反馈意见落实情况及风险事务处理、效果、变化趋势、存在问题、下一年度风险控制要点等。

1 本年度监测、巡视及异常信息、预警的统计：包括工点风险现状、统计说明工点监测、巡视预警及综合预警情况，本年度监测数据及巡视信息综合分析情况。

2 本年度风险事务处理情况：包括对各方反馈意见落实情况及风险事务处理、效果、变化趋势、存在问题、下一步风险处理建议等。

3 下一年度风险管控重点：主要涵盖工点的风险管控措施要点及风险预告（可细化到各风险因素关注或管控的内容，施工组织与管理等）。

3 监理单位报送内容及相关要求

3.0.1 监理单位报送的形式包括日报、周报、月报，并按工点进行报送。

3.0.2 监理单位日报的内容包括当日对施工单位进行周边环境、支护体系和开挖面等巡视信息的核查信息、自身对施工工艺设备、施工组织管理与作业状况的巡视检查信息及预警建议信息。

1 当日巡视核查信息：内容包括对施工单位进行工点支护体系、开挖面、周边环境巡视信息的核查，重点针对风险关键部位的巡视核查。

2 当日巡视、检查信息：包括对施工单位报送信息、施工工艺设备、施工组织管理与作业状况的监督、核查信息、施工单位风险事务处理的落实情况，给出正常或黄、橙、红色综合预警建议。

3 当日现场巡视、监督检查信息报表。

3.0.3 施工单位周报的内容主要包括近一周的安全巡视的异常情况、监理周例会情况、风险预警情况、反馈意见落实情况及风险事务处理、效果、变化趋势、存在问题、下一步风险处理建议等。

1 本周巡视作业情况：包括本周巡视内容、完成巡视工作量等。

2 本周监测、巡视异常信息及预警情况：内容包括工点风险现状、工点巡视预警情况统计说明、施工监测、巡视信息及自身巡视信息的综合分析情况。

3 本周监督、核查情况：包括本周对施工单位报送信息的核查，监督施工单位对各方反馈意见的落实情况、风险事务处理的落实情况，对施工工艺设备、施工组织管理与作业状况的监督检查情况、相关例会情况，及存在问题。

4 下周风险管控重点：主要涵盖下周工点风险因素的关注或管控措施要点，及风险预告等。

3.0.4 监理单位月报的内容主要包括近一月的安全巡视的异常情况、各周监理例会情况、风险预警情况、反馈意见落实情况及风险事务处理、效果、变化趋势、存在问题、下一步风险处理建议等。

1 本月监理巡视异常信息及预警情况：内容包括工点风险现状、统计说明工点施工监测、巡视以及自身巡视预警及综合预警情况，本月施工监测、巡视信息和自身巡视信息综合分析情况。

    2 本月监督、核查情况：包括本月对施工单位报送信息的核查，监督施工单位对各方反馈意见的落实情况、风险事务处理的落实情况，存在的问题以及相关例会情况。

    3 下月风险管控重点：主要涵盖下月工点风险因素的关注或管控措施要点，及风险预告等。

3.0.5 监理单位年报的内容主要包括本年度安全巡视的异常情况、各次监理例会情况、风险预警情况、反馈意见落实情况及风险事务处理、效果、变化趋势、存在问题、下一年度风险管控要点等。

    1 本年度监理巡视异常信息及预警情况：内容包括工点风险现状、统计说明工点施工监测、巡视以及自身巡视预警及综合预警情况，本年度施工监测、巡视信息和自身巡视信息综合分析情况。

    2 本年度监督、核查情况：包括本年度对施工单位报送信息的核查，监督施工单位对各方反馈意见的落实情况、风险事务处理的落实情况，存在的问题以及相关例会情况。

    3 下一年度风险管控重点：主要涵盖下一年度工点风险因素的关注或管控措施要点，及风险预告等。

4   第三方监测单位报送内容及相关要求

4.0.1 第三方监测单位报送的形式包括日报、周报、月报、年报，并分工点进行报送。

4.0.2 第三方监测单位报送的日报主要内容包括当日全部第三方监测作业数据、巡视信息。

    1 当日施工工况信息：包括工点的施工开挖进度，进度与风险工程关系等（必要时附照片）。

    2 当日第三方现场监测巡视异常信息及预警情况：包括工点风险现状、统计说明工点监测、巡视预警情况，给出正常或黄、橙、红色综合预警建议。

    3 当日第三方现场监测、巡视数据成果表：包括所监测项目的数据成果报表。

4.0.3 第三方监测单位周报内容应包括近一周第三方现场监测、巡视数据的汇总，监测、巡视预警情况及综合预警及安全评价情况，反馈意见落实情况、监控跟踪情况及风险事务处理、效果、变化趋势、存在问题、下一步风险处理建议等。

    1 本周施工工况统计信息：包括简要工程情况介绍，本周具体施工开挖进度，进度与风险工程关系等。

    2 本周监测及巡视作业情况：包括监测项目、巡视内容、完成监测及巡视工作量等。

    3 本周监测巡视异常信息及预警情况：包括工点风险现状、工点监测、巡视预警情况的统计说明，监测数据及巡视信息综合分析情况等。

    4 本周风险监控跟踪情况：包括对各方反馈意见落实情况及风险事务处理、效果、变化趋势、存在问题、下一步风险处理建议等。

    5 下周风险监控重点：主要为下周风险预告（可细化到各风险因素关注或监控的内

容）。

6 相关附图、附表：包括各监测项目监测布点图、包括各监测项目监测布点位置、点号及施工进度标注、本周第三方监测、巡视数据汇总成果报表、变形断面曲线、变形时程曲线等图表。

4.0.4 第三方监测单位月报的主要内容包括近一月的第三方监测、工况和巡视信息的统计及异常情况、预警情况分析、反馈意见落实情况及风险事务处理、效果、变化趋势、存在问题、下一步风险处理建议等。

1 本月监测、巡视及异常信息、预警的统计：包括工点风险现状、统计说明工点监测、巡视预警及综合预警情况，本月监测数据及巡视信息综合分析情况。

2 本月风险监控跟踪情况：包括对各方反馈意见落实情况及风险事务处理、效果、变化趋势、存在问题、下一步风险处理建议等。

3 下月风险监控重点：主要为下月风险预告（可细化到各风险因素关注或监控的内容）。

4.0.5 第三方监测单位年报的主要内容包括本年度第三方监测、工况和巡视信息的统计及异常情况、预警情况、反馈意见落实情况及风险事务处理、效果、变化趋势、存在问题、下一年度风险控制要点等。

1 本年度第三方监测、巡视及异常信息、预警的统计：包括工点风险现状、统计说明工点监测、巡视预警及综合预警情况，本年度监测数据及巡视信息综合分析情况。

2 本年度风险监控跟踪情况：包括对各方反馈意见落实情况及风险事务处理、效果、变化趋势、存在问题、下一步风险处理建议等。

3 下一年度风险监控重点：主要涵盖下一年度工点风险因素的关注或监控措施要点，及风险预告等。

5 监控管理分中心报送内容及相关要求

5.0.1 监控管理分中心报送的形式包括日小结、周报、月报、年报，并按全线进行报送。

1 日小结：针对现场监控各方的日报情况，对当日安全风险状况经会商或简短分析后形成全线日小结。

2 周报、月报：内容应分别包括近一周、近一月的全线现场监控各方报送监控数据、信息的异常情况及综合预警情况的汇总分析、全线安全状况总体评价、存在问题及下一步风险管控工作建议等。

3 年报：内容应分别包括近一年的全线现场监控各方报送监控数据、信息的异常情况及综合预警情况的汇总分析、全线安全状况总体评价、存在问题及下一步风险管控工作建议等。

5.0.2 监控管理分中心的各种信息报送依托第三方监测单位完成，并对其进行监督、管理。

5.0.3 周报内容

1 本周工作概况

主要包括：本周全线工程进度情况、综合预警、风险跟踪及处理情况的总体汇总、说明等。

2 本周全线安全风险概述

主要包括：本周现场监控各方的综合预警建议及落实综合预警情况的统计、自身发布综合预警及消警的统计、本周全线安全风险状况等。

3 本周全线安全风险评价

主要包括：本周对现场监控各方在信息报送的准确性、及时性和执行体系及落实预警意见等情况的评价、信息平台运行情况、视频分控中心和视频工点控制中心的视频监控运行情况、与上周安全风险的比较及分析。对需要重点说明的风险，应加强其风险评价、原因分析、发展趋势预测及提出现场施工风险控制的建议等。

4 下周安全风险管控重点及建议

主要包括：下周需要重点关注的工点、风险预告及全线安全风险的管控建议等（可细化到各风险因素关注或管控的内容，施工组织与管理等）。

5.0.4 月报内容

1 本月工作概况

主要包括：本月全线工程进度情况（开工工点及工况情况）、综合预警、风险跟踪及处理情况的总体汇总、说明等。

2 本月全线安全风险概述

主要包括：本月现场监控各方的综合预警建议及落实综合预警情况的统计、自身发布综合预警及消警的统计、本周全线安全风险状况等。

3 本月全线安全风险评价

主要包括：本月对现场监控各方在信息报送的准确性、及时性和执行体系及落实预警意见等情况的评价、信息平台运行情况、视频分控中心和视频工点控制中心的视频监控运行情况、与上月安全风险的比较及分析、评价，包含全线安全风险的类型、特点（发生时间、地点、因素）、存在的主要问题等。对需要重点说明的风险，应加强其风险评价、原因分析、发展趋势预测及提出现场施工风险控制的建议等。

4 下月安全风险管控重点及建议

在现阶段工作的基础上提出下月需重点关注的工点、风险预告及全线安全风险的管控建议等。

5.0.5 年报内容：主要包括近1个年度内全线的工作概况、安全风险概述、安全风险评价及下一年度的安全风险管控重点及建议等，具体内容要求参见月报。

6 监控管理中心专业咨询单位报送内容及相关要求

6.0.1 监控管理中心各专业咨询组信息报送的形式包括周报、月报、年报，并按全网进行报送。

周报、月报：内容应分别包括近一周、近一月的全网现场监控各方相应工法的监控数据、信息的异常情况、自身预警建议及综合预警情况的汇总统计、全网安全状况总体评价、存在问题及下一步风险管控工作建议等。

年报：内容应分别包括近一年的全网现场监控各方报送监控数据、信息的异常情况及综合预警情况的汇总分析、全线安全状况总体评价、存在问题及下一步风险管控工作建议等。

6.0.2　周报内容

1　本周工作概况

主要包括：本周全线相应工法的工程进度情况、综合预警咨询、技术咨询和专家会议、现场巡视及风险跟踪的简要说明等。

2　本周主要安全风险概述

分线汇总本周各线相应工法的安全风险状况。主要包括：本周全网自身综合预警咨询及各监控管理分中心综合预警、消警及其落实情况的统计、本周全网安全风险状况等。

3　本周安全风险评价

主要包括：本周对监控管理分中心、第三方监测单位等在信息报送的准确性、及时性和执行体系及落实情况的评价、监控管理中心的信息平台运行情况、视频监控运行情况、与上周安全风险状况的比较及分析。对需要重点说明的安全风险，应加强其风险评价、原因分析、发展趋势预测及提出现场施工风险控制的建议等。

4　下周安全风险管控重点及建议

在本周及以前工作的基础上，提出下周需重点关注的工点、风险预告及全线安全风险的管控建议等。

6.0.3　月报内容

1　本月工作概况

分线、分节编写，主要包括：本月全线相应工法的工程进度情况、综合预警咨询、技术咨询和专家会议、现场巡视及风险跟踪的简要说明等。

2　本月全网安全风险状况

分线汇总本月各线相应工法的安全风险状况。主要包括：本月全网自身综合预警咨询及各监控管理分中心综合预警、消警及其落实情况的统计、本月全网安全风险状况等。

3　本月安全风险评价

分线编写，主要包括：本月对监控管理分中心、第三方监测单位等单位在信息报送的准确性、及时性和执行体系及落实情况的评价、监控管理中心的信息平台运行情况、视频监控运行情况、本月安全风险总体状况及与上月安全风险状况的比较及分析，包含全线安全风险的类型、特点（发生时间、地点、因素）、存在的主要问题等。对需要重点说明的安全风险，应加强其风险评价、原因分析、发展趋势预测及提出现场施工风险控制的建议等。

4　下月安全风险管控重点及建议

在本月及以前工作的基础上，提出下月需重点关注的工点、风险预告及全线安全风险的管控建议等。

6.0.4　年报内容主要包括近1个年度内全网相应工法的工作概况、安全风险概述、安全风险评价及下一年度的安全风险管控重点及建议等，具体内容要求参见月报。

7 监控管理中心总体咨询单位报送内容及相关要求

7.0.1 监控管理中心总体咨询组信息报送的形式包括月报、年报，并按全网进行报送。在各工法专业咨询单位报送月报、年报的基础上进行汇总、整理。

1 月报：内容应分别包括近一月的全网现场监控各方相应工法的监控数据、信息的异常情况、各工法专业咨询单位预警建议及综合预警情况的汇总统计、全网安全状况总体评价、存在问题及下一步风险管控工作建议等。

2 年报：内容应分别包括近一年的全网现场监控各方报送监控数据、信息的异常情况及综合预警情况的汇总分析、全线安全状况总体评价、存在问题及下一步风险管控工作建议等。

7.0.2 月报内容

1 本月工作概况

分线、分节编写，主要包括：本月全线工程进度情况、各工法专业咨询单位综合预警咨询、技术咨询和专家会议、现场巡视及风险跟踪及自身总体管理的简要统计、说明等。

2 本月全网安全风险状况

分线汇总本月各线安全风险状况。主要包括：本月全网各工法专业咨询单位综合预警咨询及各监控管理分中心综合预警、消警及其落实情况的统计、本月全网安全风险总体状况等。

3 本月安全风险评价

分线编写，主要包括：本月对监控管理分中心、第三方监测单位等单位和各工法专业咨询单位在信息报送的准确性、及时性和执行体系及落实情况的评价、监控管理中心的信息平台运行情况、视频监控运行情况、本月安全风险状况及与上周安全风险状况的比较及分析，包含全线安全风险的类型、特点（发生时间、地点、因素）、存在的主要问题等。对需要重点说明的安全风险，应加强其风险评价、原因分析、发展趋势预测及提出现场施工风险控制的建议等。

4 下月安全风险管控重点及建议

在本月及以前工作的基础上，提出下月需重点关注的工点、风险预告及全线安全风险的管控建议等。

7.0.3 年报内容：主要包括近1个年度内全网工作概况、安全风险概述、安全风险评价及下一年度安全风险管控重点及建议等，具体内容要求参见月报。

参 考 文 献

[1] 中华人民共和国建设部. 岩土工程勘察规范（GB 50021—2001）[S]. 北京：中国建筑工业出版社，2009

[2] 中华人民共和国建设部. 建筑地基基础设计规范（GB 50007—2002）[S]. 北京：中国建筑工业出版社，2002

[3] 中华人民共和国铁道部. 铁路工程地质勘察规范（TB 10012—2007）[S]. 北京：中国铁道出版社，2007

[4] 中华人民共和国建设部. 市政工程勘察规范（CJJ 56—94）[S]. 北京：中国计划出版社，1994

[5] 中华人民共和国建设部. 地铁设计规范（GB 50517—2003）[S]. 北京：中国计划出版社，2003

[6] 中国人民共和国建设部. 建筑基坑支护技术规程（JGJ 120—99）[S]. 北京：中国建筑工业出版社，1999

[7] 中华人民共和国建设部. 城市轨道交通工程测量规范（GB 50308—2008）[S]. 北京：中国建筑工业出版社，2008

[8] 中华人民共和国建设部. 地下铁道、轻轨交通岩土工程勘察规范（GB 50307—1999）[S]. 北京：中国计划出版社，1999

[9] 北京市建设委员会. 地铁工程监控量测技术规程（DB 11/409—2007）[S]. 北京：2007

[10] 北京市规划委员会. 北京地区建筑地基基础勘察设计规范（DBJ 11—501—2009）[S]. 北京：中国计划出版社，2009

[11] 上海市建筑建材业市场管理总站. 上海市地基基础设计规范（DGJ 08—11—2010）[S]. 上海：2010

[12] 中华人民共和国建设部. 地铁及地下工程建设风险管理指南[S]. 2007

[13] 中华人民共和国铁道部. 铁路隧道风险评估指南[S]. 2007

[14] 中华人民共和国交通运输部. 公路桥梁与隧道工程安全风险评估指南（试行）[S]. 2009

[15] 上海市建设和交通委员会. 基坑工程施工监测规程（DB/TJ 08—2001—2006）[S]. 上海：2006

[16] 上海市建设和交通委员会. 上海市基坑工程设计规程（DBJ—61—97）[S]. 上海：1997

[17] 广州市建委. 广州地区建筑基坑支护技术规定（98—02）[S]，1999

[18] 中华人民共和国建设部. 给水排水工程管道结构设计规范（GB 50332—2002）[S]. 北京：中国建筑工业出版社，2003

[19] 中华人民共和国建设部. 给水排水管道工程施工及验收规范（GB 50268—97）[S]. 北京：1997

[20] 中华人民共和国建设部. 锚杆喷射混凝土支护技术规范（GB 50086—2001）[S]. 北京：中国计划出版社，2001

[21] 中华人民共和国冶金工业部. 建筑基坑工程技术规范（YB 9258—97）[S]. 2005

[22] 中华人民共和国建设部. 城市桥梁养护技术规范（CJJ 99—2003）[S]. 北京：中国建筑工业出版社，2003

[23] 中华人民共和国铁道部. 铁路桥涵设计基本规范（TB 10002. 1—2005）[S]. 北京：2005

[24] 中华人民共和国铁道部. 铁路轨道工程施工质量验收标准（TB 10413—2003）[S]. 北京：中国铁道出版社，2003

[25] 中华人民共和国铁道部. 铁路线路维修规则（铁运[2006]146 号）[S]. 2006

[26] 中华人民共和国铁道部. 铁路隧道施工规范（TB 10204—2002）[S]. 北京：中国铁道出版社，2002

[27] 北京市地铁运营有限公司. 北京地铁工务维修规则[S]. 北京：中国铁道出版社，2002

[28] 中华人民共和国交通部. 公路桥涵地基与基础设计规范（JTG D 63—2007）[S]. 北京：人民交通出版社，2007

[29] 中华人民共和国交通部. 公路隧道施工技术规范（JTGF 60—2009）[S]. 北京：人民交通出版社，2009

[30] 上海市建设和交通委员会. 上海地铁基坑工程施工规程（SZ—08—2000）[S]，2000

[31] 广东省建设和交通委员会. 建筑基坑支护工程技术规程（DBJ/T 15—20—97）[S]. 广东：1997

[32] 天津地下铁道总公司. 天津地铁二期工程施工监测技术规定[S]. 天津：2005

[33] 湖北省建设厅，湖北省技术监督局. 基坑工程技术规程（DB 42/159—2004）[S]，2004

[34] 中华人民共和国建设部. 城市轨道交通工程测量规范（GB 50308—2008）[S]. 北京：中国建筑工业出版社，2008

[35] 中华人民共和国铁道部. 铁路隧道施工技术安全规则（TBJ 404—87）[S]. 北京：1987

[36] 中华人民共和国建设部. 地下铁道工程施工及验收规范（GB 50299—1999）[S]. 北京：中国计划出版社，1999

[37] 北京城建集团. 城市快速轨道交通工程施工工艺标准[M]，2004

[38] 中华人民共和国国务院. 国家处置城市地铁事故灾难应急预案[S]，2006

[39] 中华人民共和国环境保护部. 国家突发环境事件应急预案. 北京：2008

[40] 北京城建集团. 地基与基础工程施工工艺标准[S]. 北京：2004

[41] 北京城建集团. 城市快速轨道交通工程施工工艺标准[S]. 北京：2004

[42] 中华人民共和国建设部. 危险性较大工程安全专项施工方案编制及专家论证审查办法（建质[2004]213号），2005

[43] 北京市建设委员会. 北京市建设工程施工现场安全监督工作规定，京建施（〔2006〕651号），2006

[44] 北京市建设委员会. 北京市实施〈建筑工程安全生产监督管理工作导则〉办法（京建施[2006]140号），2006

[45] 北京市建设委员会. 北京市轨道交通运营突发事件应急预案（简本），2006

[46] 中华人民共和国建设部. 市政公用工程设计文件编制深度规定，2004

[47] 中华人民共和国建设部. 市政公用工程施工图设计文件审查要点（城市轨道交通工程部分），2005

[48] 住房和城乡建设部. 建筑施工企业安全生产管理机构设置及专职安全生产管理人员配备办法，2008

[49] 中华人民共和国建设部. 关于落实建设工程安全生产监理责任的若干意见（建市[2006]248号），2006

[50] 罗富荣. 北京地铁建设安全管理创新研究[J]. 都市快轨交通，2009，22（02）：9-12

[51] 罗富荣. 北京地铁建设安全风险技术管理体系的研究[J]. 现代城市轨道交通，2008，（06）：28-30

[52] 何发亮，李苍松，陈成宗. 隧道地质超前预报[M]. 成都：西南交通大学出版社，2006

[53] 王梦恕. 地下工程浅埋暗挖技术通论[M]. 合肥：安徽教育出版社，2004

[54] 史佩栋. 深基础工程特殊技术问题[M]. 北京：人民交通出版社，1980

[55] 赵忠海. 北京顺义区地质环境的主要特征及治理措施[J]. 北京地质，2003，15(1)：18-23

[56] 彭泽瑞，侯景岩，贺长俊. 城市地铁隧道施工中砂土悬涌塌方机理分析[J]. 市政技术，2003，21(1)：1-4

[57] 孙强，李厚恩，秦四清，杨继红，张晓科. 地下水引起的基坑破坏分析[J]. 岩土工程学报，2006

年增刊：1428-1432

[58] 乐贵平，苏艺. 三论北京地区地铁施工用盾构机选型[J]. 都市轨道交通，2008，21(2)：44-48

[59] 乐贵平，赵宏伟，周秀普，孟学文. 穿越全断面砾石层的盾构施工[J]. 现代隧道技术，2001，38(5)：9-12

[60] 汪国勋，程才渊，吴明舜. 建筑物状况的综合评估方法[J]. 四川建筑科学研究，2006，32(2)：56-59

[61] 刘相宜，魏焕卫，张鑫. 基于变形控制的基坑开挖和邻近建筑物保护技术[J]. 工业建筑，2007，37(1)：69-72

[62] 韩立新，刘志敏，殷玉驰. 基坑围护安全性及对周围环境的影响评估[J]. 科技信息，2007，(7)：115-117

[63] 可洪有，王才勇，刘雪珠. 浅谈深基坑事故原因与对相邻建筑物的影响[J]. 建筑技术开发，2005，32(1)

[64] 刘永勤，高文新，庞炜. 关于地铁工程环境调查的探讨[A]. 全国城市勘测新技术研讨交流会，2007

[65] 刘永勤. 地铁岩土工程勘察的特点[A]. 中国建筑学会工程勘察分会第八届年会，2008

[66] 钟世航. 从地铁施工和设计的需要提出地质勘察的内容[A]. 地下铁道新技术论文集[C]. 中国土木工程学会，成都：2003，21-25

[67] 谢明. 地铁地质设计及地铁规范修订的建议[J]. 都市快轨交通，2005，18(2)：55-59

[68] 郑林春. 地铁勘察中建(构)筑物调查的方法[J]. 科技传播，2009，12(下)：46-47

[69] 刘招伟，赵运臣. 城市地下工程施工监测与信息反馈技术[M]. 北京：科学出版社，2006

[70] 毛金萍，钟建驰，徐伟. 深基坑支护结构方案的风险分析[J]. 建筑施工，2003，25(4)：249-252

[71] 肖剑. 北京某复合土钉墙支护基坑事故分析[J]. 探矿工程(岩土钻掘工程)，2006，(4)：17-19

[72] 黄宏伟，边亦海. 深基坑工程施工中的风险管理[J]. 地下空间与工程学报，2005，1(4)：611-614

[73] 任锋，刘俊岩，裴现勇，陈营明. 深基坑工程风险评估的决策支持系统[J]. 济南大学学报，2007，21(2)：164-166

[74] 王志毅. 钻孔灌注桩施工常见事故分析及预防措施[J]. 黑龙江交通科技，2007，(3)：50-51

[75] 任鹏. 钻孔桩事故分析与预防[J]. 黑龙江交通科技，2007，(2)：46-47、49

[76] 张全胜，李新，吴辛元. 建筑基坑事故处理工程实例[J]. 土工基础，2007，21(1)：1-3

[77] 吴菊香. 深基坑事故原因分析及处理[J]，矿冶工程，2006，26(3)：10-11

[78] 郭仲伟. 风险分析与决策[M]. 北京：机械工业出版社，1986

[79] 罗云，樊运晓，马晓春. 风险分析与安全评价[M]. 北京：化学工业出版社，2004

[80] 黄生根，张希浩等. 地基处理与基坑支护工程[M]. 武汉：中国地质大学出版社，2004

[81] 孙建平. 建设工程质量安全风险管理[M]，北京：中国建筑工业出版社，2006

[82] 刘招伟，赵运臣. 城市地下工程施工监测与信息反馈技术[M]，北京：科学出版社，2006

[83] 罗云，樊运晓，马晓春. 风险分析与安全评价[M]. 北京：化学工业出版社，2004

[84] 李均，曾国柱. 基坑工程监测及预警指标研究[J]. 基础工程设计，2009，(10)：76-79

[85] 刘瑢. 基于风险管理的深基坑工程施工预警系统研究[D]. 东南大学，2006

[86] 王奎，郝勇. 深基坑支护施工安全监测预警技术[J]. 探矿工程(岩土钻掘工程)，2004，31(1)：14-17

[87] 王洋，汤连生. 谈基坑监测项目中监控报警值的确定[J]. 建筑安全，2002，17(6)：34-35

[88] 王梦恕. 中国隧道及地下工程修建技术[M]. 北京：人民交通出版社，2010

[89] 王梦恕. 我国城市交通的发展方向[J]. 铁道工程学报，2003，(1)：43-47

[90] 夏明耀，曾进伦. 地下工程设计与施工[M]. 北京：中国建筑工业出版社，2001

[91] 孙钧. 地下工程设计理论与实践[M]. 上海：上海科学技术出版社，1997

[92] 施仲衡等. 地下铁道设计与施工[M]. 西安：陕西科学技术出版社，1997

[93] 王梦恕，罗琼. 北京地铁浅埋暗挖法施工—复兴门折返线工程[J]. 铁道工程学报，1988，12(4)：7-12

[94] 刘招伟. 浅埋大跨连拱隧道施工中变形的监测与控制措施[J]. 岩土工程学报，2003，(3)：339-342

[95] 易萍丽. 现代隧道设计与施工[M]. 北京：中国铁道出版社，1997

[96] 肖广智. 从国家计委地下停车场工程看土层中大跨超浅埋隧道的修筑[J]. 隧道及地下工程，1995，16(1)：1-7

[97] 《工程地质手册》编写委员会. 工程地质手册[M]. 中国建筑工业出版社，1992

[98] 丁常国. 特大跨超浅埋隧道施工技术[J]. 地下空间，2002，(3)：214-220

[99] 王梦恕. 隧道工程浅埋暗挖法施工要点[J]. 隧道建设，2006，26(5)：1-4

[100] 姚海波. 大断面隧道浅埋暗挖法下穿既有地铁构筑物施工技术研究[D]. 北京交通大学，2005

[101] 肖广智. 软弱地层中采用浅埋暗挖法修建地铁车站几个问题的探讨[J]. 岩石力学与工程学报，2001(4)：567-572

[102] 姚宣德，王梦恕. 地铁浅埋暗挖法施工引起的地表沉降控制标准的统计分析[J]. 岩石力学与工程学报，2006，25(10)：2030-2035

[103] 王巨创. 城市渐变小间距隧道施工关键技术探讨[J]. 隧道建设，2007，27(5)：54-56

[104] 钱七虎. 中国地下工程安全风险管理的现状、问题及相关建议[J]. 岩石力学与工程动态，2009(1)：18-25

[105] 齐震明，李鹏飞. 地铁区间浅埋暗挖隧道地表沉降的控制标准[J]. 北京交通大学学报，2010，34(3)：117-121

[106] 周文波. 盾构法隧道施工技术及应用[M]. 北京：中国建筑工业出版社，2004

[107] 刘建航、侯学渊. 盾构法隧道[M]. 北京：中国铁道出版社，1991

[108] 陶龙光，巴肇伦. 城市地下工程[M]. 北京：科学出版社，1996

[109] 周文波. 盾构法隧道施工智能化辅助决策系统的研制与应用[J]. 岩石力学与工程学报. 2003，22(增刊1)：2412-2417

[110] 周文波，胡珉. 盾构隧道信息化施工实时远程管理系统的建设[A]. 城市交通隧道工程最新技术—2003上海国际隧道工程研讨会论文集[C]. 上海：同济大学出版社，2003

[111] 崔玖江. 盾构隧道施工风险与规避对策[J]. 隧道建设，2009，29(4)：377-396

[112] 乐贵平，江玉生. 北京地区盾构施工技术[J]. 都市快轨交通，2006，19(2)：45-49

[113] 侯景岩. 北京市区隧道、深基础岩土工程特征及地铁工程地质条件分区[A]. 城市地下空间开发与地下工程施工技术高层论坛论文集[C]，2004

[114] 周洪波，何锡兴，蒋建军等. 地铁盾构法隧道工程建设风险识别与应对[J]. 地下空间与工程学报，2006，2(3)：475-479.

[115] 周振国. 盾构施工的风险源分析及规避措施[J]. 隧道建设，2003，23(4)：8，14.

[116] 江玉生，杨志勇，江华，栾文伟. 论土压平衡盾构始发和到达端头加固的合理范围[J]. 隧道建设，2009，29(3)：263-266

[117] 江玉生，杨志勇，蔡永利. 盾构/TBM隧道施工实时管理信息系统[M]. 北京：人民交通出版社，2007

[118] 钟山. 盾构法隧道施工监测数据处理与预警、报警研究[D]. 同济大学，2006

[119] 崔玖江. 北京地铁新线工程概况暨建设特点、难点、管理要点[J]，现代城市轨道交通，2004，

（1）：22-26

[120] 陈伟珂，王兴华．地铁施工灾害预警指标体系的设计与分析[J]．城市轨道交通研究，2007，10：25-29

[121] 杜年春．地铁施工监测信息管理及安全预警系统的设计[J]．工程建设，2006，38（1）：37-40

[122] 北京市轨道交通建设管理有限公司．北京市轨道交通工程建设安全风险技术管理体系[R]．北京：2008

[123] 北京市轨道交通建设管理有限公司等．北京地铁邻近桥梁施工影响的评估与控制技术指南[R]．北京：2008

[124] 北京市轨道交通建设管理有限公司等．北京地铁邻近建筑物施工影响的评估与控制技术指南[R]．北京：2008

[125] 北京市轨道交通建设管理有限公司等．北京地铁邻近管线施工影响的评估与控制技术指南[R]．北京：2008

[126] 北京市轨道交通建设管理有限公司．工程建设环境安全技术管理体系[R]．北京：2005

[127] 北京市轨道交通建设管理有限公司等．北京地铁工程监控量测设计指南[R]．北京：2007

[128] 北京市水文地质工程地质大队．北京市平原区工程建设层立体地质调查报告[R]．北京：2007

[129] 北京市轨道交通建设管理有限公司，北京市勘察设计研究院有限公司等．北京市地铁新线工程环境与风险评估研究报告[R]．北京：2007

[130] 北京城建勘测设计研究院．北京地铁 4 号线沿线建构筑物调查报告[R]．北京：2005

[131] 北京城建勘测设计研究院．北京地铁 5 号线沿线建构筑物调查报告[R]．北京：2006

[132] 北京城建勘测设计研究院．北京地铁 6 号线 02 标段沿线建构筑物调查报告[R]．北京：2007

[133] 北京城建勘测设计研究院．北京地铁 7 号线沿线建构筑物调查报告[R]．北京：2008

[134] 北京城建勘测设计研究院．北京地铁 9 号线沿线建构筑物调查报告[R]．北京：2007

[135] 北京城建勘测设计研究院．北京地铁 10 号线 03 标沿线建构筑物调查报告[R]．北京：2008

[136] 北京城建勘测设计研究院．北京首都机场线沿线建构筑物调查报告[R]．北京：2003

[137] 北京城建勘测设计研究院．北京地铁亦庄线沿线建构筑物调查报告[R]．北京：2006

[138] 北京城建设计研究总院．北京地铁九号线施工图设计文件[R]．北京：2007

[139] 北京城建设计研究总院．北京地铁九号线初步设计和施工图设计阶段风险工程分级[R]．北京：2008

[140] 北京东直门机场快速轨道有限公司，北京城建勘测设计研究院．北京市轨道交通机场线第三方监测资料[R]．北京：2007

[141] 南水北调管理中心，北京城建勘测设计研究院．南水北调总干渠下穿地铁五棵松站第三方监测资料[R]．北京：2008

[142] 北京市自来水集团，北京城建勘测设计研究院．北京市南水北调配套工程团城湖至第九水厂输水工程（一期）穿越城铁 13 号线清河高架桥监测资料[R]．北京：2007

[143] 北京市公联公司，北京城建勘测设计研究院．湖光中街道路工程北京地铁 13 号线望京西站～北苑站区间第三方监测资料[R]．北京：2006

[144] 北京供电集团，北京城建勘测设计研究院．北京地铁 13 号线东直门～柳芳区间隧道及东直门站 2 号出入口监测资料[R]．北京：2006